KB211696

어휘가 문해력 이다

중학 3학년 2학기

교과서 어휘

교과서 내용을 이해하지 못하는 우리 아이?
평생을 살아가는 힘, '문해력'을 키워 주세요!

'어휘가 문해력이다'
어휘 학습으로 문해력 키우기

1 교과서 학습 진도에 따라
과목별(국어/사회·역사/수학/과학)·학기별(1학기/2학기)로 어휘 학습이 가능합니다.

교과 학습을 위한 필수 개념어를 단원별로 선별하여 단원의 핵심 내용을 이해하도록 구성하였습니다.
교과 학습 전 예습 교재로, 교과 학습 후 복습 교재로 활용할 수 있도록 필수 개념어를 엄선하여
수록하였습니다.

2 교과 어휘를 학년별 2권, 한 학기별 4주 학습으로
단기간에 어휘 학습이 가능합니다.

한 학기에 310여 개의 중요 단어를 공부할 수 있습니다.
쉬운 뜻풀이와 교과서 내용을 담은 다양한 예문을 수록하여 학교 공부에 직접적으로 도움을 주고자
하였습니다.
해당 학기에 학습해야 할 중요 단어를 모두 모아 한 번에 살펴볼 수 있고, 국어사전에서 단어를 찾는
시간과 노력을 줄일 수 있습니다.

3 **관용어, 속담, 한자 성어, 한자, 영문법 어휘 학습까지 가능합니다.**

글의 맥락을 이해하고 응용하는 데 도움이 되는 관용어, 속담, 한자 성어뿐만 아니라 중학 교육용
필수 한자, 중학 영문법 필수 어휘 학습까지 놓치지 않도록 구성하였습니다.

4 **확인 문제와 주간 어휘력 테스트를 통해 학습한 어휘를 점검할 수 있습니다.**

뜻풀이와 예문을 통해 학습한 어휘를 교과 어휘별로 바로바로 점검할 수 있도록 다양한 유형의
확인 문제를 수록하였습니다.
한 주 동안 학습한 어휘를 종합적으로 점검할 수 있는 주간 어휘력 테스트를 수록하였습니다.

5 **효율적인 교재 구성으로 자학자습 및 가정 학습이 가능합니다.**

학습한 어휘를 해당 교재에서 쉽게 찾아볼 수 있도록 과목별로 '찾아보기' 코너를 구성하였습니다.
'정답과 해설'은 축소한 본교재에 정답과 자세한 해설을 실어 스스로 공부할 수 있도록 하였습니다.

EBS 〈당신의 문해력〉 교재 시리즈는 약속합니다.

교과서를 잘 읽고 더 나아가 많은 책과 온갖 글을 읽는 능력을 갖출 수 있도록
문해력을 이루는 핵심 분야별, 학습 단계별 교재를 준비하였습니다.
한 권 5회×4주 학습으로 아이의 공부하는 힘,
평생을 살아가는 힘을 EBS와 함께 키울 수 있습니다.

어휘가 문해력이다

어휘 실력이 교과서를 읽고 이해할 수 있는지를 결정하는 척도입니다.
〈**어휘가 문해력이다**〉는 교과서 진도를 나가기 전에 꼭 예습해야 하는 교재입니다.
20일이면 한 학기 교과서 필수 어휘를 완성할 수 있습니다.
교과서 수록 필수 어휘들을 교과서 진도에 맞춰
날짜별, 과목별로 공부하세요.

쓰기가 문해력이다

쓰기는 자기 생각을 표현하는 미래 역량입니다.
서술형, 논술형 평가의 비중은 점점 커지고 있습니다.
객관식과 단답형만으로는 아이들의 생각과 미래를 살펴볼 수 없기 때문입니다.
막막한 쓰기 공부. 이제 단어와 문장부터 하나씩 써 보며 차근차근 학습하는
〈**쓰기가 문해력이다**〉와 함께 쓰기 지구력을 키워 보세요.

ERI 독해가 문해력이다

독해를 잘하려면 체계적이고 객관적인 단계별 공부가 필수입니다.
기계적으로 읽고 문제만 푸는 독해 학습은 체격만 키우고 체력은 미달인 아이를 만듭니다.
〈**ERI 독해가 문해력이다**〉는 특허받은 독해 지수 산출 프로그램을 적용하여 글의 난이도를
체계화하였습니다.
단어 · 문장 · 배경지식 수준에 따라 설계된 단계별 독해 학습을 시작하세요.

배경지식이 문해력이다

배경지식은 문해력의 중요한 뿌리입니다.
하루 두 장, 교과서의 핵심 개념을 글과 재미있는 삽화로 익히고 한눈에 정리할 수 있습니다.
시간이 부족하여 다양한 책을 읽지 못하더라도 교과서의 중요 지식만큼은 놓치지 않도록
〈**배경지식이 문해력이다**〉로 학습하세요.

디지털독해가 문해력이다

디지털독해력은 다양한 디지털 매체 속 정보를 읽어 내는 힘입니다.
아이들이 접하는 디지털 매체는 매일 수많은 정보를 만들어 내기 때문에
디지털 매체의 정보를 판단하는 문해력은 현대 사회의 필수 능력입니다.
〈**디지털독해가 문해력이다**〉로 교과서 내용을 중심으로 디지털 매체 속 정보를 확인하고
다양한 과제를 해결해 보세요.

이 책의 구성과 특징

1

교과서 어휘 국어/사회·역사/수학/과학

한자 어휘, 영문법 어휘

> 교과목·단원별로 교과서 속 중요 개념 어휘와 관련 어휘로 교과 어휘 강화!

> 중학 교육용 필수 한자, 연관 한자어로 한자 어휘 강화! 중학 영문법 필수 어휘로 영어 독해 강화!

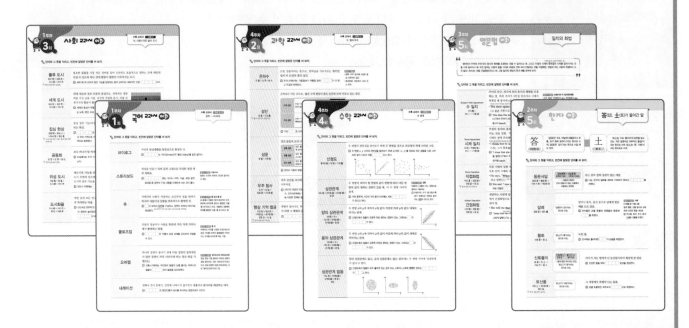

- 여러 출판사의 교과서 속 핵심 어휘를 엄선하여 교과목 특성에 맞게 뜻과 예문을 이해하기 쉽게 제시했어요.
- 어휘를 이해하는 데 도움이 되는 그림 및 사진 자료를 제시했어요.
- 대표 한자 어휘와 연관된 한자 성어, 영문법 필수 어휘에 적합한 예문을 제시했어요.

2

확인 문제

> 교과서(국어/사회·역사/수학/과학) 어휘, 한자 어휘, 영문법 어휘 학습을 점검할 수 있는 다양한 유형의 확인 문제 수록!

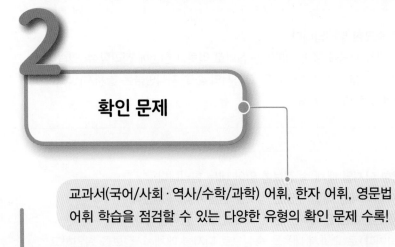

3

어휘력 테스트

한 주 동안 학습한 교과서 어휘, 한자 어휘, 영문법 어휘를
종합적으로 점검할 수 있는 어휘력 테스트 수록!

다양한 유형의
어휘 문제로
한 주 마무리!

찾아보기

학습한 어휘를 찾아보기 쉽게 교과목별로
ㄱ, ㄴ, ㄷ … 순서로 정리했어요.

정답과 해설

축소한 본교재에 정답과 해설을 실어 자학자습과
학습 지도를 수월히 할 수 있도록 했어요.

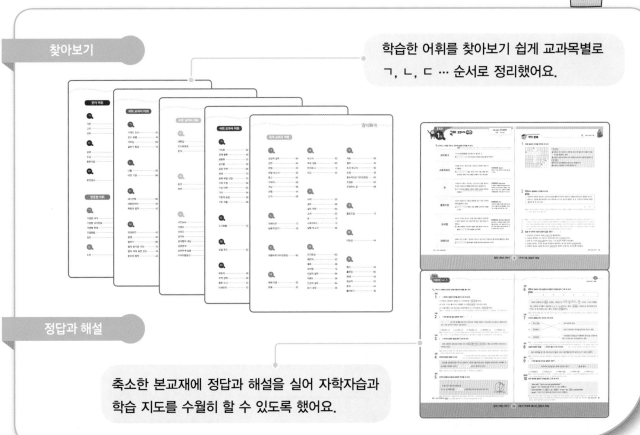

교과서 연계 목록

✎ 『어휘가 문해력이다』에 수록된 모든 어휘는 중학 3학년 2학기 국어, 사회, 수학, 과학 교과서에 실려 있습니다.

✎ 교과서 연계 목록을 살펴보면 과목별 교과서의 단원명에 따라 학습할 교재의 쪽을 한눈에 파악할 수 있습니다.

✎ 교과서 진도 순서에 맞춰 교재에서 해당하는 학습 회를 찾아 효율적으로 공부해 보세요!

국어 3-2

교과서	문학 – 시나리오	문학 – 수필	읽기 – 능동적으로 읽기
본교재	1주차 1회 12~13쪽	1주차 3회 20~21쪽	2주차 1회 36~37쪽

쓰기 – 주장하는 글 쓰기	문법 – 문장의 짜임	읽기 – 비교하며 읽기
3주차 3회 68~69쪽	3주차 1회 60~61쪽	2주차 3회 44~45쪽

듣기·말하기 – 설득 전략 분석하며 듣기	쓰기 – 보고하는 글 쓰기
4주차 1회 84~85쪽	4주차 3회 92~93쪽

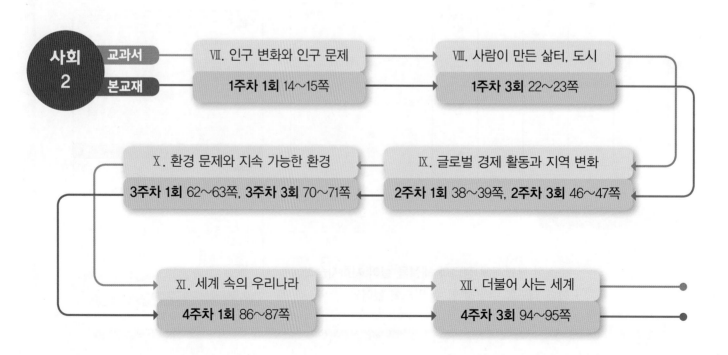

사회 2

교과서	Ⅶ. 인구 변화와 인구 문제	Ⅷ. 사람이 만든 삶터, 도시
본교재	1주차 1회 14~15쪽	1주차 3회 22~23쪽

Ⅹ. 환경 문제와 지속 가능한 환경	Ⅸ. 글로벌 경제 활동과 지역 변화
3주차 1회 62~63쪽, 3주차 3회 70~71쪽	2주차 1회 38~39쪽, 2주차 3회 46~47쪽

Ⅺ. 세계 속의 우리나라	Ⅻ. 더불어 사는 세계
4주차 1회 86~87쪽	4주차 3회 94~95쪽

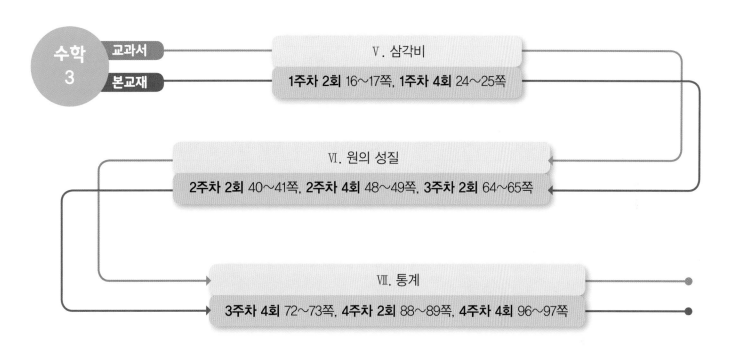
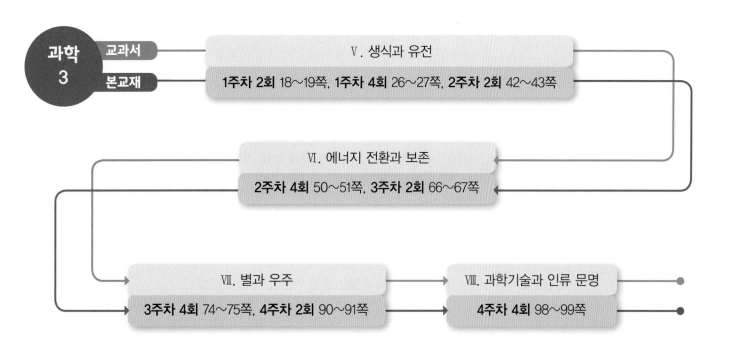

이 책의 차례

1주차 어휘 미리 보기

한 주 동안 공부할 어휘들이야. 쏙 한번 훑어볼까?

1회 학습 계획일 ◯월 ◯일

국어 교과서 어휘	사회 교과서 어휘
브이로그	인구 분포
스토리보드	인구 밀도
숏	배출 요인
클로즈업	이촌 향도
오버랩	출산율
내레이션	중위 연령

2회 학습 계획일 ◯월 ◯일

수학 교과서 어휘	과학 교과서 어휘
직각삼각형	염색체
빗변	상동 염색체
사인(sin)	체세포 분열
코사인(cos)	핵분열
탄젠트(tan)	감수 분열
삼각비	

3회 학습 계획일 ◯월 ◯일

국어 교과서 어휘	사회 교과서 어휘
소재	물류 도시
관점	세계 도시
문체	집심 현상
회상적	공동화
예찬적	위성 도시
사색	도시화율

4회

학습 계획일 ◯월 ◯일

수학 교과서 어휘	과학 교과서 어휘
피타고라스 정리	수정
예각	난할
둔각	발생
직각이등변삼각형	대립유전자
	순종
	자가 수분

5회

학습 계획일 ◯월 ◯일

한자 어휘	영문법 어휘
문전성시	직설법
가문	조건문
언중유골	가정법 현재
유명	가정법 과거
국유	

어휘력 테스트

2주차 어휘 학습으로 가 보자!

✏️ 단어와 그 뜻을 익히고, 빈칸에 알맞은 단어를 써 보자.

브이로그	자신의 일상생활을 동영상으로 촬영한 것. 예 □□□□는 '비디오(video)'와 '블로그(blog)'를 합친 말이다.	
스토리보드	영상을 만들기 위해 글과 그림으로 작성한 영상 제작 계획표. 예 □□□□□에는 대사나 자막, 미술, 배경 음악, 효과음 등 장면의 구성 내용을 자세하게 쓰는 것이 좋다.	**플러스 개념어** 시놉시스 영화나 드라마 따위의 간단한 줄거리나 개요.
숏	카메라의 녹화가 작동하는 순간부터 멈출 때까지 하나의 사물이나 상황을 연속적으로 촬영한 것. 예 □이 모여서 장면을 구성하고, 장면이 모여서 이야기로 완성된다. <small>시나리오의 구성 단위. 같은 시간과 장소로 이루어짐.</small>	**플러스 개념어** 롱 숏과 풀 숏 숏 중에서 인물과 함께 배경까지 모두 화면에 보이도록 멀리서 촬영한 것을 '롱 숏'이라고 하고, 인물이나 물체의 전체를 촬영한 것을 '풀 숏'이라고 함.
클로즈업	인물의 얼굴이나 사물을 화면에 가득 차게 가까이에서 촬영하는 방법. 예 □□□□□은 인물의 감정 상태를 강조하여 전달할 수 있다.	**플러스 개념어** 줌 인 카메라의 자리를 고정한 채 줌 렌즈의 초점 거리를 바꾸어 촬영물에 가까이 가는 것처럼 보이도록 찍는 기법.
오버랩	하나의 장면이 끝나기 전에 다음 장면이 겹쳐지면서 앞의 장면이 차차 사라지게 하는 영상 편집 기법(OL). 예 고통스러워하는 주인공의 얼굴과 눈물 흘리는 어머니의 얼굴이 □□□되어 슬픔을 강조하였다.	**플러스 개념어** 페이드인과 페이드아웃 영상 편집 기법 중에서 어두운 화면이 점점 밝아지는 것은 '페이드인'이라고 하고, 밝은 화면이 점점 어두워지는 것은 '페이드아웃'이라고 함.
내레이션	영화나 연극 등에서, 장면에 나타나지 않으면서 내용이나 줄거리를 해설하는 대사. 예 □□□□□은 등장인물의 심리를 묘사하는 방법으로도 쓰인다.	

확인 문제

1 뜻에 알맞은 단어를 빈칸에 써 보자.

[가로 열쇠]
❷ 영화나 연극 등에서, 장면에 나타나지 않으면서 내용이나 줄거리를 해설하는 대사.
❹ 인물과 함께 배경까지 모두 화면에 보이도록 멀리서 촬영한 것.

[세로 열쇠]
❶ 자신의 일상생활을 동영상으로 촬영한 것.
❸ 인물이나 물체의 전체를 촬영한 것.

2 [보기]에서 설명하는 단어를 써 보자.

[보기]

- 카메라의 녹화가 작동하는 순간부터 멈출 때까지 하나의 사물이나 상황을 연속적으로 촬영한 것이다.
- 종류로는 인물과 함께 배경까지 모두 화면에 보이도록 멀리서 촬영한 '롱 숏', 인물이나 물체의 전체를 촬영한 '풀 숏' 등이 있다.

(   )

3 밑줄 친 단어의 쓰임이 알맞지 <u>않은</u> 것은? (   )

① 풍경미를 강조하기 위해 <u>브이로그</u>를 촬영하였다.
② 영상을 제작하는 데 기본으로 있어야 할 것이 <u>스토리보드</u>이다.
③ 화면 속 가득히 <u>클로즈업</u>되어 나오는 그의 얼굴이 어쩐지 익숙했다.
④ 들판을 달리는 소녀의 모습과 관객들이 환호하는 경기장 장면이 <u>오버랩</u>되었다.
⑤ 흑백의 영상과 조용한 목소리의 <u>내레이션</u>이 영화의 분위기를 차분하게 만들었다.

✏️ 단어와 그 뜻을 익히고, 빈칸에 알맞은 단어를 써 보자.

인구 분포

사람 人 + 입 口 +
나눌 分 + 펼 布
🖱 '布'의 대표 뜻은 '베'임.

사람들이 어디에 얼마나 모여 살고 있는가를 나타낸 것.

예 과거에는 기후, 지형, 토양, 식생 등 자연적인 요인이 [ ][ ]에 많은 영향을 미쳤다.

인구 밀도

사람 人 + 입 口 +
빽빽할 密 + 정도 度

일정한 지역의 단위 면적에 대한 인구수의 비율로, 총 인구를 총 면적으로 나눈 값.

예 [ ][ ]는 $1km^2$의 면적에 몇 명의 사람이 사는지 나타내는 것이다.

배출 요인

밀칠 排 + 낼 出 +
중요할 要 + 인할 因
🖱 '出'의 대표 뜻은 '나다'임.

인구를 현재 사는 곳에서 다른 지역으로 밀어내는 인구 이동 요인.

예 인구가 한 곳에서 다른 곳으로 옮겨가는 요인으로 [ ][ ][ ]과 흡인 요인이 있다.

플러스 개념어 **흡인 요인**
인구 이동의 요인 중 인구를 끌어들여 머무르게 하는 요인.

이촌 향도

떠날 離 + 마을 村 +
향할 向 + 도시 都
🖱 '都'의 대표 뜻은 '도읍'임.

농촌을 떠나 일자리가 풍부하고 높은 임금을 받을 수 있는 도시로 이동하는 현상.
좁은 지역에 많은 사람들이 사는 공간.

예 개발 도상국에서는 일자리가 풍부한 도시로 인구가 이동하는 [ ][ ][ ][ ] 현상이 활발하다.

플러스 개념어 **역도시화**
선진국에서 쾌적한 환경을 찾아 도시의 인구가 도시 주변 지역이나 농촌으로 이동하는 현상.

출산율

날 出 + 낳을 産 + 비율 率

아이를 낳는 비율. 여성 한 명이 평생 출산하는 평균 자녀의 수.

예 오늘날 선진국들은 [ ][ ][ ]과 사망률이 모두 낮아서 인구 증가 속도가 느리거나 정체되어 있다.

플러스 개념어 **성비**
남녀 간의 인구 구성 비율로, 여자 100명당 남자의 수. 정상적인 출생 성비는 103~107명임.

중위 연령

가운데 中 + 자리 位 +
나이 年 + 나이 齡
🖱 '年'의 대표 뜻은 '해'임.

전체 인구를 연령순으로 일렬로 세웠을 때 한가운데 있는 사람의 나이.

예 우리나라의 [ ][ ][ ]은 2015년 기준 41.2세이다.

확인 문제

1 뜻에 알맞은 단어를 보기의 글자를 조합해 써 보자.

보기

| 구 | 도 | 밀 | 배 | 위 | 인 | 중 | 출 |

(1) 인구를 현재 사는 곳에서 다른 지역으로 밀어내는 인구 이동 요인. ☐☐ 요인

(2) 전체 인구를 연령순으로 한 줄로 세웠을 때 한가운데 있는 사람의 나이. ☐☐ 연령

(3) 일정한 지역의 단위 면적에 대한 인구수의 비율. ☐☐ ☐☐

2 빈칸에 알맞은 단어를 찾아 선으로 이어 보자.

(1) 세계의 ☐☐ 를 보면 90% 이상이 땅이 넓은 북반구에 살고 있다. •

• 인구 분포

(2) 선진국에서는 대도시의 주거 환경이 열악해지고, 교통과 통신이 발달하면서 대도시 인구가 촌락으로 이동하는 ☐☐ 현상이 나타나고 있다. •

• 이촌 향도

(3) 개발 도상국에서는 경제적인 이유로 일자리를 찾아 높은 임금을 받을 수 있는 도시로 인구가 이동하는 ☐☐ 현상이 활발히 일어나고 있다. •

• 역도시화

3 ( ) 안에서 알맞은 단어를 골라 ◯표 해 보자.

(1) 인구를 이동시키는 (배출 요인 , 흡인 요인)에는 낮은 임금, 열악한 주거 환경, 빈곤 등이 있다.

(2) 평균 수명이 높아지면서 노인 인구가 급증하여 우리나라는 (결혼 연령 , 중위 연령)이 40세를 넘어섰다.

수학 교과서 어휘

🖊 단어와 그 뜻을 익히고, 빈칸에 알맞은 단어를 써 보자.

직각삼각형 곧을 直 + 모서리 角 + 셋 三 + 모서리 角 + 모양 形 ⌐ '角'의 대표 뜻은 '뿔'임.	한 각이 직각인 삼각형. 예 삼각형 ABC는 각 B가 90°인 ▢▢▢이다.	A·B·C 직각삼각형 그림
빗변 빗 + 가장자리 邊	직각삼각형에서 가장 긴 변으로, 직각의 대변. 예 직각삼각형 ABC에서 직각 B의 마주 보는 변 $\overline{AC}$는 ▢▢이고, 각 C의 대변 $\overline{AB}$는 높이이다.	마주 보는 변. 직각삼각형 그림 (빗변, 높이, 직각, 밑변)
사인(sin) sine의 약자임.	직각삼각형의 빗변의 길이와 높이의 비로 나타낸 것. 예 ∠B＝90°인 직각삼각형 ABC에서 각 A에 대해 $\dfrac{(높이)}{(빗변의 길이)}$를 각 A의 ▢▢이라 하고 기호로 sin A로 나타낸다.	한 직각삼각형에서도 기준이 되는 각에 따라 높이와 밑변이 바뀌므로 기준각의 대변을 높이로 봄.
코사인(cos) cosine의 약자임.	직각삼각형의 빗변의 길이와 밑변의 길이의 비로 나타낸 것. 예 ∠B＝90°인 직각삼각형 ABC에서 각 A에 대해 $\dfrac{(밑변의 길이)}{(빗변의 길이)}$를 각 A의 ▢▢이라 하고 기호로 cos A로 나타낸다.	직각삼각형 그림 (빗변 b, 높이 a, 밑변 c) $$\sin A=\frac{a}{b}$$ $$\cos A=\frac{c}{b}$$ $$\tan A=\frac{a}{c}$$
탄젠트(tan) tangent의 약자임.	직각삼각형의 밑변의 길이와 높이의 비로 나타낸 것. 예 ∠B＝90°인 직각삼각형 ABC에서 각 A에 대해 $\dfrac{(높이)}{(밑변의 길이)}$를 각 A의 ▢▢▢라 하고 기호로 tan A로 나타낸다.	
삼각비 셋 三 + 모서리 角 + 비율 比 ⌐ '比'의 대표 뜻은 '견주다'임.	직각삼각형에서 두 변의 길이 비의 값으로, 사인, 코사인, 탄젠트가 있음. 각의 크기가 변하면 삼각비의 값도 변하지만, 삼각형의 크기와는 관계없이 일정하다. 예 ∠B＝90°인 직각삼각형 ABC에서 sin A, cos A, tan A를 통틀어 각 A의 ▢▢▢라고 한다.	

확인 문제

1 설명에 알맞은 단어를 ( ) 안에서 골라 ○표 해 보자.

(1) 삼각형 ABC에서 (밑변 , 빗변)은 $\overline{AB}$이다.

(2) 삼각형 ABC는 각 C가 직각인 (정삼각형 , 직각삼각형)이다.

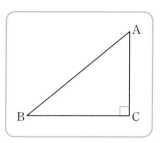

2 직각삼각형 ABC에 대한 설명이 알맞으면 ○표, 알맞지 <u>않으면</u> ✕표 해 보자.

(1) 삼각형 ABC에서 빗변의 길이는 c이다. (   )

(2) $\sin B = \dfrac{(\text{높이})}{(\text{빗변의 길이})} = \dfrac{b}{c}$이다. (   )

(3) $\cos B = \dfrac{(\text{밑변의 길이})}{(\text{빗변의 길이})} = \dfrac{a}{c}$이다. (   )

(4) $\tan B = \dfrac{(\text{빗변의 길이})}{(\text{높이})} = \dfrac{c}{b}$이다. (   )

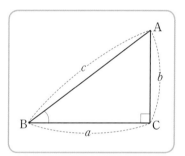

3 직각삼각형 ABC에 대한 설명이 알맞으면 ○표, 알맞지 <u>않으면</u> ✕표 해 보자.

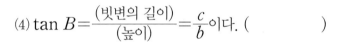

(1)

각 A에 대하여 높이는 5, 밑변의 길이는 12야.
(   )

(2)

$\sin A = \dfrac{12}{13}$ 야.
(   )

(3)

$\cos A = \dfrac{5}{13}$ 야.
(   )

과학 교과서 어휘

✏️ 단어와 그 뜻을 익히고, 빈칸에 알맞은 단어를 써 보자.

염색체

물들 染 + 빛 色 + 몸 體

현미경으로 관찰할 때 특정 염색약을 흡수해서 구별이 가능하기 때문에 염색체라고 이름 지음.

세포가 나누어지는 과정에서 관찰되는 막대 모양의 구조물.

예 생물의 종류에 따라 세포에 들어 있는 □□□의 수와 모양이 다르지만, 한 종류의 생물을 구성하는 체세포에는 같은 수와 모양의 □□□가 들어 있다.

플러스 개념어
· DNA: 염색체를 구성하는 유전 물질.
· 유전자: 생물의 특정 형질에 대한 유전 정보가 있는 DNA의 특정 부분.

상동 염색체

서로 相 + 같을 同
물들 染 + 빛깔 色 + 몸 體

하나의 체세포에 들어 있는 모양과 크기가 같은 한 쌍의 염색체로, 부모로부터 각각 한 개씩 물려받아 쌍을 이룬 것임.

예 사람의 □□ □□□는 23쌍으로, 22쌍의 상염색체와 한 쌍의 성염색체로 구성된다.

플러스 개념어
· 상염색체: 성별에 관계없이 암수가 공통으로 가지고 있는 염색체.
· 성염색체: 성별에 따라 차이가 나타나는 한 쌍의 염색체로, 성을 결정함.

체세포 분열

몸 體 + 가늘 細 + 세포 胞
나눌 分 + 쪼갤 裂
☞ '裂'의 대표 뜻은 '찢다'임.

생물의 몸을 이루는 세포 하나가 둘로 나누어지는 것으로, 한 개의 모세포로부터 두 개의 딸세포가 생성되는 과정.
세포 분열이 일어나기 전의 세포.

세포 분열 결과 새로 만들어진 세포

예 □□□ 분열은 동물의 경우 온몸의 체세포에서 일어나고, 식물의 경우 생장점과 같은 분열 조직에서 일어난다.

핵분열

씨 核 + 나눌 分 + 쪼갤 裂

염색체가 이동하면서 핵이 나누어지는 과정.

예 □□□은 연속적으로 일어나지만 핵 속 염색체의 모양과 움직임에 따라 4단계(전기 → 중기 → 후기 → 말기)로 구분하는데, 유전 물질(DNA)이 복제되어 2배로 증가해 세포 분열을 준비하는 시기를 간기라고 한다.

플러스 개념어 세포질 분열
핵분열이 끝난 후 세포가 둘로 분리되는 과정.
예 동물 세포의 세포질 분열은 세포막이 밖에서 안으로 오므라들면서 세포질이 나누어진다.

감수 분열

덜 減 + 숫자 數
나눌 分 + 쪼갤 裂

염색체의 수가 반으로 줄어드는 세포 분열로, 생식세포가 만들어질 때 일어나는 분열. 생식세포 분열을 감수 분열이라고도 함.
한데 붙어.

예 □□ 1□□은 복제된 상동 염색체가 접합하여 만들어진 2가 염색체가 분리되어 염색체 수가 모세포의 절반이 되고, □□ 2□□은 체세포 분열처럼 염색 분체가 나누어지기 때문에 분열 전후에 염색체 수는 변하지 않는다.

플러스 개념어
· 생식세포: 정자, 난자와 같이 생식 기관에서 만들어지는 세포로, 체세포 염색체 수의 절반을 가짐.
· 생식세포 분열: 생물의 생식 기관에서 생식세포를 만들 때 일어나는 세포 분열.

확인 문제

1 단어의 뜻을 보기에서 찾아 사다리를 타고 내려간 곳에 기호를 써 보자.

보기
- ㉠ 핵분열이 끝난 후 세포가 둘로 분리되는 과정.
- ㉡ 세포가 나누어지는 과정에서 관찰되는 막대 모양의 구조물.
- ㉢ 생물의 몸을 이루는 세포 하나가 둘로 나누어지는 것으로, 한 개의 모세포로부터 두 개의 딸세포가 생성되는 과정.

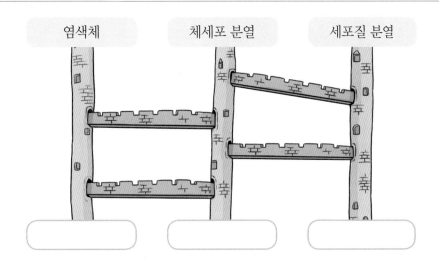

염색체　　　　체세포 분열　　　　세포질 분열

2 단어의 뜻이 알맞으면 ○표, 알맞지 않으면 ✕표 해 보자.

(1) 감수 1분열: 생식세포 분열에서 염색체 수가 절반으로 줄어드는 시기. (　　　　)

(2) 상염색체: 성별에 따라 차이가 나타나는 한 쌍의 염색체로, 성을 결정함. (　　　　)

(3) 상동 염색체: 하나의 체세포에 들어 있는 모양과 크기가 같은 한 쌍의 염색체. (　　　　)

3 (　　) 안에 알맞은 단어를 각각 써 보자.

　체세포 분열 과정은 핵이 둘로 나누어지는 (　　　　　　)과 세포가 둘로 나누어지는 (　　　　　　)로 구분된다. 핵분열은 연속적으로 일어나지만 염색체의 모양과 움직임에 따라 전기, 중기, 후기, 말기로 구분할 수 있으며, (　　　　　　)이 일어난 후 (　　　　　　)이 일어난다.

✏️ 단어와 그 뜻을 익히고, 빈칸에 알맞은 단어를 써 보자.

소재 바탕 素 + 재료 材 👆 '材'의 대표 뜻은 '재목'임.	글의 내용이 되는 재료. '글감'이라고도 함. 예 수필은 글쓴이가 자신의 삶과 경험을 [ ]로 쓴 글이다.	**플러스 개념어** 제재 글의 바탕이 되는 중심 재료.
관점 볼 觀 + 측면 點 👆 '點'의 대표 뜻은 '점'임.	글쓴이가 소재와 세상을 바라보는 기본적인 자세나 방향. 예 수필은 글쓴이가 어떤 [ ]에서 보든 자신이 얻은 깨달음을 담고 있는 경우가 많다.	**플러스 개념어** 태도 글쓴이가 소재와 세상에 대해 보이는 반응. 예 수필에서는 삶에 대한 글쓴이의 태도를 살필 수 있다.
문체 글 文 + 형상 體 👆 '體'의 대표 뜻은 '몸'임.	문장의 개성적인 특색. 예 시대, 문장의 종류, 글쓴이에 따라 [ ]가 다르다.	**플러스 개념어** 내간체 조선 시대에 부녀자들이 쓰던 고전 수필 문체를 '내간체'라고 함. 말하듯이 써 내려간 것이 특징으로, 섬세한 관찰력과 표현력이 돋보이는 문체임.
회상적 돌이킬 回 + 생각 想 + ~한 상태 的 👆 '回'의 대표 뜻은 '돌아오다', '的'의 대표 뜻은 '과녁'임.	지난 일을 다시 생각하는. 또는 그 태도. 예 어린 시절의 경험을 떠올려 쓴 수필에는 [ ]인 특성이 나타난다.	**플러스 개념어** 비유적 어떤 현상이나 사물을 직접 설명하지 않고 다른 비슷한 현상이나 사물에 빗대어 설명하는 것임. 글쓴이가 말하고자 하는 바를 소재에 빗대어 드러내는 비유적인 성격의 수필이 많음.
예찬적 예우할 禮 + 기릴 讚 + ~한 상태 的 👆 '禮'의 대표 뜻은 '예도'임.	무엇이 좋거나 아름답다고 찬양하는 태도. 예 수필에서는 주로 자연의 아름다움에 대해 [ ]인 특성을 보인다.	**플러스 개념어** 비판적 무엇에 대해 옳고 그름을 판단하거나 잘못된 점을 지적하는 태도를 '비판적'이라고 함. 수필에서 자주 살펴볼 수 있는 태도이기도 함.
사색 생각할 思 + 찾을 索	어떤 것에 대하여 깊이 생각하고 이치를 따짐. 예 수필은 경험이나 [ ], 성찰 따위를 산문으로 나타낸 문학 양식이다.	

확인 문제

정답과 해설 ▶ 6쪽

1 뜻에 알맞은 단어를 글자판에서 찾아 묶어 보자. (단어는 가로, 세로, 대각선 방향에서 찾기)

소	회	태	도	식
재	설	명	예	내
비	관	과	난	간
편	단	점	문	체

❶ 글의 내용이 되는 재료.

❷ 글쓴이가 소재와 세상에 대해 보이는 반응.

❸ 조선 시대에 부녀자들이 쓰던 고전 수필 문체.

❹ 글쓴이가 소재와 세상을 바라보는 기본적인 자세나 방향.

2 밑줄 친 단어의 뜻으로 가장 알맞은 것은? (   )

> 이 수필의 <u>문체</u>는 딱딱하고 지루한 느낌을 준다.

① 문장의 개성적인 특색.

② 글의 내용이 되는 재료.

③ 무엇이 좋거나 아름답다고 찬양하는 태도.

④ 글쓴이가 소재와 세상에 대해 보이는 반응.

⑤ 글쓴이가 소재와 세상을 바라보는 기본적인 자세나 방향.

3 (   ) 안에 알맞은 단어를 보기 에서 찾아 써 보자.

> **보기**
>
> 비판적   예찬적   회상적

(1) 이 수필은 어린 시절 자신을 칭찬해 주던 선생님을 떠올리며 쓴 (   )인 성격의 글이다.

(2) 이 작품은 돈만 있으면 무엇이든지 할 수 있다는 황금만능주의에 대해 (   )인 태도를 보이고 있다.

(3) '익을수록 겸손하게 고개를 숙이는 벼'에 대한 글에서 대상에 대한 글쓴이의 (   )인 태도가 나타난다.

사회 교과서 어휘

✏️ 단어와 그 뜻을 익히고, 빈칸에 알맞은 단어를 써 보자.

물류 도시

물건 物 + 흐를 流 + 도시 都 + 저자 市
👆'都'의 대표 뜻은 '도읍'임.

필요한 물품을 가장 적은 경비를 들여 신속하고 효율적으로 원하는 곳에 때맞춰 보낼 수 있도록 하는 경제 활동이 활발히 이루어지는 도시.

예 세계 제1위 규모의 항만 기능을 담당하는 중국 상하이는 대표적인 산업·◻◻◻◻이다.

세계 도시

세상 世 + 경계 界 + 도시 都 + 저자 市

세계 자본과 정보 흐름의 중심지로, 세계적인 영향력을 가진 금융 기관, 다국적 기업의 본사, 각종 국제기구의 활동이 활발히 이루어지는 도시.

예 세계의 중심지 역할을 하는 대표적인 ◻◻◻로는 뉴욕, 런던, 도쿄, 파리 등이 있다.

▲ 미국 뉴욕

집심 현상

잡을 執 + 중심 心 + 나타날 現 + 형상 象
👆'心'의 대표 뜻은 '마음', '象'의 대표 뜻은 '코끼리'임.

중심 업무 기능이나 상업 기능이 도시 중심부로 집중되는 현상.

예 ◻◻◻◻과 이심 현상으로 인해 도시 내부는 도심에서 외곽 지역으로 가면서 상업·업무 지역, 주거 지역, 공업 지역으로 분화된다.

플러스 개념어 **이심 현상**
주택이나 학교, 공장 등이 도시 외곽으로 빠져나가는 현상.

공동화

빌 空 + 빌 洞 + 될 化
👆'洞'의 대표 뜻은 '골'임.

모두 떠나서 텅 비게 됨.

예 도심에서는 주거 기능의 약화로 낮과 밤의 인구 밀도 차이가 큰 인구 ◻◻◻ 현상이 나타난다.

위성 도시

지킬 衛 + 별 星 + 도시 都 + 저자 市

대도시의 기능을 분담하는 도시로, 교통이 편리한 대도시 주변에 있으면서 주거, 공업, 행정 등과 같은 대도시의 일부 기능을 분담함.

예 대도시 주변에는 ◻◻ 도시가 나타나기도 한다.

플러스 개념어 **수위 도시**
인구가 가장 많은 제1의 도시로, 개발 도상국에서는 수도인 경우가 많음.

도시화율

도시 都 + 저자 市 + 될 化 + 비율 率

어떤 곳의 모든 인구 가운데서 도시에 사는 인구가 차지하는 비율.

예 선진국은 200여 년 동안 산업화와 함께 ◻◻◻◻이 천천히 높아졌으나, 개발 도상국은 30~40년 동안 ◻◻◻◻이 빠르게 높아졌다.

플러스 개념어 **선진국**
다른 나라보다 정치·경제·문화 따위의 발달이 앞선 나라.
예 유럽의 선진국에서는 인구 감소, 시설 노후화 등으로 도시의 활력이 줄어드는 문제점이 나타나고 있다.

확인 문제

1 뜻에 알맞은 단어를 보기 의 글자를 조합해 써 보자.

보기

| 계 | 도 | 상 | 세 | 시 | 심 | 집 | 현 |

(1) 세계 자본과 정보 흐름의 중심지로, 세계적인 금융 기관, 다국적 기업의 본사, 각종 국제기구의 활동

이 활발히 이루어지는 도시. ☐☐ ☐☐

(2) 중심 업무 기능이나 상업 기능이 도시 중심부로 집중되는 현상. ☐☐ ☐☐

2 두 친구가 말하는 도시를 ( ) 안에 써 보자.

(1) 대도시의 기능을 분담하여 대도시의 과밀화를 완화하기 위해 만든 도시야.

( )

(2) 한 국가에서 인구가 가장 많은 도시를 말하는데, 개발 도상국에서는 이 도시로 인구가 과도하게 집중하고 있어.

( )

3 ( ) 안에서 알맞은 단어를 골라 ○표 해 보자.

(1) (인구 공동화 , 인구 감소) 현상은 낮에는 주로 등교나 출근, 쇼핑 등을 위해서 도심에서 활동하던 사람들이 밤에는 각자 도심의 주변 지역에 있는 거주지로 귀가하면서 도심의 사람들이 급격히 줄어 드는 현상이다.

(2) 도시화율이 빠르게 높아진 (개발 도상국 , 선진국)에서는 주택, 상하수도 시설 부족 등 도시 문제가 더욱 심각하게 나타나고 있다.

✏️ 단어와 그 뜻을 익히고, 빈칸에 알맞은 단어를 써 보자.

피타고라스 정리

피타고라스 + 정할 定 + 이치 理
🖱 '理'의 대표 뜻은 '다스리다'임.

직각삼각형에서 직각을 끼고 있는 두 변의 길이의 제곱의 합은 빗변의 길이의 제곱과 같다.

예 직각삼각형에서 직각을 낀 두 변의 길이를 각각 a, b라 하고, 빗변의 길이를 c라고 할 때, $a^2 + b^2 = c^2$이 성립하는 것을 [ ][ ][ ][ ][ ] 정리라고 한다.

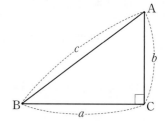

예각

날카로울 銳 + 모서리 角
🖱 '角'의 대표 뜻은 '뿔'임.

직각 90°보다 작은 각.

예 $\angle A$가 직각보다 작은 [ ]일 때 삼각형 ABC의 넓이는

$\dfrac{1}{2} \times (밑변) \times (높이) = \dfrac{1}{2}bc \sin A$

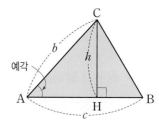

둔각

무딜 鈍 + 모서리 角

직각 90°보다 크고 180°보다 작은 각.

예 $\angle A$가 90°보다 크고 180°보다 작은 [ ]일 때 삼각형 ABC의 넓이는

$\dfrac{1}{2} \times (밑변) \times (높이) = \dfrac{1}{2}bc \sin(180 - A)$

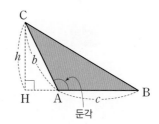

직각이등변삼각형

곧을 直 + 모서리 角 +
둘 二 + 같을 等 + 가장자리 邊 +
셋 三 + 모서리 角 + 모양 形

직각을 사이에 둔 두 변의 길이가 같은 삼각형으로, 직각삼각형인 동시에 이등변삼각형인 삼각형.

예 세 각의 크기가 45°, 45°, 90°인 삼각형을 [ ][ ][ ][ ][ ][ ] 삼각형이라고 한다.

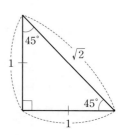

확인 문제

1 빈칸에 알맞은 단어를 써 보자.

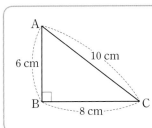

직각삼각형에서 직각을 낀 두 변의 길이 $\overline{AB}=6$ cm, $\overline{BC}=8$ cm일 때, 빗변의 길이 $\overline{AC}=10$ cm로, $6^2+8^2=10^2$이 성립한다.

즉, 직각삼각형에서 직각을 낀 두 변의 길이의 제곱의 합은 빗변의 길이의 제곱과 같다는 것을 [ ][ ][ ][ ][ ] 정리라고 한다.

2 뜻에 알맞은 단어를 찾아 선으로 이어 보자.

(1) 직각 $90°$보다 크고 $180°$보다 작은 각. ·

(2) 직각 $90°$보다 작은 각. ·

(3) 직각삼각형 ABC에서 ∠A$=45°$, ∠B$=45°$인 삼각형. ·

· 직각이등변삼각형

· 둔각

· 예각

3 빈칸에 알맞은 단어를 써 보자.

(1)
두 변의 길이를 알고 끼인각 A가 $30°$로 [ ][ ]일 때, 삼각형 ABC의

넓이는 $\dfrac{1}{2}\times\overline{AC}\times\overline{AB}\times\underset{\sin 30°=\frac{1}{2}}{\sin 30°}=\dfrac{1}{2}\times 4\times 6\times\dfrac{1}{2}=6$이다.

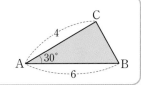

(2)
두 변의 길이를 알고 끼인각 A가 $150°$로 [ ][ ]일 때, 꼭짓점 C에서 변 AB의 연장선에 내린 수선의 발을 H라고 하자.

직각삼각형 CHA에서 $\sin(180°-150°)=\sin 30°=\dfrac{\overline{CH}}{\overline{AC}}$이

므로 $\overline{CH}=\overline{AC}\times\sin 30°=6\times\dfrac{1}{2}=3$ (cm)이다.

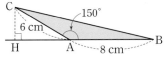

따라서 삼각형 ABC의 넓이는 $\dfrac{1}{2}\times\overline{AB}\times\overline{CH}=\dfrac{1}{2}\times 8\times 3=12$ (cm²)이다.

과학 교과서 어휘

✏️ 단어와 그 뜻을 익히고, 빈칸에 알맞은 단어를 써 보자.

수정

받을 受 + 정기 精

🖑 '精'의 대표 뜻은 '찧다'임.

생식세포인 정자와 난자가 결합하는 것.

예 정자와 난자의 [　　] 결과 체세포와 염색체 수가 같은 수정란이 된다.

플러스 개념어
• 배아: 수정 후 사람의 모습을 갖추기 전 8주까지의 세포 덩어리 상태.
• 태아: 수정 후 8주가 지난 후 주요 기관이 형성되어 사람의 형태를 갖춘 상태.

난할

알 卵 + 나눌 割

🖑 '割'의 대표 뜻은 '베다'임.

수정란이 발생 초기에 빠르게 세포 분열하여 세포 수를 늘리는 과정.

예 [　　]을 거듭할수록 세포 수는 늘어나지만 각각의 세포 크기는 점점 작아진다.

플러스 개념어 착상
난할을 거친 배아가 자궁 안쪽 벽에 파묻히는 것.
예 수정 후 5~7일 이후 착상된 때부터 임신했다고 한다.

발생

날 發 + 날 生

🖑 '發'의 대표 뜻은 '피다'임.

수정란이 일정한 형태와 기능을 갖춘 어린 개체가 되기까지의 과정.

예 사람의 [　　] 과정: 수정 → 착상 → 태반이 만들어짐.
→ 수정 후 약 266일(38주) 뒤에 자궁 밖으로 나옴.

플러스 개념어 태반
태아와 모체의 자궁벽을 연결하여 태아의 생존과 성장에 필요한 물질을 교환하며 보호하는 역할을 하는 기관.

대립유전자

대할 對 + 설 立 +
남길 遺 + 전할 傳 + 자식 子

한 형질에 대해 서로 다른 대립 형질을 결정
생물의 고유한 모양, 크기 등의 특징.　뚜렷하게 대비되는 형질.
하는 유전자.

예 우성 [　　　　　]는 알파벳 대문자로, 열성 [　　　　　]는 알파벳 소문자로 표시한다.

플러스 개념어 유전
부모의 형질이 자손에게 전달되는 현상.
예 완두가 유전 연구의 재료로 적합한 이유는 한 세대가 짧고 한 번의 교배로 얻을 수 있는 자손의 수가 많으며, 인위적인 교배가 가능하기 때문이다.

순종

순수할 純 + 씨 種

한 형질을 나타내는 대립유전자의 구성이 같은 개체.

예 rrYY는 두 형질에 대해 모두 동일한 대립유전자끼리 있으므로 [　　]이다.

반대말 잡종
한 형질을 나타내는 대립유전자의 구성이 다른 개체.
예 Rr, RrYy

자가 수분

스스로 自 + 자기 집 家
받을 受 + 가루 粉

수술의 꽃가루가 같은 그루의 꽃에 있는 암술에 붙는 것.

예 멘델은 씨 모양이 둥근 완두와 주름진 완두를 따로 심은 후 여러 세대에 걸쳐 [　　　　] 하여 항상 같은 형질만 나타내는 순종을 얻었다.

플러스 개념어 타가 수분
수술의 꽃가루가 다른 그루의 꽃에 있는 암술에 붙는 것.

확인 문제

1 뜻에 알맞은 단어를 보기의 글자를 조합해 써 보자.

보기

| 난 | 발 | 배 | 생 | 수 | 아 | 정 | 할 |

(1) 생식세포인 정자와 난자가 결합하는 것. □□

(2) 수정란이 일정한 형태와 기능을 갖춘 어린 개체가 되기까지의 과정. □□

(3) 수정 후 사람의 모습을 갖추기 전 8주까지의 세포 덩어리 상태. □□

(4) 수정란이 발생 초기에 빠르게 세포 분열하여 세포 수를 늘리는 과정. □□

2 ( ) 안에 알맞은 단어를 보기에서 골라 써 보자.

보기

| 순종 | 유전 | 잡종 | 형질 | 대립유전자 |

(1) 생김새, 모양, 크기 등 생물이 가지는 고유한 특징을 ( )(이)라 하고, 이것이 부모로부터 자손에게 전달되는 현상을 ( )(이)라고 한다.

(2) 한 형질에 대해 서로 다른 대립 형질을 결정하는 유전자를 ( )(이)라고 한다.

(3) YY, RRyy와 같이 한 형질을 나타내는 대립유전자의 구성이 같은 개체를 ( )(이)라고 하고, Yy와 같이 구성이 다른 개체를 ( )(이)라고 한다.

3 ( ) 안에 알맞은 단어를 각각 써 보자.

수정란이 체세포 분열을 거듭하여 여러 조직과 기관을 만들고 하나의 개체로 되기까지의 과정을 ( )이라고 한다. ( )는 자궁 속에서 모체로부터 필요한 영양분과 물질을 태반을 통해 공급받으며 조직과 기관을 형성하고 자란 후, 수정일로부터 약 266일(38주) 뒤에 모체의 밖으로 나온다.

한자 어휘

門(문), 有(유)가 들어간 말

門
문 문

문(門)은 주로 '문(사람들이 드나들거나 물건을 넣고 꺼낼 수 있게 만든 시설)'이라는 뜻으로 쓰여. '집안'이라는 뜻으로 쓰일 때도 있어.

有
있을 유

유(有)는 주로 '있다(생물이나 물체, 사실이나 현상이 존재하는 상태이다.)'라는 뜻으로 쓰여. '알다', '가지다(소유하다)'라는 뜻으로 쓰일 때도 있어.

✏️ 단어와 그 뜻을 익히고, 빈칸에 알맞은 단어를 써 보자.

문전성시
문 門 + 앞 前 +
이룰 成 + 저자 市

> 문전(門前) + 성시(成市)
> 문 앞.   시장을 이룸.
> 수많은 사람들이 몰려드는 것을 문전성시라고 함.

찾아오는 사람이 많아 그곳의 문 앞이 마치 시장처럼 복잡하고 사람들로 북적댐.
예 할인 행사가 열리자 가게 앞은 사람들로 [ ][ ][ ][ ]를 이루었다.

가문
집 家 + 집안 門

> '문(門)'이 '집안'이라는 뜻으로 쓰임.

집안과 문중 대대로 내려오는 그 집안의 지위.
예 우리 [ ][ ]에서는 대대로 음악가를 배출해 왔다.

언중유골
말씀 言 + 가운데 中 +
있을 有 + 뼈 骨

> 언중(言中) + 유골(有骨)
> 말 속.   뼈가 있음.
> 얼핏 들으면 농담 같지만, 잘 생각해 보면 비판적인 의미나 진심이 담겨 있다는 뜻임.

평범한 말 속에 만만치 않은 뜻이 들어 있음.
예 [ ][ ][ ][ ]이라 하니, 상대편이 하는 말에 숨어 있는 뜻을 잘 생각해 보아야 한다.

유명
알 有 + 이름 名

> '유(有)'가 '알다'라는 뜻으로 쓰임.

이름이 널리 알려져 있음.
예 주말을 맞아 [ ][ ] 관광지로 나들이를 갔다.

반대말 **무명**(없을 無 + 이름 名)
이름이 널리 알려져 있지 않음.
예 무명 시절에 생활고에 시달렸다.

국유
나라 國 + 가질 有

> '유(有)'가 '가지다'라는 뜻으로 쓰임.

국가의 소유.
예 이 땅은 국민의 세금으로 사들인 [ ][ ] 재산이다.

확인 문제

1 뜻에 알맞은 단어를 보기의 글자를 조합해 써 보자.

보기

성	중	전
골	시	유
문	언	절

(1) 평범한 말 속에 만만치 않은 뜻이 들어 있음.

(2) 찾아오는 사람이 많아 그곳의 문 앞이 마치 시장처럼 복잡하고 사람들로 북적댐.

2 단어의 뜻을 찾아 선으로 이어 보자.

(1) 유명 •   • 국가의 소유.

(2) 가문 •   • 이름이 널리 알려져 있음.

(3) 국유 •   • 집안과 문중 대대로 내려오는 그 집안의 지위.

3 ( ) 안에 알맞은 단어를 보기에서 찾아 써 보자.

보기

가문	유명	문전성시	언중유골

(1) 보성은 전라남도 중남부에 자리하며, 차의 재배지로 (   )한 곳이다.

(2) 이곳은 점심시간에 가면 줄을 서서 기다려야 할 정도로 (   )을/를 이루는 맛있는 국숫집이다.

(3) 그는 말을 직설적으로 하지 않아 (   )인 경우가 많으므로, 그의 말 속에 담긴 진짜 의미를 헤아려 보아야 한다.

(4) 경주의 최 부잣집은 300년간 부를 유지하면서도 만석이 넘어가는 재산은 사회에 환원하여 나눔과 상생을 실현한, 경주의 대표적인 이름 있는 (   )이다.

> 사실을 있는 그대로 말하는 방식을 직설법이라고 하고, 항상 일어나는 사실에 대한 제한 조건을 두고 표현하는 방식을 조건문이라고 해. 또한 발생할 가능성이 거의 없는 일을 '상상, 가정, 소망'해서 말하는 방식을 가정법이라고 해. 그럼 직설법, 조건문, 가정법에 대해 그 뜻과 예를 공부해 보자.

✎ 단어와 그 뜻을 익히고, 빈칸에 알맞은 단어를 써 보자.

the indicative mood **직설법** 곧을 直 + 말씀 說 + 법 法	사실이나 상황을 있는 그대로 진술하는 서술법. 보통의 평서문, 의문문, 감탄문, 명령문 등이 모두 직설법에 해당함. • He **eats** a lot.(그는 많이 먹는다.) 　_{모습을 있는 그대로 진술한 직설법} 예 "Tom is a teacher.(Tom은 교사이다.)"와 같이 Tom에 관한 사실을 그대로 나타내는 서술법을 □□□ 이라 한다.
a conditional (sentence) **조건문** 가지 條 + 사건 件 + 글 文	늘 일어나는 일로서 자연 현상이나 수학적 혹은 과학적인 사실에서 사용된 If문장을 말함. 어떤 조건에서 항상 일어나므로 이러한 경우에 조건문이라고 함. • If you **heat** the ice, it **melts**.(얼음에 열을 주면, 녹는다.) 　_{자연 현상이나 과학적인 사실에 적용되는 If문장} 예 "If you freeze water, it becomes solid.(물을 얼리면, 고체가 된다.)"는 자연 현상을 적용하고 있는 If문장으로 □□□ 이다.

subjunctive present **가정법 현재** 거짓 假 + 정할 定 + 법 法 + 나타날 現 + 있을 在	가까운 미래에 대한 단순한 가정을 나타내는 서술법. 「If+주어+현재형 동사, 주어+조동사(can, will, shall, may)+동사원형」 형태로 씀. • If the bus **comes** late, I'll take a subway. 　_{가까운 미래의 일을 가정하는 가정법 현재} (버스가 늦게 오면, 나는 지하철을 탈 거야.) 예 "If I know the answer, I will tell you.(내가 답을 안다면, 나는 너에게 알려 줄 거야.)"와 같이 쓰는 방식이 □□□□ 이다.	**플러스 개념어** **가정법 동사** 동사 suggest(제안하다), demand(요청하다), insist(주장하다) 등과 뒤에 오는 절에서 should가 생략된 채 동사원형이 오며 이를 가정법 동사라 함. 예 She suggested that I (should) be a teacher.(그녀는 내게 교사가 되라고 제안했다.)
subjunctive past **가정법 과거** 거짓 假 + 정할 定 + 법 法 + 지날 過 + 갈 去	현재에 일어나지 못하는 일을 가정하여 나타내는 서술법. 「If+주어+과거형 동사, 주어+조동사의 과거형+동사원형」 형태로 씀. • If my mom **were** here, she **could help** me. 　_{현재 일어나지 않은 사실을 가정할 때 쓰는 가정법 과거} (엄마가 여기 계신다면, 나를 도울 수 있을 텐데.) 예 "If I knew her phone number, I would call her.(내가 그녀의 전화번호를 알면, 그녀에게 전화할 텐데.)"는 현재 전화번호를 모르고 있는 상태로, 안다고 가정한 것이므로 □□□□□ 이다.	**플러스 개념어** **가정법 과거의 직설법** 가정법 과거를 직설법으로 표현하면 현재 사실에 반대되는 일에 대한 것으로 나타남. 예 If my mom were here, she could help me.(엄마가 여기 계신다면, 나를 도울 수 있을 텐데.) → As my mom isn't here, she can't help me.(엄마가 여기 없기에, 나를 도울 수 없다.)

확인 문제

1 문장에 알맞은 설명을 찾아 선으로 이어 보자.

(1) Is it raining? (비가 오니?) •

(2) If it rains, grass grows.
(비가 오면 풀이 자란다.) •

(3) If it rains, we can't go there.
(비가 오면 우리는 거기 갈 수 없다.) •

(4) If it rained, we couldn't come here.
(비가 오면 우리는 여기 못 올 뻔했다.) •

• 가정법 현재: 가까운 미래에 일어날 일을 가정하는 서술법.

• 조건문: 자연 현상이나 과학적인 사실에 적용되는 If문장.

• 직설법: 사실이나 상황을 있는 그대로 진술하는 서술법.

• 가정법 과거: 현재 일어나지 않는 일을 가정하는 서술법.

2 밑줄 친 부분에 알맞은 단어를 보기에서 찾아 써 보자.

보기

| If | are | were | will | would |

(1) You _____ a good teacher. (너는 훌륭한 선생님이었다.)

(2) _____ I finish early, I _____ call you. (내가 일찍 마치면, 너에게 전화할게.)

(3) _____ you dive deep, you _____ in danger. (깊이 잠수하면, 위험에 처한다.)

(4) _____ I had a free time, I _____ be more relaxed.
(내게 자유 시간이 있다면, 나는 더 느긋할 텐데.)

✏️ 1주차 1~5회에서 공부한 단어를 떠올리며 문제를 풀어 보자.

국어

1 보기에서 설명하는 시나리오 용어로 알맞은 것은? (　　　　)

보기
하나의 장면이 끝나기 전에 다음 장면이 겹쳐지면서 앞의 장면이 차차 사라지게 하는 영상 편집 기법.

① 롱 숏　　　　② 오버랩　　　　③ 내레이션　　　　④ 클로즈업　　　　⑤ 페이드아웃

국어

2 (　　) 안에 들어갈 단어로 알맞은 것은? (　　　　)

(　　　　)은/는 글의 내용이 되는 재료이다.

① 갈래　　　　② 소재　　　　③ 문체　　　　④ 과정　　　　⑤ 견해

사회

3 (　　) 안에서 알맞은 단어를 골라 ○표 해 보자.

도시화가 가속화되면 본격적으로 산업화되고, 도시에 제조업과 서비스업이 발달하면서 (역도시화 , 이촌 향도) 현상과 함께 도시화율이 빠르게 올라간다.

사회

4 (　　) 안에 들어갈 말로 알맞은 것은? (　　　　)

(　　　　)는 물품을 생산하고 보내는 경제 활동이 활발히 이루어지는 도시이다.

① 세계 도시　　　　　　② 산업·물류 도시　　　　　　③ 역사·문화 도시
④ 환경·생태 도시　　　　⑤ 국제 금융·업무 도시

한자

5 '문(門)'의 쓰임이 다른 하나는? (　　　　)

① 대문(大門)　　　　　　② 가문(家門)　　　　　　③ 창문(窓門)
④ 문전박대(門前薄待)　　⑤ 문전성시(門前成市)

수학

6 ( ) 안에 알맞은 단어를 써 보자.

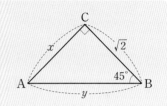

삼각형 ABC가 (   )삼각형이므로 $x=\sqrt{2}$이고
(   ) 정리에 의해 $(\sqrt{2})^2+(\sqrt{2})^2=y^2$이므로 $y^2=4$, $y=2$

과학

7 ( ) 안에 알맞은 단어를 보기 에서 찾아 써 보자.

> **보기**
>
> 난할   생식세포   체세포 분열   세포질 분열

(1) 식물 세포의 (   )은/는 2개의 핵 사이에 세포 안에서 밖으로 세포판이 자라면서 세포질이 나누어진다.

(2) 대부분의 생물은 (   )을/를 통해 세포 수가 늘어나 몸이 커지는 생장을 하고 상처가 아물며 수명이 다하여 죽은 세포를 보충한다.

(3) (   )은/는 세포가 성장하는 시기 없이 계속 분열이 일어나는 과정이므로, (   ) 이/가 거듭될수록 세포의 수는 점점 증가하지만 세포의 크기는 점점 작아진다.

(4) (   )은/는 염색체의 수가 모세포의 절반이므로 암수 (   )의 수정으로 태어난 자손의 염색체 수는 부모와 같아서 생물의 염색체 수는 세대를 거듭해도 항상 일정하게 유지된다.

영문법

8 문장에 대한 설명이 알맞으면 ○표, 알맞지 <u>않으면</u> ✕표 해 보자.

(1)
> If it rains tomorrow, we will not go camping.
> (내일 비가 내리면, 우리는 캠핑을 가지 않을 것이다.)

→ 가까운 미래에 일어날 일을 가정한다. (   )

(2)
> If I had enough money, I could buy you a birthday gift.
> (만약 내가 돈이 충분히 있다면, 너에게 생일 선물을 사 줄 수 있을 텐데.)

→ 실제로 일어날 수 있는 조건이나 자연 현상을 전제로 한다. (   )

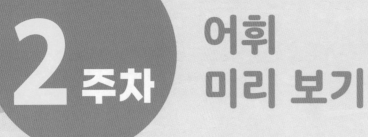

2주차 어휘 미리 보기

한 주 동안
공부할 어휘들이야.
쓱 한번 훑어볼까?

1회
학습 계획일 ◯월 ◯일

국어 교과서 어휘	사회 교과서 어휘
능동적 읽기	기호 작물
예측	목초지
훑어보기	기업적 농업
이해도	무역 장벽
조정	세계화
읽기 과정	공산품

2회
학습 계획일 ◯월 ◯일

수학 교과서 어휘	과학 교과서 어휘
현	우열의 원리
직각삼각형의 합동 조건	분리의 법칙
수직이등분선	독립의 법칙
현의 수직이등분선	가계도 조사
현의 길이	쌍둥이 연구
	반성유전

3회
학습 계획일 ◯월 ◯일

국어 교과서 어휘	사회 교과서 어휘
비교	경제 블록
화제	산업 공동화
형식	택배업
균형	전자 상거래
효과	서비스업
타당성	아웃소싱

4회 학습 계획일 ◯월 ◯일

수학 교과서 어휘	과학 교과서 어휘
접선	위치 에너지
접선의 길이	운동 에너지
삼각형의 내심	역학적 에너지
원에 외접하는 삼각형의 둘레 길이	역학적 에너지 전환
원에 외접하는 사각형의 둘레 길이	역학적 에너지 보존 법칙
	에너지 전환

5회 학습 계획일 ◯월 ◯일

한자 어휘	영문법 어휘
동문서답	가정법 과거완료
답례	If 생략
황토	혼합 가정법
신토불이	유사 가정법
토산품	

어휘력 테스트

3주차 어휘 학습으로 가 보자!

국어 교과서 어휘

✏️ 단어와 그 뜻을 익히고, 빈칸에 알맞은 단어를 써 보자.

능동적 읽기

능할 能 + 움직일 動 +
~한 상태 的 +
읽기

👆'的'의 대표 뜻은 '과녁'임.

독자가 자신의 배경지식과 글에 나타난 정보를 활용하여 글의 의미를 새롭게 구성하는 과정.

예 ☐☐☐ 읽기는 글을 통해 독자와 작가가 소통하는 과정이다.

플러스 개념어 **능동적**
다른 것을 따라하지 않고 스스로 행동하는 것.

예측

미리 豫 + 헤아릴 測

미리 짐작하는 일.

예 글을 읽기 전에는 제목 따위로 내용을 ☐☐ 해 보는 것이 좋다.

훑어보기

글을 읽을 때, 한쪽 끝에서 다른 끝까지 쭉 보는 일.

예 글의 일부를 ☐☐☐ 를 하며, 어떤 단어를 자주 썼는지 확인해 볼 수 있다.

플러스 개념어 **통독**
처음부터 끝까지 훑어 읽음.

이해도

깨달을 理 + 깨달을 解 + 정도 度

👆'理'의 대표 뜻은 '다스리다', '解'의 대표 뜻은 '풀다', '度'의 대표 뜻은 '법도'임.

어떤 것을 앞뒤가 맞게 해석하거나 받아들이는 정도.

예 글을 읽는 중에는 스스로 ☐☐☐ 를 확인하며, 이해가 되지 않는 부분은 표시해 둔다.

조정

고를 調 + 가지런할 整

어떤 기준이나 상황에 맞게 정돈하는 일.

예 글을 읽을 때 과정을 점검하고 ☐☐ 하며 읽으면, 글을 더 정확하게 이해할 수 있다.

플러스 개념어 **점검**
하나하나 검사하는 일.

읽기 과정

읽기 + 지날 過 + 길 程

읽기가 진행되는 방법이나 순서.

읽기 전	읽는 중	읽은 뒤
• 읽기 목적 정하기 • 글의 내용 예측하기	• 이해도 점검하기 • 글쓴이의 의도 파악하기	• 알게 되거나 깨달은 것 정리하기 • 자기 삶에 적용하기

예 글을 효과적으로 읽으려면 적절한 읽기 ☐☐ 을 따라야 한다.

1 뜻에 알맞은 단어를 보기 의 글자를 조합해 써 보자.

보기

측	어	점
조	예	훑
검	기	정

(1) 미리 짐작하는 일. ☐☐

(2) 하나하나 검사하는 일. ☐☐

(3) 어떤 기준이나 상황에 맞게 정돈하는 일. ☐☐

2 밑줄 친 단어의 쓰임이 알맞지 <u>않은</u> 것은? ( )

① 어려운 일일수록 <u>능동적</u>으로 행동해야 한다.
② 그는 너무 엉뚱해서 행동을 <u>예측</u>하기 어렵다.
③ 자신의 읽기 과정을 점검하고 <u>훑어보기</u>하며 글을 읽어야 한다.
④ '읽기 전 – 읽는 중 – 읽은 뒤'의 <u>읽기 과정</u>에 따른 알맞은 활동이 중요하다.
⑤ 선생님은 우리의 <u>이해도</u>를 높이기 위하여 설명과 관련한 사진을 보여 주셨다.

3 빈칸에 공통으로 들어갈 단어로 알맞은 것은? ( )

- ☐☐은/는 글을 통해 독자와 작가가 소통하는 과정이다.
- ☐☐(이)란 독자가 자신의 배경지식과 글에 나타난 정보를 활용하여 글의 의미를 새롭게 구성하는 과정을 말한다.

① 점검 ② 예측 ③ 조정 ④ 훑어보기 ⑤ 능동적 읽기

✏️ 단어와 그 뜻을 익히고, 빈칸에 알맞은 단어를 써 보자.

기호 작물
즐길 嗜 + 좋을 好 +
지을 作 + 물건 物

차, 카카오, 커피 등 맛과 향을 즐기기 위해 먹는 기호 식품을 얻기 위하여 가꾸는 작물.

예 세계 여러 나라는 농업 경쟁력을 높이기 위해 한 종류의 곡물을 재배하는 농업에서 벗어나 ☐☐☐☐ 을 재배하는 등 농업 생산 방식에 변화를 보이고 있다.

목초지
칠 牧 + 풀 草 + 땅 地

가축의 사료가 되는 풀이 자라고 있는 곳.

예 남아메리카 지역에서는 가축의 사료가 되는 작물을 재배하기 위해 열대림을 ☐☐☐ 로 바꾸고 있다.

기업적 농업
꾀할 企 + 일 業 + ~한 상태 的
농사 農 + 일 業
👆 '的'의 대표 뜻은 '과녁'임.

농기계와 화학 비료를 써서 큰 규모로 이루어지는 농업.

예 큰 규모의 ☐☐☐☐ 농업은 농작물을 많이 생산해 농산물의 값에 영향을 끼친다.

플러스 개념어 **상업적 농업**
시장에 판매할 목적으로 작물을 재배하거나 가축을 기르는 농업.

무역 장벽
바꿀 貿 + 바꿀 易 +
막을 障 + 벽 壁

국가 간의 자유 무역을 제약하는 인위적인 조치.

예 세계 무역 기구의 출범으로 국가 간 ☐☐☐☐ 이 낮아지면서 다국적 기업의 수가 빠르게 증가하고 있다.
여러 나라에 계열 회사를 가지고 있으며 세계적인 규모로 상품을 생산하고 판매하는 기업.

플러스 개념어 **세계 무역 기구**
국제 무역 확대를 위하여 설립된 국제기구.

세계화
세상 世 + 경계 界 + 될 化

국경을 넘어 세계 전체의 상호 의존성이 높아지면서 지구촌 전체가 단일한 체계로 통합되어 가는 현상.

예 농업의 ☐☐☐ 로 기업적 농업이 발달하였다.

플러스 개념어 **방부제**
미생물의 활동을 막아 물건이 썩지 않게 하는 약.
예 농산물이 이동되는 과정에서 부패를 막기 위해 방부제를 사용하는 경우가 많다.

공산품
만들 工 + 생산할 産 + 물건 品
👆 '工'의 대표 뜻은 '장인', '産'의 대표 뜻은 '낳다'임.

원료를 사람이나 기계의 힘으로 처리해 새로운 제품으로 만들어 낸 것.

예 다국적 기업은 ☐☐☐ 을 생산하고 판매하는 활동을 넘어 유통·금융 서비스 상품 제공에 이르기까지 그 역할과 범위를 넓혀 가고 있다.

확인 문제

정답과 해설 ▶ 15쪽

1 뜻에 알맞은 단어를 글자판에서 찾아 묶어 보자. (단어는 가로, 세로, 대각선 방향에서 찾기)

작	방	역	벽	농
공	물	부	계	기
산	장	무	제	업
품	목	초	지	적

❶ 미생물의 활동을 막아 물건이 썩지 않게 하기 위해 쓰는 약.
❷ 원료를 사람이나 기계의 힘으로 처리해 새로운 제품으로 만들어 낸 것.
❸ 가축의 사료가 되는 풀이 자라고 있는 곳.
❹ 농기계와 화학 비료를 써서 큰 규모로 이루어지는 농업. ○○○ 농업.

2 빈칸에 알맞은 단어를 찾아 선으로 이어 보자.

(1) 농업의 [   ](으)로 곡물의 유통과 가공 등에 대규모 기업의 영향력이 커지고 있다.

• 무역 장벽

(2) 자유 무역을 막는 조치인 [   ]은/는 국내 산업을 보호하기 위한 것으로, 가장 대표적인 조치로 수입품에 관세를 부과하는 것을 들 수 있다.

• 방부제

(3) 농산물의 이동 거리가 길어지면서 부패를 막기 위해 사용하는 [   ]의 안전성 문제를 제기하는 사람이 많아졌다.

• 세계화

3 ( ) 안에서 알맞은 단어를 골라 ○표 해 보자.

(1) 산업화와 도시화가 진행되면서 원예 농업, 기업적 곡물 농업 등 시장에 판매할 목적으로 작물을 재배하는 (자급적 농업 , 상업적 농업)이 발달하였다.

(2) 생활 수준의 향상으로 차, 커피, 카카오 등의 수요가 늘어나면서 그 원료가 되는 (기호 작물 , 원예 작물)의 재배 또한 늘어나고 있다.

✏️ 단어와 그 뜻을 익히고, 빈칸에 알맞은 단어를 써 보자.

현 활시위 弦	원둘레 원주 위의 서로 다른 두 점을 연결한 선분. 예 한 원 위의 두 점 A, B를 이은 선분이 ☐이다.	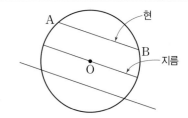
직각삼각형의 합동 조건 곧을 直 + 모서리 角 + 셋 三 + 모서리 角 + 모양 形 + 의 + 합할 合 + 같을 同 + 가지 條 + 사건 件 🖱'角'의 대표 뜻은 '뿔'임.	두 직각삼각형은 다음 각 경우에 서로 합동이다. (1) 빗변의 길이와 다른 한 변의 길이가 각각 같을 때 RHS 합동 (2) 빗변의 길이와 다른 한 예각의 크기가 각각 같을 때 RHA 합동 예 삼각형 OAM과 삼각형 OBM에서 $\angle OMA = \angle OMB = 90°$, 빗변의 길이 $\overline{OA} = \overline{OB}$ (반지름), 다른 한 변 $\overline{OM}$은 공통이므로 두 직각삼각형 OAM과 OBM은 서로 ☐☐이다. 따라서 $\overline{AM} = \overline{BM}$이다.	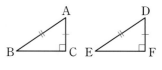 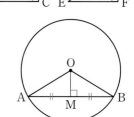
수직이등분선 드리울 垂 + 곧을 直 + 둘 二 + 같을 等 + 나눌 分 + 줄 線	선분의 중점을 지나고 그 선분에 수직인 직선. 예 선분 AB의 중점 M을 지나면서 선분 AB에 수직인 직선 l이 선분 AB의 ☐☐☐☐☐이다.	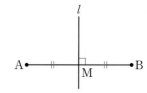
현의 수직이등분선 활시위 弦 + 의 + 드리울 垂 + 곧을 直 + 둘 二 + 같을 等 + 나눌 分 + 줄 線	직각을 이루는 직선. 원의 중심에서 현에 내린 수선. 예 원 O에서 ☐ AB의 ☐☐☐☐☐은 그 원의 중심을 지 난다.	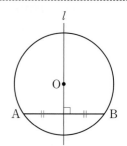
현의 길이 활시위 弦 + 의 길이	한 원의 중심에서 같은 거리에 있는 두 현의 길이는 서로 같음. 예 원의 중심에서 ☐까지의 거리 $\overline{OM} = \overline{ON}$이면 두 ☐의 길이 $\overline{AB} = \overline{CD}$이다.	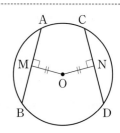

확인 문제

1 빈칸에 알맞은 단어를 보기의 글자를 조합해 써 보자.

보기
등 분 선 수 원 이 주 직

(1) 현: ☐☐ 위의 서로 다른 두 점을 연결한 선분.

(2) ☐☐☐☐☐☐ : 선분의 중점을 지나고 그 선분에 수직인 직선.

2 빈칸에 들어갈 말을 초성을 바탕으로 써 보자.

(1)
∠C = ∠F = 90°인 두 직각삼각형 ABC, DEF에서
$\overline{AB} = \overline{DE}$, ∠B = ∠E로 ㅂㅂ 의 길이와 한 예각의 크기가
각각 같을 때 두 직각삼각형은 ㅎㄷ 이다.

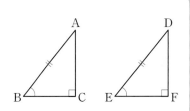

(2)
∠C = ∠F = 90°인 두 직각삼각형 ABC, DEF에서
$\overline{AB} = \overline{DE}$, $\overline{BC} = \overline{EF}$로 ㅂㅂ 의 길이와 다른 한 ㅂ 의
길이가 각각 같을 때 두 직각삼각형은 ㅎㄷ 이다.

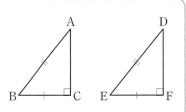

(3)
원 O에서 $\overline{OA} = 5$ cm, $\overline{OM} = 3$ cm일 때 $\overline{OM} \perp \overline{AB}$이므로
원의 중심에서 현 AB에 내린 ㅅㅅ 은 그 현을 이등분한다.
직각삼각형 OAM에서 ㅍㅌㄱㅅㅈㄹ 에 의하여
$\overline{AM} = \sqrt{5^2 - 3^2} = \sqrt{25 - 9} = \sqrt{16} = 4$ (cm)이다.
따라서 $\overline{AB} = 2\overline{AM} = 2 \times 4 = 8$ (cm)이다.

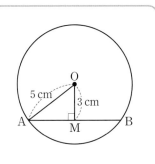

과학 교과서 어휘

✏️ 단어와 그 뜻을 익히고, 빈칸에 알맞은 단어를 써 보자.

우열의 원리

뛰어날 優 + 못할 劣 + 의
근원 原 + 이치 理
🖱 '優'의 대표 뜻은 '넉넉하다',
'理'의 대표 뜻은 '다스리다'임.

순종의 두 대립 형질을 교배했을 때 잡종 1대에서 우성 형질만 나타나는 현상.

예 순종의 둥근 완두(RR)와 주름진 완두(rr)를 교배했을 때 자손인 잡종 1대에서는 둥근 유전자(R)와 주름진 유전자(r)를 모두 갖지만 우성 형질의 둥근 완두(Rr)만 나오는 현상을 ☐☐의 ☐☐라고 한다.

플러스 개념어
• 우성: 대립 형질을 가진 순종끼리 교배했을 때, 잡종 1대에 나타나는 형질.
• 열성: 대립 형질을 가진 순종끼리 교배했을 때, 잡종 1대에 나타나지 않는 형질.

분리의 법칙

나눌 分 + 떨어질 離 + 의
법 法 + 법칙 則
🖱 '離'의 대표 뜻은 '떠나다'임.

생식세포를 만들 때 한 쌍의 대립유전자가 분리되어 서로 다른 생식세포로 나누어져 다음 세대로 유전되는 현상.

예 잡종 1대는 대립 형질 가운데서 우성의 형질만 나타나나, 잡종 2대는 우성과 열성의 형질이 3 : 1의 비율로 분리하여 나타나는 것을 ☐☐의 ☐☐이라고 한다.

독립의 법칙

홀로 獨 + 설 立 + 의
법 法 + 법칙 則

두 쌍 이상의 대립 형질이 함께 유전될 때 각각의 형질을 나타내는 대립유전자가 서로 영향을 주지 않고 독립적으로 분리되어 유전되는 현상.

예 멘델은 유전자형이 RrYy인 둥글고 노란색인 완두를 교배했을 때 얻은 자손에서는 씨의 색깔과 상관없이 둥근 것과 주름진 것을 따로 세어 보면 둥근 것과 주름진 것이 3 : 1의 비율을 나타내는 것을 발견했는데, 이를 ☐☐의 ☐☐이라고 한다.

가계도 조사

가족과 친족의 혈연 관계를 바탕으로 특정 형질을 보여 주는 그림.

집 家 + 이을 系 + 그림 圖
고를 調 + 조사할 査
🖱 '系'의 대표 뜻은 '매다'임.

특정 유전 형질을 가진 집안을 여러 세대에 걸쳐 조사하여 형질에 대한 유전 원리를 알아내는 방법.

예 ☐☐☐☐를 통해 가계도 구성원의 유전자형을 알 수 있으며, 자손에게 특정한 형질이 나타나는 확률을 예측할 수 있다.

쌍둥이 연구

쌍둥이 + 연구할 硏 + 연구할 究
🖱 '硏'의 대표 뜻은 '갈다'임.

1란성 쌍둥이와 2란성 쌍둥이를 비교하여 유전과 환경이 특정 형질에 미치는 영향을 알아내는 방법.

예 ☐란성 ☐☐는 하나의 수정란이 난할 과정에서 분리된 후 각각 발생하여 생긴 것으로, 유전자 구성이 서로 같고, ☐란성 ☐☐는 각기 다른 2개의 수정란이 동시에 발생하여 생긴 것으로, 유전자 구성이 다르다.

반성유전

짝 伴 + 성질 性 + 남길 遺 +
전할 傳

형질을 결정하는 유전자가 성염색체에 존재하며, 남녀에 따라 형질이 나타나는 비율이 달라지는 유전 현상.

예 선천적으로 타고나는 유전병 중 하나로 혈액이 잘 응고되지 않아 상처가 나면 피가 멈추는 데 일반인보다 시간이 오래 걸리는 혈우병은 남자에게 많이 나타나는 ☐☐☐☐의 예이다.

플러스 개념어 혈액형 유전
A, B, O 세 개의 대립유전자가 있으며, 이 중 두 개가 짝을 이루어 혈액형을 결정함.

A형	B형
AA, AO	BB, BO
AB형	O형
AB	OO

1 뜻에 알맞은 말을 찾아 선으로 이어 보자.

(1) 생식세포를 만들 때 한 쌍의 대립유전자가 분리되어 서로 다른 생식세포로 나누어져 다음 세대로 유전되는 현상.   •   •   독립의 법칙

(2) 두 쌍 이상의 대립 형질이 함께 유전될 때 각각의 형질을 나타내는 대립유전자가 서로 영향을 주지 않고 독립적으로 분리되어 유전되는 현상.   •   •   분리의 법칙

2 밑줄 친 말이 알맞으면 ○표, 알맞지 않으면 ✕표 해 보자.

(1) 대립 형질의 순종끼리 교배했을 때 잡종 1대에 나타나는 형질을 <u>열성</u>이라고 한다. (   )

(2) 특정한 유전 형질을 가진 집안을 여러 세대에 걸쳐 조사하여 형질에 대한 유전 원리를 알아내는 방법은 <u>가계도 조사</u>이다. (   )

(3) <u>1란성 쌍둥이 연구</u>를 하면 어떤 형질이 유전에 의한 것인지, 환경의 영향인지를 확인할 수 있다.

(   )

3 빈칸에 들어갈 단어를 초성을 바탕으로 써 보자.

(1) ABO식 | ㅎ | ㅇ | ㅎ |에는 A형, B형, O형, AB형의 네 가지 표현형이 있고, A, B, O의 세 가지 대립유전자가 관여한다. 유전자가 | ㅅ | ㅇ | ㅅ | ㅊ |에 있어서 남녀의 성별에 관계없이 형질이 나타난다.

(2) 붉은색과 초록색을 정확히 구별하지 못하는 눈의 이상을 적록 색맹이라고 하는데, 적록 색맹 유전자는 | ㅅ | ㅇ | ㅅ | ㅊ | X에 있기 때문에 남자에게 더 많이 나타난다.

이처럼 유전자가 | ㅅ | ㅇ | ㅅ | ㅊ |에 있어 남녀에 따라 형질이 나타나는 비율이 다른 유전 현상을 | ㅂ | ㅅ | ㅇ | ㅈ |이라고 한다.

✏️ 단어와 그 뜻을 익히고, 빈칸에 알맞은 단어를 써 보자.

비교
견줄 比 + 견줄 較

둘 이상의 것에 서로 비슷한 점, 차이점 등을 생각해 보는 일.

예 여러 글의 같은 점과 차이를 [ ]하며 읽으면, 생각이 깊어질 수 있다.

플러스 개념어 **유사**
서로 비슷함.
예 하나의 글을 읽으며 그와 유사한 주제의 글을 더 찾아 읽어 보는 것이 좋다.

화제
말할 話 + 제목 題

이야기할 만한 재료나 소재.

예 같은 [ ]를 다룬 글이라도 글쓴이의 관점이 다를 수 있다.

플러스 개념어 **주제**
글에서 글쓴이가 나타내고자 하는 기본적인 생각. 글의 중심 내용에 잘 나타나 있음.

형식
모양 形 + 법 式

글을 쓸 때 나타나는 일정한 순서나 정해진 모양.

예 글의 [ ]은 주장하는 글, 설명하는 글, 편지글 등 다양하다.

균형
고를 均 + 저울대 衡

어느 한쪽으로 기울거나 치우치지 않은 고른 상태.

예 글을 읽을 때는, 어떤 일의 긍정적인 면과 부정적인 면을 모두 생각해 보며 [ ] 있는 시각을 가져야 한다.

효과
보람 效 + 결과 果
👆 '效'의 대표 뜻은 '본받다', '果'의 대표 뜻은 '열매'임.

어떤 목적을 지닌 일에 의해 나타나는 좋은 결과.

예 같은 내용을 전달하는 글이라도 글의 형식마다 나타내는 [ ]는 다르다.

타당성
온당할 妥 + 마땅할 當 + 성질 性

어떤 기준에서 보았을 때 이치에 맞는 옳은 성질.

예 이 글은 믿을 만한 통계 자료를 인용해 독자를 설득하므로 [ ]이 있다.

확인 문제

정답과 해설 ▶ 18쪽

1 단어의 뜻을 **보기**에서 찾아 사다리를 타고 내려간 곳에 기호를 써 보자.

보기

ㄱ 서로 비슷함.

ㄴ 어떤 기준에서 보았을 때 이치에 맞는 옳은 성질.

ㄷ 어느 한쪽으로 기울거나 치우치지 않은 고른 상태.

ㄹ 둘 이상의 것에 서로 비슷한 점, 차이점 등을 생각해 보는 일.

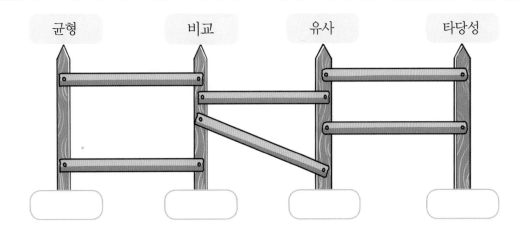

균형   비교   유사   타당성

2 ( ) 안에서 알맞은 단어를 골라 ○표 해 보자.

⑴ 같은 (효과 , 화제)를 다룬 여러 글을 읽으면서 관점의 차이를 견주어 보았다.

⑵ 이 두 소설은 소재가 (예측 , 유사)하여 서로 연관되어 있는 것처럼 느껴진다.

⑶ 시의 야간 조명을 줄여야 한다는 생각을 건의문의 (태도 , 형식)(으)로 표현하였다.

3 밑줄 친 단어의 쓰임이 알맞지 **않은** 것은? ( )

① 이 글은 환경 오염을 <u>형식</u>으로 다루고 있다.

② 언론은 대중들의 의견을 <u>균형</u> 있게 전달해야 한다.

③ 영화와 <u>비교</u>를 하면 이 소설이 얼마나 감동적인지 이해할 것이다.

④ 글들을 비교하며 읽으니 화제를 여러 관점에서 이해하는 <u>효과</u>가 있었다.

⑤ 선생님은 어려운 <u>주제</u>를 다루면서도 학생들이 이해하기 쉽게 설명하셨다.

✏️ 단어와 그 뜻을 익히고, 빈칸에 알맞은 단어를 써 보자.

경제 블록
다스릴 經 + 구제할 濟 + 블록
🖱 '經'의 대표 뜻은 '지나다', '濟'의 대표 뜻은 '건너다'임.

여러 나라가 공통된 경제적인 목적을 가지고 단합하여 이룬, 배타적인 성격의 경제권.
남을 밀어 내치는.
예 지리적으로 인접해 있으며 경제적으로 상호 의존도가 높은 국가들이 공통의 이해 증진을 위해 ☐☐☐을 형성하고 있다.

> 유럽 연합(EU), 북미 자유 무역 협정(NAFTA), 동남아시아 국가 연합(아세안), 아시아·태평양 경제 협력체(에이펙) 따위가 대표적이야.

산업 공동화
생산할 産 + 일 業 + 빌 空 + 빌 洞 + 될 化
🖱 '産'의 대표 뜻은 '낳다', '洞'의 대표 뜻은 '골'임.

국제 경쟁력을 잃은 산업이 없어지거나 해외로 이전하면서 국내 산업 기반이 없어지고 쇠퇴하여 산업 구조에 공백이 생기는 현상.
예 다국적 기업이 비용을 절감하기 위해 생산 공장을 해외로 이전하면 생산 공장이 있던 기존 지역은 ☐☐☐☐ 현상으로 산업의 기반을 잃게 된다.

택배업
집 宅 + 나눌 配 + 일 業

우편물이나 짐, 상품 따위를 요금을 받고 요구하는 곳까지 직접 배달해 주는 일.
예 물자나 정보의 이동을 돕는 ☐☐☐, 통신 산업, 운수업 등의 유통 서비스가 크게 성장하여 유통의 세계화가 진행되고 있다.

전자 상거래
전기 電 + 아들 子 + 장사 商 + 갈 去 + 올 來
🖱 '電'의 대표 뜻은 '번개'임.

인터넷 통신망을 이용해 물건을 사고파는 행위.
예 ☐☐☐☐☐는 전통적인 방식의 상거래와는 달리 시간과 공간의 제약을 받지 않아 소비자는 언제 어디서나 원하는 물건을 구매할 수 있다.

플러스 개념어 **파산**
재산을 모두 잃고 망함.
예 전자 상거래 시대에 오프라인 매장을 늘리던 유통 업체가 경영난을 견디지 못하고 파산하였다.

서비스업
서비스 + 일 業

물자의 생산 대신에 생산된 물건을 운반, 배급, 판매하거나 생산과 소비에 필요한 노동을 제공하는 산업.
예 숙박, 광고, 상업, 운수 따위가 ☐☐☐☐에 들어간다.

아웃소싱

경영 효율을 크게 높이기 위해 기업 업무의 일부를 제삼자에게 맡겨 처리하는 것.
예 필리핀이 다국적 기업의 콜센터를 비롯한 업무 처리 ☐☐☐☐(BPO) 서비스를 이끌어 와 벌어들인 돈은 2013년에만 160억 달러(약 17조 8,000억 원)에 이르렀다.

확인 문제

1 뜻에 알맞은 단어를 글자판에서 찾아 묶어 보자. (단어는 가로, 세로, 대각선 방향에서 찾기)

알	경	역	서	택
보	제	비	자	배
조	스	합	해	업
업	아	웃	소	싱

❶ 우편물이나 짐, 상품 따위를 요금을 받고 요구하는 곳까지 직접 배달해 주는 일.

❷ 생산된 물건을 운반, 배급, 판매하거나 생산과 소비에 필요한 노동을 제공하는 산업.

❸ 경영 효율을 크게 높이기 위해 기업 업무의 일부를 제삼자에게 맡겨 처리하는 것.

2 뜻에 알맞은 단어를 보기의 글자를 조합해 써 보자.

보기

거	경	래	록	블	상	자	전	제

(1) 인터넷 등을 통한 온라인 쇼핑으로 상품을 사고파는 일. ☐☐ ☐☐☐

(2) 여러 나라가 공통된 경제적인 목적을 가지고 단합하여 이룬, 배타적인 성격의 경제권.

☐☐ ☐☐

3 ( ) 안에서 알맞은 단어를 골라 ○표 해 보자.

(1) 다국적 기업이 생산비를 줄이기 위해 땅값과 임금이 싼 곳으로 생산 공장을 이전하면서 기존에 생산 공장이 있던 지역의 산업 기반이 없어지고 산업 구조에 공백이 생기는 (인구 공동화 , 산업 공동화) 현상이 나타난다.

(2) 교통과 통신의 발달로 주문한 물건을 집까지 직접 배달해 주는 (판매업 , 택배업)과 같은 유통 서비스가 크게 성장하였다.

(3) 최근 온라인 중심의 전자 상거래 시장이 빠른 속도로 성장하면서 오프라인 매장 중심의 회사 중에는 (파산 , 파업) 신청을 하는 경우가 있다.

수학 교과서 어휘

✏️ 단어와 그 뜻을 익히고, 빈칸에 알맞은 단어를 써 보자.

접선

닿을 接 + 줄 線
🖱 '接'의 대표 뜻은 '잇다'임.

원에 접하는 선으로, 원과 한 점에서 만나는 직선.

예 반지름과 원이 만나는 점에서 반지름에 수직으로 그은 직선 l은 그 원의 ☐☐이다.

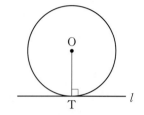

접선의 길이

닿을 接 + 줄 線 + 의 길이

원 밖의 한 점 P에서 원 O에 그은 접선의 접점을 A, B라고 할 때, $\overline{PA}$와 $\overline{PB}$의 길이는 같다.

예 두 점 A, B가 원 O의 접점일 때, 두 ☐☐의 길이 $\overline{PA}=\overline{PB}$이다.

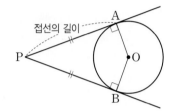
접선이 원과 만나는 점
접선의 길이

삼각형의 내심

셋 三 + 모서리 角 + 모양 形 + 의 + 안 內 + 중심 心
🖱 '角'의 대표 뜻은 '뿔', '心'의 대표 뜻은 '마음'임.

삼각형의 내접원의 중심으로, 삼각형의 세 내각의 이등분선의 교점.

예 삼각형 ABC에서 세 내각의 이등분선의 교점 I는 삼각형 ABC의 ☐☐이므로 세 변에 이르는 거리 $\overline{ID}=\overline{IE}=\overline{IF}$이다.

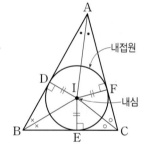
내접원
내심

원에 외접하는 삼각형의 둘레 길이

둥글 圓에 바깥 外 + 닿을 接 + 하는
셋 三 + 모서리 角 + 모양 形 + 의 둘레 길이

원 O가 삼각형 ABC에 내접하고 삼각형의 세 변의 길이가 a, b, c일 때, $a+b+c=2(x+y+z)$이다.

예 원 밖의 한 점에서 그은 두 접선의 길이는 같으므로 $\overline{AD}=\overline{AF}$, $\overline{BD}=\overline{BE}$, $\overline{CE}=\overline{CF}$이다. 삼각형 ABC의 ☐☐의 길이는 $a=y+z$, $b=x+z$, $c=x+y$이므로 $a+b+c=2(x+y+z)$이다.

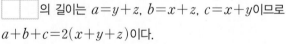
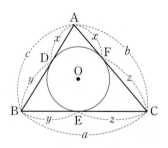

원에 외접하는 사각형의 둘레 길이

둥글 圓에 바깥 外 + 닿을 接 + 하는
넷 四 + 모서리 角 + 모양 形 + 의 둘레 길이

원 O에 외접하는 사각형의 두 쌍의 대변의 길이의 합은 서로 같다.
$$\overline{AB}+\overline{CD}=\overline{AD}+\overline{BC}$$

예 원 밖의 한 점에서 그은 두 접선의 길이는 같으므로
$$\begin{aligned}\overline{AB}+\overline{CD}&=(\overline{AP}+\overline{BP})+(\overline{CR}+\overline{DR})\\&=(\overline{AS}+\overline{BQ})+(\overline{CQ}+\overline{DS})\\&=(\overline{AS}+\overline{DS})+(\overline{BQ}+\overline{CQ})\\&=\overline{AD}+\overline{BC}\end{aligned}$$

따라서 원 O에 ☐☐하는 사각형의 둘레 길이는 $2(\overline{AB}+\overline{CD})$이다.

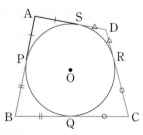

확인 문제

1 ( ) 안에 알맞은 단어를 보기 에서 찾아 써 보자.

보기

내심   외접   접선

(1)

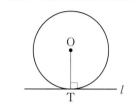

원 O에 ( ) 하는 사각형의 둘레의 길이는 $2(\overline{AB}+\overline{CD})$이다.

(2)

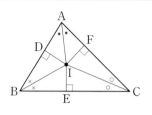

원 O의 반지름 OT에 수직으로 그은 직선 l은 원 O의 ( )이다.

(3)

삼각형 ABC의 세 내각의 이등분선의 교점 I는 삼각형의 ( )이다.

2 빈칸에 들어갈 말을 초성을 바탕으로 써 보자.

(1)

두 점 A, B가 원 O의 접점일 때, $\overline{PA}$, $\overline{PB}$는 원 O의 ㅈ ㅅ 으로 길이가 서로 같으므로 $\overline{PA}=\overline{PB}=7$이다.

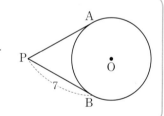

(2)

원 O에 ㅇ ㅈ 하는 사각형의 두 쌍의 ㄷ ㅂ 의 길이의 합은 서로 같으므로 $\overline{AD}+\overline{BC}=\overline{AB}+\overline{CD}$이다.
$9+13=\overline{AB}+10$, $\overline{AB}=12$ (cm)이다.

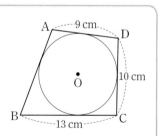

(3)

원 밖의 한 점에서 원에 그은 ㅈ ㅅ 의 길이는 같으므로

$\overline{AF}=\overline{AD}=3$ cm, $\overline{BD}=\overline{BE}=5$ cm,

$\overline{CE}=\overline{CF}=3$ cm이다.

$\overline{AB}=3+5=8$ cm, $\overline{BC}=5+3=8$ cm, $\overline{CA}=3+3=6$ cm

삼각형 ABC의 세 변의 길이의 합인 삼각형의 ㄷ ㄹ 의 길이는

$\overline{AB}+\overline{BC}+\overline{CA}=8+8+6=22$ (cm)이다.

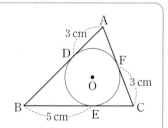

과학 교과서 어휘

✏️ 단어와 그 뜻을 익히고, 빈칸에 알맞은 단어를 써 보자.

위치 에너지

자리 位 + 둘 置 + 에너지

어떤 위치에 따라 물체가 가지는 에너지.

예 물체의 질량이 일정할 때 중력에 의한 [   ] 에너지는 물체의 높이에 비례한다.

운동 에너지

움직일 運 + 움직일 動 + 에너지

운동하는 물체가 가지는 에너지.

예 물체의 속력이 일정할 때 [   ] 에너지는 물체의 질량에 비례한다.

역학적 에너지

힘 力 + 학문 學 + ~한 상태 的 + 에너지
🖱 '的'의 대표 뜻은 '과녁'임.

물체의 위치 에너지와 운동 에너지의 합.

> 역학적 에너지＝중력에 따른 위치 에너지＋운동 에너지

예 [   ] 는 물체의 속력에 따라 결정되는 운동 에너지와 물체의 위치에 따라 결정되는 위치 에너지의 합으로 이루어진다.

역학적 에너지 전환

힘 力 + 학문 學 + ~한 상태 的 + 에너지 + 바꿀 轉 + 바꿀 換
🖱 '學'의 대표 뜻은 '배우다'임.

중력을 받아 운동하는 물체의 위치 에너지와 운동 에너지는 서로 바뀜.

예 롤러코스터가 내려갈 때는 높이가 낮아지므로 위치 에너지는 감소하고 속력이 빨라지므로 운동 에너지는 증가한다. 이처럼 중력을 받아 운동하는 물체의 위치 에너지와 운동 에너지가 서로 바뀌는 것을 역학적 에너지 [   ] 이라고 한다.

역학적 에너지 보존 법칙

힘 力 + 학문 學 + ~한 상태 的 + 에너지 + 지킬 保 + 있을 存 + 법 法 + 법칙 則

공기 저항이나 마찰이 없을 때 운동 에너지와 중력에 의한 위치 에너지의 합은 항상 일정하게 보존됨.

예 위로 던져 올린 물체의 운동에서 증가한 위치 에너지의 양과 감소한 운동 에너지의 양이 같다. 공기 저항이나 마찰이 없을 때 운동하는 물체의 역학적 에너지는 높이에 관계없이 항상 일정하게 보존된다는 것이 [   ] 법칙이다.

정지 / 위치 에너지 / 출발 / 기준면 / 운동 에너지

플러스 개념어 중력과 역학적 에너지 보존
운동하는 물체에 중력만 작용하면 역학적 에너지가 보존되지만, 물체에 공기 저항이나 마찰이 작용하면 역학적 에너지가 보존되지 않고 작아짐.

에너지 전환

에너지 + 바꿀 轉 + 바꿀 換

에너지의 형태가 한 종류의 에너지에서 다른 종류의 에너지로 바뀌는 것.

예 역학적 에너지는 전기 에너지나 빛에너지, 소리 에너지 따위로 [   ] 될 수 있다.

플러스 개념어 에너지 보존 법칙
에너지가 전환될 때 에너지가 새로 생기거나 없어지지 않고 그 양은 일정하게 보존된다는 법칙.

정답과 해설 ▶ 21쪽

확인 문제

1 ( ) 안에 알맞은 에너지의 종류를 써 보자.

역학적 에너지＝( ) ＋ ( )

2 위로 던져 올린 물체의 역학적 에너지에 대한 설명이 알맞으면 ○표,
알맞지 <u>않으면</u> ✕표 해 보자. (단, 공기 저항은 무시한다.)

(1) 최고 높이에서 위치 에너지는 0이다. ( )

(2) 운동 에너지는 감소하고 위치 에너지는 증가한다. ( )

(3) 최고 높이에서 역학적 에너지는 위치 에너지와 같다. ( )

(4) 운동 에너지의 변화량과 위치 에너지의 변화량은 다르다. ( )

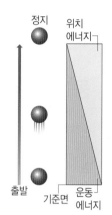

3 롤러코스터의 운동을 나타낸 그림을 보고, 빈칸에 들어갈 말을 초성을 바탕으로 써 보자.

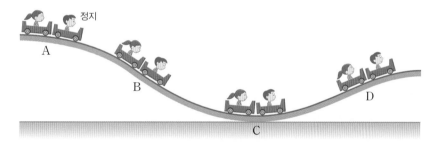

(1) 롤러코스터가 운동할 때에도 역학적 에너지 ㅈ ㅎ 이 일어나며, 레일과 마찰, 공기 저항이 없

다면 역학적 에너지는 일정하게 ㅂ ㅈ 된다.

(2) B 위치에서 C 위치로 내려갈 때는 높이가 낮아지면서 속력이 빨라지므로 중력에 의한 ㅇ ㅊ

에너지는 감소하고, ㅇ ㄷ 에너지는 증가한다.

(3) C 위치에서 D 위치로 올라갈 때는 높이가 높아지면서 속력이 느려지므로 중력에 의한 ㅇ ㄷ

에너지는 감소하고, ㅇ ㅊ 에너지는 증가한다.

(4) 모든 지점 A, B, C, D에서 ㅇ ㅎ ㅈ ㅇ ㄴ ㅈ 는 같다.

한자 어휘

答(답), 土(토)가 들어간 말

答
대답할 답

답(答)은 주로 '대답하다(물음이나 부름, 요구 등에 응하다.)'라는 뜻으로 쓰여. 답(答)은 '갚다'라는 뜻으로 쓰일 때도 있어.

土
흙 토

토(土)는 주로 '흙(지구의 표면을 덮고 있는, 작은 알갱이로 이루어진 물질)'이라는 뜻으로 쓰여. 토(土)는 '땅', '지방'이라는 뜻으로도 쓰여.

✏️ 단어와 그 뜻을 익히고, 빈칸에 알맞은 단어를 써 보자.

동문서답

동녘 東 + 물을 問 + 서녘 서 西 + 대답할 答

동문(東問) + 서답(西答)
동쪽에서 물음. 서쪽에서 대답함.
→ 질문과 대답이 전혀 맞물리지 않는 상황에서 사용하는 표현임.

묻는 말과 전혀 상관이 없는 대답.

예 나는 친구의 질문을 제대로 이해하지 못하고 ☐☐☐☐을 하였다.

답례

갚을 答 + 예도 禮

'답(答)'이 '갚다'라는 뜻으로 쓰임.

말이나 동작, 물건 등으로 남에게 받은 예를 도로 갚음.

예 선수들은 손을 흔들며 관중들의 환호에 ☐☐를 하였다.

플러스 개념어 **사례**
(사례할 謝 + 예도 禮)
말과 행동, 선물 등으로 상대에게 고마운 뜻을 나타냄.
예 우산을 찾아 주신 분께 사례로 선물을 드렸다.

황토

누를 黃 + 흙 土

'토(土)'가 '흙'이라는 뜻으로 쓰임.

누런 흙.

예 산사태로 흘러내린 ☐☐가 논밭을 뒤덮었다.

신토불이

몸 身 + 땅 土 + 아닐 不 + 둘 二

신토(身土) + 불이(不二)
몸과 땅. 둘이 아님.
→ 몸과 땅은 하나라는 뜻임.
'토(土)'가 '땅'이라는 뜻으로 쓰임.

자기가 사는 땅에서 난 농산물이라야 체질에 잘 맞음.

예 건강한 몸을 위해 ☐☐☐☐ 밥상을 권장한다.

토산품

지방 土 + 생산할 産 + 물건 品
🖱 '産'의 대표 뜻은 '낳다'임.

'토(土)'가 '지방'이라는 뜻으로 쓰임.

그 지방에서 특별히 나는 물품.

예 감귤 초콜릿은 제주도의 ☐☐☐으로 유명하다.

확인 문제

정답과 해설 ▶ 22쪽

1 단어의 뜻을 찾아 선으로 이어 보자.

(1) 황토 •

(2) 답례 •

(3) 토산품 •

• 누런 흙.

• 그 지방에서 특별히 나는 물품.

• 말이나 동작, 물건 등으로 남에게 받은 예를 도로 갚음.

2 빈칸에 알맞은 단어를 보기의 글자를 조합해 써 보자.

보기

| 답 | 동 | 문 | 불 | 서 | 신 | 이 | 토 |

(1) ☐☐☐☐ 은/는 자기가 사는 땅에서 난 농산물이라야 체질에 잘 맞는다는 뜻이다.

(2) ☐☐☐☐ 은/는 묻는 말과 전혀 상관이 없는 대답이라는 뜻이다.

3 ( ) 안에 알맞은 단어를 보기에서 찾아 써 보자.

보기

답례   황토   동문서답   신토불이

(1) 고모께서는 돌잔치에 참석한 사람들에게 (   )의 의미로 작은 선물을 나누어 주셨다.

(2) 추석에는 햇과일, 햇곡식 등 우리나라에서 수확한 (   ) 재료들로 갖가지 음식을 만든다.

(3) 밤늦게 들어온 동생에게 어디에 갔다 왔느냐고 물었더니, 내일 어디에 가느냐고 (   )을/를 하였다.

(4) (   )은/는 일반적으로 바람에 의해 운반되어 퇴적된 누런 갈색이나 엷은 누런색의 미세한 모래와 점토를 가리킨다.

가정법 (2)

> 과거에 일어나지 않았을 것을 가정하여 표현한 것을 가정법 과거완료라고 하고, 가정법의 문장에서 if를 생략하여 나타낼 수 있어. 그리고 '만약 과거에 ~했더라면, 지금 ~할 텐데.'처럼 가정법 과거와 가정법 과거완료가 혼합되어 있는 경우를 혼합 가정법이라고 해. if 대신 다른 말을 사용하여 가정법을 나타내는 경우는 유사 가정법이라고 해. 이와 같은 여러 유형의 가정법의 뜻과 예를 공부해 보자.

 단어와 그 뜻을 익히고, 빈칸에 알맞은 단어를 써 보자.

subjunctive past perfect **가정법 과거완료** 거짓假 + 정할定 + 법法 + 지날過 + 갈去 + 완전할完 + 마칠了	과거에 일어나지 않은 것을 가정하거나 상상할 때 사용하는 서술법임. 「If+주어+had+과거분사, 주어+조동사의 과거형+have+과거분사」 형태로 씀. • If I **had slept** well, I **wouldn't have felt** so tired. <u>과거에 일어나지 않은 사실을 가정한 가정법 과거완료</u> (만약 내가 잠을 잘 **잤다면**, 그렇게 피곤하게 **느끼지 않았을** 텐데.) 예 "If you had got up late, you couldn't have seen the sunrise.(네가 늦게 일어났다면, 너는 일출을 못 봤을 것이다.)"는 과거에 일어나지 않은 사실을 가정하는 ☐☐☐ ☐☐☐ 문장이다.
ellipsis **If 생략** 덜省 + 간략할略	if를 생략하여서도 가정법을 나타낼 수 있다는 말. 보통의 가정법 문장에서 if를 생략하면 주어와 동사가 도치되어 나타남. _{순서를 뒤바꿈.} • **Were I you**, I wouldn't eat snack at midnight. _{If I were you에서 If를 생략한 상태} (내가 **너라면**, 나는 한밤중에 간식을 먹지 않을 텐데.) 예 "Had I enough money, I could buy a new car.(만약 내게 충분한 돈이 있다면, 나는 새 차를 살 수 있을 텐데.)"는 If I had에서 ☐를 ☐한 가정법 문장이다.
mixed subjunctive **혼합 가정법** 섞을混 + 합할合 + 거짓假 + 정할定 + 법法	가정법 과거완료와 가정법 과거를 섞어서 표현한 서술법을 말함. "(과거에) ~했다면, (현재) ~할 텐데."라는 의미로 「If+주어+had+과거분사, 주어+조동사의 과거형+동사원형」 형식으로 나타냄. • If I **had finished** my report **last night**, I **would go** to the cinema **today**. _{과거에 일어나지 못한 일에 대한 가정과 현재의 추측이 섞여 있는 혼합 가정법} (**어젯밤** 내가 보고서를 **끝냈더라면**, 오늘 영화관에 **갈** 텐데.) 예 "If I had been born in France, I could speak French well now.(내가 프랑스에서 태어났다면, 지금 프랑스어를 잘할 수 있을 텐데.)"는 과거의 일에 대한 가정과 현재의 추측이 섞여 있는 ☐☐ ☐☐☐ 문장이다.
a pseudo subjunctive mood **유사 가정법** 무리類 + 같을似 + 거짓假 + 정할定 + 법法	if가 아닌 다른 표현으로 나타낸 가정법. wish를 사용해서 나타낸 것이 가장 대표적인데, '~하면 좋을 텐데'라는 바람이나 소망을 나타냄. • **I wish** I had more social network friends. _{If 대신 I wish를 사용한 유사 가정법} (SNS 친구가 더 **많다면 좋을** 텐데.) 예 "I wish you lived in Canada.(나는 네가 캐나다에 살면 좋겠다.)"는 I wish로 나타낸 ☐☐ ☐☐☐ 문장이다.	**플러스 개념어** as if 가정법 유사 가정법에는 as if(마치 ~인 것처럼)를 사용한 것도 있음. 어떤 것을 추측할 때 사용하는 서술법임. 예 Tom looks as if he had had a fight.(Tom은 마치 싸운 것처럼 보인다.)

확인 문제

1 문장에 알맞은 설명을 찾아 선으로 이어 보자.

(1)
I wish I had a super power.
(나는 초능력이 있으면 좋겠다.)
·

· 유사 가정법: if가 아닌 다른 표현을 사용한 가정법.

(2)
Were I you, I would tell him.
(내가 너라면 그에게 말할 텐데.)
·

· 가정법 과거 완료: 과거에 일어나지 않았을 일을 가정하거나 상상할 때 쓰는 말.

(3)
If I had lived by the sea, I'd have gone swimming every day.
(내가 바닷가에 살았다면 날마다 수영하러 갔을 텐데.)
·

· If 생략: if를 생략하여 주어와 동사가 도치되어 나타나는 형태.

(4)
If I had finished the work last week, I would go out to play with my friend today.
(내가 지난 주에 그 일을 끝냈다면 오늘 친구와 놀러 갈 텐데.)
·

· 혼합 가정법: '(과거에) ~했다면, (현재) …할 텐데.'의 의미로 쓰는 말.

2 ( ) 안에서 알맞은 말을 골라 ○표 해 보자.

(1) If it had rained last weekend, we (couldn't go , couldn't have gone) camping.
(만약 지난 주말에 비가 왔다면, 우리는 야영을 **가지 못했을 텐데**.)

(2) (If , Were) Tom here, it would be much more fun.
(Tom이 여기 **있다면**, 훨씬 더 재미있을 텐데.)

(3) You talk to your mom (if , as if) you were a child.
(너는 **마치** 어린아이인 **것처럼** 너희 엄마에게 말한다.)

(4) If he had finished the work yesterday, he wouldn't (have to go , have had to go) to work today. (만약 어제 그가 일을 끝냈더라면, 오늘 그는 일하러 **갈 필요가 없을 텐데**.)

✎ 2주차 1~5회에서 공부한 단어를 떠올리며 문제를 풀어 보자.

국어

1 빈칸에 들어갈 단어로 알맞은 것은? (   )

> 글을 읽는 중에는 읽기 전에 자신이 [   ]한 내용이 맞는지 확인해 보고, 글쓴이의 생각에 공감하거나 그것을 비판해 보는 것도 좋다.

① 예측   ② 요약   ③ 조정   ④ 점검   ⑤ 수정

국어

2 빈칸에 알맞은 단어를 써 보자.

> [|]하며 읽기란 같은 화제를 다루거나 주제가 비슷한 여러 글의 관점과 형식의 차이를 파악하며 읽는 것이다.

사회

3 ( ) 안에서 알맞은 말을 골라 ◯표 해 보자.

> 경제 활동이 세계화되고 상업적 농업이 발달함에 따라, 사람의 힘에 기대어 작은 규모로 이루어지던 농업은 농기계와 화학 비료를 쓰는 큰 규모의 (자급적 농업 , 기업적 농업)으로 바뀌고 있다.

사회

4 빈칸에 알맞은 단어를 초성을 바탕으로 써 보자.

> [ㅇ | ㅇ | ㅅ | ㅅ]은 경영 효율을 크게 높이기 위해 기업 업무의 일부를 제삼자에게 맡겨 처리하는 것을 말한다.

수학

5 빈칸에 공통으로 들어갈 알맞은 단어를 써 보자.

(1)
> 원의 중심에서 [ ]에 내린 수선은 그 [ ]을 둘로 똑같이 나누고, 한 원에서 길이가 같은 두 [ ]은 원의 중심으로부터 서로 같은 거리에 있으므로 $x=9$이다.

24 cm

9 cm

O

x cm

12 cm

(2)

반지름 $\overline{\text{OA}}$와 ☐☐ $\overline{\text{PA}}$가 수직으로 만나므로 직각삼각형 OAP에서

피타고라스 정리에 의하여 $\overline{\text{PA}} = \sqrt{5^2 - 3^2} = \sqrt{16} = 4$ (cm)

이때 ☐☐ $\overline{\text{PB}}$의 길이는 $\overline{\text{PA}}$의 길이와 같으므로 $x = 4$이다.

과학

6 ( ) 안에서 알맞은 단어를 골라 ○표 해 보자.

> 서로 다른 대립 형질을 가진 (순종 , 잡종)의 개체끼리 교배했을 때 잡종 1대에서 (우성 , 열성) 형질만 나타나는 현상을 '우열의 원리'라고 한다.

과학

7 밑줄 친 말이 알맞으면 ○표, 알맞지 않으면 ✕표 해 보자.

(1) 하나의 수정란이 난할 과정에서 분리된 후 각각 발생하여 생긴 쌍둥이를 <u>2란성 쌍둥이</u>라고 한다.
( )

(2) 공기의 저항을 무시할 때 떨어지는 물체의 <u>위치 에너지</u>는 땅바닥에 이르면 모두 <u>운동 에너지</u>로 바뀐다. ( )

한자

8 빈칸에 들어갈 글자로 알맞은 것은? ( )

> ☐산품(☐產品): 그 지방에서 특별히 나는 물품.

① 공(工)　　　② 국(國)　　　③ 명(名)　　　④ 생(生)　　　⑤ 토(土)

영문법

9 문장에 대한 설명으로 알맞은 것은? ( )

> If we had travelled together, it would have been a lot more pleasant.
> (만약 우리가 함께 여행했더라면 훨씬 더 즐거웠을 텐데.)

① 어떤 조건에서 늘 일어나는 일이다.
② 가까운 미래에 일어나길 바라는 일이다.
③ 현재 상황을 있는 그대로 말하는 것이다.
④ 현재 사실에 반대되는 일을 상상하는 것이다.
⑤ 과거 사실에 반대되는 일을 가정하는 것이다.

3주차 어휘 미리 보기

한 주 동안 공부할 어휘들이야.
쏙 한번 훑어볼까?

1회 학습 계획일 ◯월 ◯일

국어 교과서 어휘	사회 교과서 어휘
주성분	기상 이변
부속 성분	가속화
홑문장	열대야
대등하게 이어진문장	탄소 배출권
종속적으로 이어진문장	전자 쓰레기
안긴문장	로컬 푸드

2회 학습 계획일 ◯월 ◯일

수학 교과서 어휘	과학 교과서 어휘
중심각	전자기 유도
원주각	발전기
원주각과 호	전기 에너지 전환
원에 내접하는 사각형의 성질	소비 전력
접선과 현이 이루는 각	전력량
	대기전력

3회 학습 계획일 ◯월 ◯일

국어 교과서 어휘	사회 교과서 어휘
주장하는 글	공해
근거	공해 유발 산업
구체적	화훼
설득	미세먼지
자료	유전자 변형 (GMO) 농산물
귀납	친환경

4회 학습 계획일 ◯월 ◯일

수학 교과서 어휘	과학 교과서 어휘
평균	시차
줄기와 잎 그림	연주 시차
도수분포표	별의 밝기와 거리
중앙값	겉보기 등급
최빈값	절대 등급
	별의 색과 표면 온도

5회 학습 계획일 ◯월 ◯일

한자 어휘	영문법 어휘
최단	수 일치
일장일단	시제 일치
안하무인	직접화법
하락	간접화법
하산	

어휘력 테스트

4주차 어휘 학습으로 가 보자!

국어 교과서 어휘

✏️ 단어와 그 뜻을 익히고, 빈칸에 알맞은 단어를 써 보자.

주성분
주인 主 + 이룰 成 + 나눌 分

문장을 이루는 데 꼭 필요한 문장 성분.

문장을 이루는 기능적인 단위.

주어	동작, 상태, 성질의 주체를 나타내는 문장 성분.
서술어	주어의 동작, 상태, 성질을 풀이하는 문장 성분.
목적어	서술어의 동작 대상이 되는 문장 성분.
보어	'되다', '아니다' 앞에서 의미를 보충하는 문장 성분.

• 나는 물을 마셨다.
　주어 목적어 서술어
• 물이 얼음이 된다.
　주어　보어　서술어

예 "나는 물을 마셨다."는 꼭 필요한 [　　　]으로만 문장이 이루어져 있다.

부속 성분
붙을 附 + 따를 屬
이룰 成 + 나눌 分
👆 '屬'의 대표 뜻은 '무리'임.

주성분을 꾸며 뜻을 더하는 문장 성분.

명사, 대명사, 수사

관형어	체언을 꾸며 주는 문장 성분.
부사어	용언이나 다른 부사어, 관형어, 문장 전체를 꾸며 주는 문장 성분.

동사, 형용사

• 나는 멋진 신발을 샀다.
　주어 관형어 목적어　서술어
• 기차가 벌써 떠났다.
　주어　부사어 서술어

예 "나는 멋진 신발을 샀다."에서 '멋진'은 주성분인 '신발'을 꾸며 주는 [　　][　　]이다.

홑문장
홑 + 글 文 + 글월 章

한 문장 안에 주어와 서술어의 관계가 한 번만 나타나는 문장.

예 "꽃이 예쁘다."는 주어와 서술어가 하나씩 있는 [　　　]이다.

플러스 개념어 **겹문장**

한 문장 안에 주어와 서술어의 관계가 두 번 이상 나타나는 문장.

주어 + 서술어
예 이것은 내가 그린 그림이다.
　　　　주어 + 서술어

대등하게 이어진문장
대할 對 + 같을 等 + 하게
이어진 + 글월 文 + 글월 章

두 문장이 나열, 대조 등 대등한 의미 관계로 이어진 문장.

예 "비가 내리고 바람이 분다."는 '비가 내리다.'와 '바람이 분다.'가 나열의 의미 관계이므로 [　　]하게 이어진문장이다.

대등은 서로 비교했을 때 차이가 없는 것을 뜻함. 그래서 대등하게 이어진문장은 앞뒤 문장의 순서를 서로 바꾸어도 의미에 큰 차이가 없음.

종속적으로 이어진문장
좇을 從 + 따를 屬 +
~한 상태 的 + 으로
이어진 + 글 文 + 글월 章
👆 '的'의 대표 뜻은 '과녁'임.

한 문장이 다른 문장의 원인, 조건, 의도 등이 되는 문장.

예 "네가 하면 나도 한다."는 '네가 한다.'가 '나도 한다.'의 조건이 되므로 [　　][　　]으로 이어진 문장이다.

안긴문장
글 文 + 글월 章

다른 문장 안에서 하나의 문장 성분처럼 쓰이는 문장.

예 "이것은 내가 만든 작품이다."에서 '내가 만든'은 관형어처럼 쓰이는 [　　　　]이다.

플러스 개념어 **안은문장**

안긴문장을 포함한 문장. "이슬비가 소리도 없이 내린다."에서 '소리도 없이'가 안긴문장이고, 이를 포함한 전체의 문장이 안은문장임.

1 뜻에 알맞은 단어를 글자판에서 찾아 묶어 보자. (단어는 가로, 세로, 대각선 방향에서 찾기)

종	부	사	어	안
안	속	홑	주	긴
주	은	어	문	문
성	대	겹	문	장
분	등	서	보	어

❶ 문장을 이루는 데 꼭 필요한 문장 성분.
❷ 다른 문장 안에서 하나의 문장 성분처럼 쓰이는 문장.
❸ 한 문장 안에 주어와 서술어의 관계가 한 번만 나타나는 문장.
❹ 용언이나 다른 부사어, 관형어, 문장 전체를 꾸며 주는 문장 성분.

2 밑줄 친 부분 중 보기 의 문장에 대한 설명으로 알맞지 <u>않은</u> 것은? (   )

보기
> 나는 가파른 골목길을 겨우 올랐다.

① '겨우'는 용언인 '올랐다'를 꾸며 주는 문장 성분인 <u>부사어</u>이다.
② '가파른'은 체언인 '골목길'을 꾸며 주는 문장 성분인 <u>관형어</u>이다.
③ '골목길을'은 '올랐다'의 동작 대상이 되는 문장 성분인 <u>보어</u>이다.
④ '가파른'과 '겨우'는 주성분을 꾸며 뜻을 더하는 문장 성분인 <u>부속 성분</u>이다.
⑤ '나는', '골목길을', '올랐다'는 문장을 이루는 데 꼭 필요한 문장 성분인 <u>주성분</u>이다.

3 (   ) 안에 알맞은 말을 보기 에서 찾아 기호를 써 보자.

보기
> ㉠ 대조, 나열   ㉡ 원인, 조건, 의도
> ㉢ 까마귀 날자 배 떨어진다.   ㉣ 잘되면 제 탓이고 못되면 조상 탓이다.

(1) **아영**: 두 문장이 (   ) 등 대등한 의미 관계로 이어진 문장을 대등하게 이어진문장이라고 해.

(2) **현도**: "(   )"은/는 앞 문장에 잇따라 뒤 문장이 일어나므로 종속적으로 이어진문장이야.

(3) **미라**: 한 문장이 다른 문장의 (   ) 등이 되는 문장을 종속적으로 이어진문장이라고 해.

(4) **기정**: "(   )"은/는 앞 문장과 뒤 문장의 순서를 바꾸어도 의미에 큰 차이가 없으므로 대등
하게 이어진문장이야.

✏️ 단어와 그 뜻을 익히고, 빈칸에 알맞은 단어를 써 보자.

기상 이변

공기 氣 + 형상 象
다를 異 + 변할 變

🐭 '氣'의 대표 뜻은 '기운', '象'의 대표 뜻은 '코끼리'임.

특정한 시간과 장소에서 평상시의 기준을 크게 벗어나 발생하는 악천후나 괴이한 기상 현상.
　　　　　　　　　　나쁜 날씨.

예 기후 변화의 속도가 빨라지면서 홍수나 가뭄, 폭염 등과 같은 비정상적인 　　　　이 나타나고 있다.

플러스 개념어 **기상**
대기 중에서 나타나는 모든 자연 현상을 통틀어 이르는 말.

가속화

더할 加 + 빠를 速 + 될 化

속도를 더하게 됨. 또는 그렇게 함.

예 이산화 탄소를 흡수하고 저장하는 기능을 가진 숲을 파괴하는 것은 지구 온난화를 　　　　하는 요인이 된다.

열대야

더울 熱 + 띠 帶 + 밤 夜

야간의 최저 기온이 25℃ 이상인 무더운 밤.

예 지구의 평균 기온이 상승함에 따라 폭염, 　　　　와 같은 여름철 고온 현상이 증가한다.

탄소 배출권

숯 炭 + 본디 素 +
밀칠 排 + 낼 出 + 권리 權

🐭 '權'의 대표 뜻은 '권세'임.

국가 또는 지역 내에서 정한 온실가스 배출 총량만큼 발전 설비나 생산 설비 등 주요 온실가스 배출원에 지급된 온실가스 배출에 대한 권리.

예 　　　　　은 청정 개발 체제 사업을 통해서 온실가스 배출량을 줄인 것을 유엔의 담당 기구에서 확인해 준 것을 말한다.

플러스 개념어 **탄소 배출권 거래제**
정부가 기업에 적정 탄소 배출량을 할당한 뒤 기업이 실제 탄소 배출량을 계산해 남는 배출권은 팔고 부족한 배출권은 사게 하는 제도.

전자 쓰레기

전기 電 + 아들 子 +
쓰레기

🐭 '電'의 대표 뜻은 '번개'임.

못 쓰게 되거나 사용하던 제품을 교체하면서 내다 버리는 전자 제품.

예 　　　　　의 대부분은 산업화된 선진국에서 배출된 것이다.

플러스 개념어 **소각**
쓰레기를 불에 태워 고온으로 산화시켜 없애 버리는 처리 방법.
예 소각은 효과적인 쓰레기 처리 방법이지만 유해 물질이 발생하여 환경 오염의 위험이 크다.

로컬 푸드

먼 거리를 실어 보내지 않은, 그 지역에서 난 농산물.

예 　　　　　운동을 통해 소비자는 싱싱하고 안전한 먹을거리를 공급받을 수 있으며, 농민은 안정적인 소득을 보장받을 수 있다.

1 빈칸에 알맞은 단어를 글자를 조합해 써 보자.

(1)

□□□ 은/는 속도를 더하게 됨, 또는 그렇게 함을 뜻한다.

| 관 | 가 | 계 | 속 | 화 |

(2)

□□ □□ 은/는 먼 거리를 실어 보내지 않은, 그 지역에서 난 농산물을 말한다.

| 푸 | 드 | 컬 | 로 | 고 |

(3)

□□ 은/는 대기 중에서 나타나는 모든 자연 현상을 통틀어 이르는 말이다.

| 의 | 상 | 동 | 기 | 주 |

(4)

□□ 은/는 쓰레기를 불에 태워 고온으로 산화시켜 없애 버리는 처리 방법이다.

| 탄 | 각 | 대 | 소 | 정 |

2 빈칸에 알맞은 단어를 찾아 선으로 이어 보자.

(1) 　새로운 휴대 전화, 컴퓨터 등 첨단 기능을 갖춘 전자 제품이 등장할 때마다 그전에 사용하던 제품을 교체하면서 버려지는 전자 제품을 □□□(이)라고 한다.

· 　전자 쓰레기

(2) 　지구의 평균 기온이 높아지면서 지구 곳곳에서는 태풍, 폭설, 폭우, 가뭄 등과 같은 □□□이/가 빈번해지고 있다.

· 　열대야

(3) 　며칠째 한밤중까지도 더위가 계속되는 □□□ 현상으로 잠 못 드는 사람들이 많다.

· 　기상 이변

3 ( ) 안에서 알맞은 단어를 골라 ○표 해 보자.

(1) 지구 온난화로 북극곰의 서식지인 북극의 얼음이 녹는 속도가 (가속화 , 저속화)되고 있다.

(2) 온실가스의 배출에 대한 권리인 (탄소 배출권 , 산소 배출권)을 통해 지구 온난화에 대처하려는 전 지구적인 차원의 노력이 이루어지고 있다.

수학 교과서 어휘

✏️ 단어와 그 뜻을 익히고, 빈칸에 알맞은 단어를 써 보자.

중심각 가운데 中 + 중심 心 + 모서리 角 🖱 '心'의 대표 뜻은 '마음', '角'의 대표 뜻은 '뿔'임.	원이나 부채꼴에서 두 반지름이 만드는 각. 예 원 O에서 두 반지름 OA, OB가 이루는 ∠AOB는 부채꼴 AOB의 □□이다. 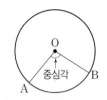
원주각 둥글 圓 + 둘레 周 + 모서리 角 🖱 '周'의 대표 뜻은 '두루'임.	원주 위의 한 점에서 그은 두 개의 현이 만드는 각으로, 그 호에 대한 중심각 크기의 $\frac{1}{2}$이다. 예 한 원에서 호 AB에 대한 중심각은 한 개이지만 호 AB에 대한 □□□은 무수히 많고 그 크기는 모두 같다. 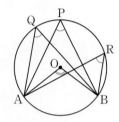
원주각과 호 둥글 圓 + 둘레 周 + 모서리 角 + 과 + 활 弧	길이가 같은 호에 대한 원주각의 크기는 서로 같고, 크기가 같은 원주각에 대한 호의 길이는 서로 같다. 예 한 원에서 호 AB와 호 CD의 길이가 같으면 호에 대한 □□□의 크기가 모두 같으므로 ∠APB=∠CQD이다. 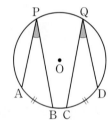
원에 내접하는 사각형의 성질 둥글 圓 + 에 + 안 內 + 닿을 接 + 하는 + 넷 四 + 모서리 角 + 모양 形 + 의 + 성질 性 + 바탕 質	(1) 원에 내접하는 사각형의 한 쌍의 대각 크기의 합은 180°이다. (2) 원에 내접하는 사각형에서 한 외각의 크기는 그 외각에 이웃한 내각에 대한 대각의 크기와 같다. 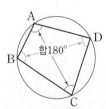 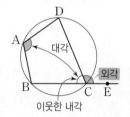 예 원에 □□하는 사각형 ABCD에서 한 쌍의 대각의 크기의 합이 180°이므로 ∠BAD+∠BCD=180°에서 ∠BCD=80°이다. 80°+∠x=180°이므로 ∠x=100°이다. 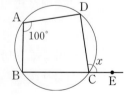
접선과 현이 이루는 각 닿을 接 + 줄 線 + 과 + 활시위 弦 + 이 이루는 + 모서리 角	원의 접선과 그 접점에서 그은 현이 이루는 각의 크기는 이 각의 내부에 있는 호에 대한 원주각의 크기와 같다. 예 원 O에서 □□ AT와 □ AB가 이루는 각 ∠BAT와 호 AB에 대한 □□□ ∠BCA의 크기는 서로 같다. 즉, ∠BAT=∠BCA이다. 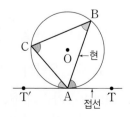

확인 문제

1 뜻에 알맞은 단어를 보기 의 글자를 조합해 써 보자. (같은 글자가 2번 쓰일 수 있음.)

보기

| 각 | 심 | 원 | 주 | 중 |

(1) 원이나 부채꼴에서 두 반지름이 만드는 각. ☐☐☐

(2) 원주 위의 한 점에서 그은 두 개의 현이 만드는 각. ☐☐☐

2 친구들의 설명이 알맞으면 ○표, 알맞지 <u>않으면</u> ✕표 해 보자.

(1) 중심각의 크기는 그 호에 대한 원주각의 크기의 2배야. ( )

(2) 길이가 같은 호에 대한 원주각의 크기는 서로 같아. ( )

(3) 한 호에 대한 중심각은 무수히 많아. ( )

3 빈칸에 들어갈 단어를 써 보자.

(1)

원 O에서 ∠BPT와 호 BP에 대한 ☐☐☐ ∠BAP의 크기가

서로 같으면 직선 PT는 원 O의 ☐☐ 이다.

(2)

길이가 같은 호에 대한 ☐☐☐ 의 크기는 모두 같으므로 호 AB의

☐☐☐ ∠APB와 호 CD의 ☐☐☐ ∠CQD의 크기는 같다.

따라서 ∠x=20°이다.

(3)

원에 ☐☐ 하는 사각형 ABCD에서 한 쌍의 ☐☐ 의 크기의 합

이 180°이므로 ∠BAD+∠BCD=180°

따라서 ∠BAD의 크기는 105°이다.

과학 교과서 어휘

단어와 그 뜻을 익히고, 빈칸에 알맞은 단어를 써 보자.

전자기 유도

전기 電 + 자석 磁 + 기운 氣 + 꾈 誘 + 이끌 導
'電'의 대표 뜻은 '번개'임.

코일을 통과하는 자기장이 변하여 코일에 전류가 발생하는 현상.

예 코일에 자석을 가까이 하면 코일을 통과하는 자기장의 세기가 커지고, 자석을 멀리 하면 코일을 통과하는 자기장의 세기가 약해지는 현상이 [ ][ ][ ][ ]이다.

플러스 개념어 유도 전류
전자기 유도 현상이 일어날 때 코일에 흐르는 전류.

발전기

낼 發 + 전기 電 + 기계 機
'發'의 대표 뜻은 '피다', '機'의 대표 뜻은 '틀'임.

역학적 에너지를 이용하여 전기를 만드는 장치.

예 [ ][ ] 안의 자석 속에서 코일이 회전하면 코일을 통과하는 자기장이 변하여 전자기 유도에 의해 전류가 흐르면서 전기가 생산된다.

전기 에너지 전환

전기 電 + 기운 氣 + 에너지 + 바꿀 轉 + 바꿀 換

전기 에너지가 다른 형태의 에너지로 전환되는 것.

전기 에너지 → 열에너지	전기밥솥, 전기 주전자 등
전기 에너지 → 빛에너지	전등, 텔레비전, 컴퓨터 모니터 등
전기 에너지 → 운동 에너지	선풍기, 세탁기, 에어컨 등
전기 에너지 → 소리 에너지	스피커, 텔레비전 등

예 [ ][ ][ ][ ][ ]이 이루어질 때는 전기 에너지가 두 가지 이상의 에너지로 동시에 전환되기도 한다.

소비 전력

사라질 消 + 쓸 費 + 전기 電 + 힘 力

전기 기구가 1초 동안 소모하는 전기 에너지의 양.

$$소비\ 전력(W) = \frac{전기\ 에너지(J)}{시간(초)}$$

예 같은 성능을 갖더라도 사용 과정에서 불필요하게 낭비되는 열에너지가 많은 전기 기구일수록 [ ][ ][ ]이 크다.

전력량

전기 電 + 힘 力 + 양 量
'量'의 대표 뜻은 '헤아리다'임.

전기 기구가 어느 시간 동안 사용한 전기 에너지의 양.

$$전력량\,(Wh) = 소비\ 전력(W) \times (h)$$

예 [ ][ ]1Wh(와트시)는 소비 전력이 1W인 전기 기구를 1시간 동안 사용했을 때 소모하는 전기 에너지의 양이다.

대기전력

기다릴 待 + 때 機 + 전기 電 + 힘 力
'機'의 대표 뜻은 '틀'임.

실제로 사용하지 않는 대기 상태에서 소비되는 전력.

예 가전제품의 전원이 꺼져 있더라도 플러그가 콘센트에 연결되어 있으면 [ ][ ][ ]을 소비한다.

확인 문제

1 뜻에 알맞은 단어를 보기 의 글자를 조합해 써 보자. (같은 글자가 여러 번 쓰일 수 있음.)

보기

| 기 | 량 | 력 | 발 | 비 | 소 | 전 |

(1) 역학적 에너지를 이용하여 전기를 만드는 장치.

(2) 전기 기구가 1초 동안 소모하는 전기 에너지의 양.

(3) 전기 기구가 어느 시간 동안 사용한 전기 에너지의 양.

2 ( ) 안에 알맞은 단어를 써 보자.

자가 발전 손전등을 흔들면 손전등 속에서 자석이 코일을 통과하면서 (　　　　　)가 만들어지고, 이를 이용하여 전구의 불이 켜지게 된다. 이처럼 코일을 통과하는 자기장이 변하여 전류가 흐르게 되는 현상을 (　　　　　)라고 한다.

3 전기 제품에서 일어나는 에너지 전환이 알맞으면 ○표, 알맞지 않으면 ✕표 해 보자.

(1) 전등은 전기 에너지가 주로 빛에너지로 전환된다. (　　　　)

(2) 믹서는 전기 에너지가 주로 빛에너지로 전환된다. (　　　　)

(3) 다리미는 전기 에너지가 주로 열에너지로 전환된다. (　　　　)

(4) 헤어드라이어는 전기 에너지가 주로 빛에너지로 전환된다. (　　　　)

4 ( ) 안에 알맞은 단어를 보기 에서 찾아 써 보자.

보기

전력량　　　　　대기전력　　　　　소비 전력

(1) 소비 전력이 20W인 전기 기구를 1시간 동안 사용한다면 사용한 (　　　　　)은 20Wh이다.

(2) 컴퓨터나 텔레비전 등 (　　　　)의 소비가 있는 제품은 전기 코드를 빼면 (　　　　)의 소비를 막을 수 있다.

(3) (　　　　)이 같더라도 전구의 종류에 따라 밝기가 다르다. 또한 같은 밝기를 가진 전구라도 (　　　　)이 더 작은 것을 선택하면 전기 에너지를 절약할 수 있다.

✏️ 단어와 그 뜻을 익히고, 빈칸에 알맞은 단어를 써 보자.

주장하는 글
주관 主 + 드러낼 張 + 하는 글
🖱 '主'의 대표 뜻은 '주인', '張'의 대표 뜻은 '베풀다'임.

어떤 문제에 대해 글쓴이가 자신의 생각을 강하게 내세우는 글.
예 [ ]하는 글은 서론, 본론, 결론의 형식에 따라 쓴다.

플러스 개념어 **주장**
자기의 생각이나 뜻을 내세움.
예 주장은 상대편도 자신과 같은 생각을 갖거나 행동을 바꿔 주기를 바란다고 한다.

근거
뿌리 根 + 근거 據

어떤 의견에 그 본바탕이 됨, 또는 그 까닭.
예 주장하는 글을 쓸 때는 주장과 함께 [ ]를 제시해야 한다.

구체적
갖출 具 + 몸 體 + ~한 상태 的
🖱 '的'의 대표 뜻은 '과녁'임.

실제적이고 꼼꼼한 부분까지 담고 있는 것.
예 주장을 뒷받침하는 근거는 [ ]이어야 한다.

플러스 개념어 **뒷받침하다**
상대편이 나의 의견에 공감하도록 이유를 들어 말하다.

설득
말씀 說 + 얻을 得

상대편이 이쪽의 이야기에 따르도록 이유를 들어 말함.
예 다른 사람을 [ ]할 때는 타당한 근거가 필요하다.

자료
바탕 資 + 재료 料
🖱 '料'의 대표 뜻은 '헤아리다'임.

연구나 조사 따위의 바탕이 되는 재료.
예 주장하는 글을 쓸 때는 다양한 [ ]를 찾아 근거를 마련해야 한다.

플러스 개념어 **마련**
미리 생각하여 어떤 것을 준비하는 일.

귀납
돌아올 歸 + 들일 納

각각의 사례들이 지닌 공통점으로부터 원리나 사실을 이끌어 내는 논증 방법.
예 다양한 사례를 바탕으로 주장을 끌어낼 때는 [ ]적인 논증 방법을 사용할 수 있다.

플러스 개념어 **연역**
확실한 사실로부터 구체적인 결론을 이끌어 내는 논증 방법.

확인 문제

정답과 해설 ▶ 30쪽

1 단어의 뜻을 보기 에서 찾아 사다리를 타고 내려간 곳에 기호를 써 보자.

보기
- ㉠ 자기 생각이나 뜻을 내세움.
- ㉡ 실제적이고 꼼꼼한 부분까지 담고 있는 것.
- ㉢ 상대편이 이쪽의 이야기에 따르도록 이유를 들어 말함.
- ㉣ 각각의 사례들이 지닌 공통점으로부터 원리나 사실을 이끌어 내는 논증 방법.

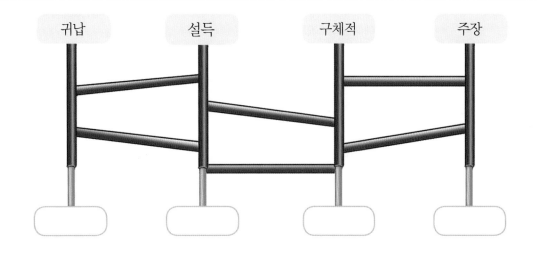

귀납   설득   구체적   주장

2 ( ) 안에 공통으로 들어갈 단어로 알맞은 것은? ( )

- 그 과학자의 이론을 결정적으로 뒷받침할 ( )이/가 부족하였다.
- 읽는 이를 잘 설득하기 위해서는 다양한 ( )을/를 모아야 한다.

① 귀납   ② 연역   ③ 자료   ④ 조사   ⑤ 타당성

3 대화에서 ( ) 안에 공통으로 들어갈 단어로 알맞은 것은? ( )

주장하는 글을 쓸 때는 자신의 의견을 뒷받침하는 ( )을/를 함께 써야 해.

맞아. 다양한 자료를 찾아보면 ( )을/를 마련하기 쉬울 거야.

① 근거   ② 논리   ③ 설득   ④ 주장   ⑤ 문제 상황

사회 교과서 어휘

✏️ 단어와 그 뜻을 익히고, 빈칸에 알맞은 단어를 써 보자.

공해

여러 公 + 해로울 害
🖱️'公'의 대표 뜻은 '공평하다'임.

급속한 산업화에 따라 공장의 폐수, 자동차의 매연과 소음, 각종 쓰레기 등으로 자연환경이 오염되어 사람이나 생물이 입게 되는 여러 가지 피해.

예 현대인은 자동차 매연, 소음, 인공 빛 따위 여러 가지 ☐☐ 에 시달리고 있다.

동음이의어 **공해**(함께할 公 + 바다 海)
어느 나라의 주권에도 속하지 않는 해양으로서 국제법상 모든 국가에 개방되어 있는 해역.

공해 유발 산업

여러 公 + 해로울 害
꾈 誘 + 일으킬 發
생산할 産 + 일 業
🖱️'發'의 대표 뜻은 '피다', '産'의 대표 뜻은 '낳다'임.

매연·폐수·소음뿐만 아니라 돌솜·수은·카드뮴 따위의 해로운 물질을 내보내 매우 큰 환경 문제를 일으키는 산업.

예 개발 도상국은 ☐☐☐☐ 산업을 막는 법적 장치를 제대로 갖추지 못했으므로, 선진국은 환경 문제를 일으키는 오래된 공장들을 개발 도상국으로 옮겼다.

플러스 개념어 **저임금**

(낮을 低 + 품삯 賃 + 돈 金)
낮은 임금. 평균 임금의 60%보다 아래인 임금을 말함.
예 공해 유발 산업의 이동을 통해 선진국은 저임금 노동력을 활용함과 동시에 환경 문제를 해결하게 되었다.

화훼

꽃 花 + 풀 卉

꽃이 피는 풀과 나무 또는 꽃이 없더라도 두고 보면서 즐기는 모든 식물을 통틀어 이르는 말.

예 네덜란드 ☐☐ 농가는 탄소 배출 비용 절감을 위해 기후가 온화하고 인건비가 싼 아프리카 지역으로 이전했다.

미세먼지

작을 微 + 가늘 細 + 먼지

눈에 보이지 않을 만큼 아주 작은 $10\mu m$(마이크로미터) 이하의 오염 물질.
$1\mu m$는 1,000분의 1mm.

예 ☐☐☐☐ 는 가시거리를 떨어뜨리기 때문에 비행기 운행에도 지장을 준다.

플러스 개념어 **가시거리**(~할 수 있을 可 + 볼 視 + 떨어질 距 + 떨어질 離)
눈으로 볼 수 있는 거리.

유전자 변형(GMO) 농산물

남길 遺 + 전할 傳 + 아들 子
변할 變 + 모양 形
농사 農 + 생산할 産 + 물건 物

본래의 유전자를 변형해 기존의 번식 방법으로는 나타날 수 없는 새로운 성질의 유전자를 지니도록 개발한 농산물.

예 ☐☐☐☐☐☐ 은 잡풀에 강한 옥수수, 잘 무르지 않는 토마토, 카페인이 없어진 커피 따위로 매우 여러 가지이다.

플러스 개념어 **유전자**
특정 형질에 대한 유전 정보가 있는 DNA의 특정 부분.

친환경

친할 親 + 고리 環 + 지경 境

자연환경을 오염하지 않고 자연 그대로의 환경과 잘 어울리는 일.

예 최근에는 지역의 자연환경 조건에 맞는 ☐☐☐ 농업에 관심을 갖는 농민들이 늘어나고 있다.

확인 문제

정답과 해설 ▶ 31쪽

1 뜻에 알맞은 단어를 찾아 선으로 이어 보자.

(1) 자연환경을 오염하지 않고 자연 그대로의 환경과 잘 어울리는 일. ・

・ 저임금

(2) 평균 임금의 60%보다 아래인 임금. ・

・ 가시거리

(3) 산업화에 따라 공장의 폐수, 자동차의 매연과 소음, 각종 쓰레기 등으로 자연환경이 오염되어 사람이나 생물이 입게 되는 여러 가지 피해. ・

・ 친환경

(4) 눈으로 볼 수 있는 거리. ・

・ 공해

2 빈칸에 알맞은 단어를 보기의 글자를 조합해 써 보자.

보기
| 유 | 자 | 전 | 화 | 훼 |

(1) 옛날 세계 ☐☐ 시장의 중심지는 네덜란드였지만, 최근 유럽 시장의 장미꽃 약 70%는 케냐에서 심어 가꾼 거야.

(2) ☐☐☐ 변형 콩은 추위나 병충해에 강한 새로운 품종이래.

3 ( ) 안에서 알맞은 단어를 골라 ○표 해 보자.

(1) 환경에 관심을 갖게 된 선진국은 매연, 폐수, 소음 등 심각한 환경 문제를 일으키는 (공해 유발 산업 , 도시 개발 산업)을 개발 도상국으로 이전하였다.

(2) 반도체와 같은 정밀한 작업이 요구되는 산업은 눈에 보이지 않을 정도로 가늘고 작은 먼지 입자인 (미세먼지 , 이산화 탄소)에 노출되면 불량률이 높아질 수 있다.

수학 교과서 어휘

✏️ 단어와 그 뜻을 익히고, 빈칸에 알맞은 단어를 써 보자.

평균
평평할 平 + 고를 均

변량의 총합을 변량의 개수로 나눈 값.

$$(평균) = \frac{(변량의\ 총합)}{(변량의\ 개수)}$$

플러스 개념어 **변량**
변하는 수량으로, 자료를 수량으로 나타낸 것.

예 자료 2, 4, 6, 8의 [   ]은 $\frac{2+4+6+8}{4} = \frac{20}{4} = 5$이다.

줄기와 잎 그림

어떤 자료를 보고 큰 수의 자릿값은 줄기에(세로로), 작은 수의 자릿값은 잎에(가로로) 써서 나타낸 그림.

(2|0은 20세)

줄기	잎
2	0 3 7 8 9
3	0 1 1 2 3 7
4	0 1 2 5

예 변량을 줄기와 잎으로 구분하여, 줄기는 세로줄의 왼쪽에 작은 값부터 차례대로 세로로 나열하고, 각 줄기에 해당하는 잎은 세로줄의 오른쪽에 작은 값부터 차례대로 가로로 나열하여 나타내는 그림을 [   ]와 [ ] 그림이라고 한다.

도수분포표
정도 度 + 셈 數 + 나눌 分 + 펼 布 + 표 表
🖑'度'의 대표 뜻은 '법도', '布'의 대표 뜻은 '베', '表'의 대표 뜻은 '겉'임.

각 계급에 들어맞는 수량.
각 계급의 도수를 조사하여 나타낸 표.

예 주어진 자료를 몇 개의 계급으로 나누어 각 계급에 속하는 도수를 조사하여 나타낸 표가 [   ]이다.

국어 성적(점)	학생 수(명)
40 이상 ~ 60 미만	3
60 ~ 80	12
80 ~ 100	5
합계	20

플러스 개념어 **히스토그램**
각 계급의 크기를 가로로, 도수를 세로로 하는 직사각형을 그려 놓은 그래프.

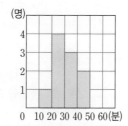

중앙값
가운데 中 + 가운데 央 + 값

자료의 변량을 작은 값부터 크기 순서로 나열할 때, 자료의 중앙에 놓이는 값.

예 자료 2, 4, 10, 18, 22, 30의 [   ]은 중앙에 있는 두 수 10, 18의 평균인 $\frac{10+18}{2} = \frac{28}{2} = 14$이다. 중앙값을 구할 때 자료가 작은 값부터 크기순으로 나열되어 있는지 확인한다.

최빈값
가장 最 + 자주 頻 + 값

자료의 변량 중에서 가장 많이 나타나는 값.

예 자료 1, 1, 1, 3, 4, 5, 5에서 1의 값이 가장 많이 나타나므로, 이 자료의 [   ]은 1이다.

자료 2, 4, 2, 4, 5, 8에서 2와 4가 각각 두 번씩 가장 많이 나타나므로, 이 자료의 최빈값은 2와 4이다. 최빈값은 자료에 따라 두 개 이상일 수도 있다.

확인 문제

정답과 해설 ▶ 32쪽

1 뜻에 알맞은 단어를 글자판에서 찾아 묶어 보자. (단어는 가로, 세로, 대각선 방향에서 찾기)

도	평	대	히	분
변	수	균	스	최
량	푯	중	토	빈
포	앙	차	그	값
값	자	료	램	표

❶ 자료의 중앙에 놓이는 값.

❷ 자료를 수량으로 나타낸 것.

❸ 변량의 총합을 변량의 개수로 나눈 값.

❹ 자료의 변량 중에서 가장 많이 나타나는 값.

2 뜻에 알맞은 말을 찾아 선으로 이어 보자.

(1) 각 계급의 도수를 조사하여 나타낸 표. •

(2) 어떤 자료를 보고 큰 수의 자릿값은 줄기에 (세로로), 작은 수의 자릿값은 잎에(가로로) 써서 나타낸 그림. •

(3) 각 계급의 크기를 가로로, 도수를 세로로 하는 직사각형을 그려 놓은 그래프. •

• 줄기와 잎 그림

• 히스토그램

• 도수분포표

3 빈칸에 들어갈 단어를 초성을 바탕으로 써 보자.

(1) 자료 8, 2, 11, 14, 15에서 $\boxed{ㅍ\ ㄱ}$ 은

$$\frac{(변량의\ 총합)}{(변량의\ 개수)} = \frac{8+2+11+14+15}{5}$$
$$= \frac{50}{5} = 10$$이다.

(2) 자료 2, 3, 2, 4, 6, 9, 3에서 2와 3의 값이 각각 두 번씩 나타나므로, 이 자료의 $\boxed{ㅊ\ ㅂ\ ㄱ}$ 은 2와 3이다.

(3) 자료 80, 10, 45, 20, 90에서 먼저 자료를 작은 값부터 크기순으로 나열하면 10, 20, 45, 80, 90이므로 중앙에 놓인 45가 $\boxed{ㅈ\ ㅇ\ ㄱ}$ 이다.

과학 교과서 어휘

✏️ 단어와 그 뜻을 익히고, 빈칸에 알맞은 단어를 써 보자.

시차 볼 視 + 다를 差	한 물체를 서로 다른 위치에서 바라볼 때 생기는 시선 방향의 차이로, 시차의 크기는 두 관측 지점과 물체 사이의 각도로 나타냄. 예 ☐☐는 물체까지의 거리가 가까울수록 크게 나타나고, 거리가 멀수록 작게 나타난다.
연주 시차 해 年 + 두루 周 + 볼 視 + 다를 差	지구에서 별을 6개월 간격으로 측정한 시차의 $\frac{1}{2}$로, 단위는 ″(초), $1″ = \frac{1}{3600}$°. 예 별의 ☐☐☐☐는 거리가 먼 별일수록 작다. 곧 별까지의 거리에 반비례한다.
별의 밝기와 거리 별의 밝기와 + 떨어질 距 + 떨어질 離 🖱️'離'의 대표 뜻은 '떠나다'임.	우리 눈에 보이는 별의 밝기는 별까지 거리의 제곱에 반비례함. 예 별에서 ☐☐가 2배, 3배로 멀어지면 별빛이 비치는 넓이는 2^2배, 3^2배로 늘어나고, 같은 넓이에서 받는 별의 ☐☐는 $\frac{1}{2^2}$배, $\frac{1}{3^2}$배로 어두워진다.
겉보기 등급 겉보기 + 무리 等 + 등급 級	우리 눈에 보이는 별의 밝기 등급으로, 밝은 별일수록 등급이 작고, 어두운 별일수록 등급이 크고, 1등급 차이마다 밝기는 약 2.5배 차이가 있음. 이미 등급을 알고 있는 별의 밝기와 상대적인 비교를 통해 겉보기 등급을 결정함. 약 2.5배 약 2.5배 약 2.5배 약 2.5배 약 2.5배 6등급 5등급 4등급 3등급 2등급 1등급 어둡다. ◀── 약 100배 ──▶ 밝다. 예 히파르코스는 맨눈으로 보았을 때 가장 밝게 보이는 별을 1☐☐으로, 간신히 보이는 희미한 별을 6☐☐으로 정하고, 그 사이에 별들의 밝기에 따라 2, 3, 4, 5등급으로 구분하였다. ☐☐☐☐은 별까지의 거리와 상관없이 눈에 보이는 밝기를 나타낸 것으로 별의 실제 밝기를 비교할 수 없다.
절대 등급 더없을 絶 + 대할 對 + 무리 等 + 등급 級 🖱️'絶'의 대표 뜻은 '끊다'임.	파섹(1pc)은 연주 시차가 1″인 별까지의 거리. 별들이 모두 같은 거리인 10pc에 있다고 가정할 때 별의 밝기 등급. 예 겉보기 등급이 ☐☐☐보다 작은 별은 10pc보다 가까이 있고, 큰 별은 10pc보다 멀리 있다.
별의 색과 표면 온도 별의 + 빛깔 色 + 과 + 겉 表 + 겉 面 + 따뜻할 溫 + 정도 度 🖱️'面'의 대표 뜻은 '낯', '度'의 대표 뜻은 '법도'임.	별은 표면 온도에 따라 색이 다르게 나타남. 파란색을 띠는 별은 표면 온도가 높고, 붉은색을 띠는 별은 표면 온도가 낮음. 청색 청백색 백색 황백색 황색 주황색 적색 30000 20000 10000 7000 6000 4500 3500 높다. 표면 온도(℃) 낮다. 예 오리온자리의 리겔은 ☐☐☐☐가 높아 청백색을 띠고, 베텔게우스는 ☐☐☐☐가 낮아 적색을 띤다.

확인 문제

정답과 해설 ▶ 33쪽

1 단어의 뜻을 보기 에서 찾아 사다리를 타고 내려간 곳에 기호를 써 보자.

> 보기
> ㉠ 우리 눈에 보이는 별의 밝기 등급.
> ㉡ 한 물체를 서로 다른 위치에서 바라볼 때 생기는 시선 방향의 차이.
> ㉢ 별들이 모두 같은 거리인 10pc에 있다고 가정할 때 별의 밝기 등급.

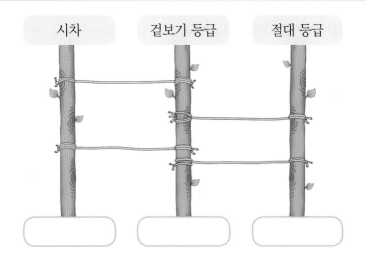

시차   겉보기 등급   절대 등급

2 친구들의 설명이 알맞으면 ○표, 알맞지 <u>않으면</u> ✕표 해 보자.

(1) 등급이 클수록 밝은 별이야.   (   )

(2) 별을 6개월 간격으로 측정한 시차의 $\frac{1}{2}$이 연주 시차야.   (   )

(3) 우리 눈에 보이는 별의 밝기는 별까지 거리의 제곱에 반비례해.   (   )

3 (   ) 안에 알맞은 단어를 보기 에서 찾아 써 보자.

> 보기
> 연주 시차   절대 등급   표면 온도

(1) (   )이/가 작을수록 별까지의 거리가 멀다.

(2) 별까지의 거리를 10pc으로 같다고 가정한 (   )을/를 비교하면 별의 실제 밝기를 비교할 수 있다.

(3) 별 스피카는 청색, 시리우스는 백색, 알데바란은 주황색에 가깝다. 이 중 가장 (   )이/가 높은 별은 스피카이다.

한자 어휘

短(단), 下(하)가 들어간 말

短
짧을 단

단(短)은 주로 '짧다(잇달아 있는 공간이나 물체의 두 끝의 사이가 가깝다.)'라는 뜻으로 쓰여. '단점'이라는 뜻으로 쓰일 때도 있어.

아래 하

하(下)는 주로 '아래(일정한 기준보다 낮은 위치)'라는 뜻으로 쓰여. '낮아지다', '내려오다'라는 뜻으로도 쓰여.

✏️ 단어와 그 뜻을 익히고, 빈칸에 알맞은 단어를 써 보자.

최단
가장 最 + 짧을 短

'단(短)'이 '짧다'라는 뜻으로 쓰임.

가장 짧음.
예 집에서 학교까지 [ ][ ] 거리로 갈 수 있는 방법을 찾아보았다.

반대말 **최장**(가장 最 + 길 長)
가장 긺.
예 그 소년은 철봉 오래 매달리기에서 <u>최장</u> 시간 기록을 세웠다.

일장일단
하나 一 + 뛰어날 長 +
하나 一 + 단점 短
☞ '長'의 대표 뜻은 '길다'임.

일장(一長) + 일단(一短)
한 가지 장점. 한 가지 단점.
→ 장점이 있으면
단점도 있다는 뜻임.

어떤 한 면의 장점과 다른 면의 단점.
예 사람은 누구에게나 [ ][ ][ ][ ]이 있다.

안하무인
눈 眼 + 아래 下 +
없을 無 + 사람 人

안하(眼下) + 무인(無人)
눈 아래.   사람이 없음.
→ 눈 아래에 사람이 없다는
뜻임. 남을 사람처럼 대하지
않는다는 의미임.

무례하고 건방짐.
방자하고 <u>교만하여</u> 다른 사람을 업신여김.
잘난 체하며 뽐냄.
예 권력을 손에 쥐었다고 [ ][ ][ ][ ]으로 행동하면 안 된다.

하락
낮아질 下 + 떨어질 落

'하(下)'가 '낮아지다'라는
뜻으로 쓰임.

값이나 가치 따위가 낮은 상태로 떨어짐.
예 수입 농산물의 영향으로 우리 농산물의 가격이 [ ][ ]하고 있다.

하산
내려올 下 + 메 山

'하(下)'가 '내려오다'라는
뜻으로 쓰임.

산에서 내려옴.
예 날이 저물기 시작하자 등산객들은 서둘러 [ ][ ]을 하였다.

확인 문제

1 뜻에 알맞은 단어를 보기 의 글자를 조합해 써 보자. (같은 글자가 2번 쓰일 수 있음.)

보기

무	련	방
장	인	단
일	하	안

(1) 방자하고 교만하여 다른 사람을 업신여김. ☐☐☐☐

(2) 어떤 한 면의 장점과 다른 면의 단점. ☐☐☐☐

2 단어의 뜻을 찾아 선으로 이어 보자.

(1) 하산 •   • 가장 짧음.

(2) 최단 •   • 산에서 내려옴.

(3) 하락 •   • 값이나 가치 따위가 낮은 상태로 떨어짐.

3 (   ) 안에 알맞은 단어를 보기 에서 찾아 써 보자.

보기

최단   하락   안하무인   일장일단

(1) 그 건설 회사는 잇따른 부실시공으로 인해 신용도가 대폭 (   )하였다.

(2) 사장의 아들인 최 과장은 동료는 물론이고 상사에게까지도 (   )으로 굴었다.

(3) 컴퓨터 프로그래머는 (   ) 시간 내에 훼손된 데이터를 복구하기 위해 노력하였다.

(4) 주변이 개발되면 편의 시설을 쉽게 이용할 수 있지만 교통이 혼잡해지고 환경오염이 발생할 수 있어
(   )이 있다.

주절에 딸려 그것을 한정하는 절.

영어에서 주어의 수에 따라 동사의 형태를 조정하는 것을 수 일치라고 해. 그리고 주절의 시제와 종속절의 시제를 일치시키는 것을 시제 일치라고 해. 또한 말하는 사람의 말을 그대로 따옴표 안에 써서 전달하는 것을 직접화법, 전달해 주는 사람의 관점에서 고친 말로 나타내는 것을 간접화법이라고 해. 그럼 일치와 화법의 뜻과 예를 공부해 보자.

 단어와 그 뜻을 익히고, 빈칸에 알맞은 단어를 써 보자.

Subject-Verb Agreement **수 일치** 숫자 數 + 하나 ㅡ + 이를 致	주어의 단수, 복수에 따라 동사의 형태를 조정하는 것. 특히 주어가 3인칭 단수이고 시제가 현재일 때 동사에 s를 붙여 씀. 3인칭 단수인 주어에, 시제가 현재이므로 동사에 s를 붙인 수 일치 • **The door opens** automatically. (그 문은 자동으로 열린다.) 예 "She likes this dress.(그녀는 이 드레스를 좋아한다.)"에서 주어가 3인칭 단수이고, 시제가 현재이므로 동사가 likes로 ☐ 일치가 되었다.	**플러스 개념어** be동사의 수 일치(현재형) • 단수 취급: 1인칭에서 am, 2인칭에서 are, 3인칭에서 is를 씀. 예 He is a wonderful actor. (그는 멋진 배우이다.) • 복수 취급: 인칭에 상관없이 복수인 주어에는 are를 씀. 예 These socks are really cute. (이 양말들은 정말로 귀엽다.)
Tense Agreement **시제 일치** 때 時 + 억제할 制 + 하나 ㅡ + 이를 致	주절의 동사와 종속절 동사의 시제를 일치시키는 것을 말함. 기준이 되는 시제가 주절의 시제인 점에 주의해야 함. 주절의 동사(현재)와 종속절 동사(현재)가 시제 일치를 이루고 있음. • I **think** that he **is** smart. (나는 그가 똑똑하다고 생각한다.) 예 "I knew that she was sick.(나는 그녀가 아픈 것을 알았다.)"에서 주절의 과거형 knew와 종속절의 과거형 was는 ☐ 일치를 이루고 있다.	**플러스 개념어** 시제 일치 예외 • 불변의 진리, 습관적 행동 등 예 He said that the sun goes around the earth. (태양이 지구 주위를 돈다고 그는 말했다.) • 역사적 진실 예 I know that Columbus discovered America in 1492. (콜럼버스가 1492년에 아메리카 대륙을 발견했다는 사실을 나는 안다.)
Direct Narration **직접화법** 바로 直 + 접할 接 + 말할 話 + 법 法 '直'의 대표 뜻은 '곧다'임.	다른 사람이 말한 내용을 인용 부호(" ") 사이에 그대로 전달해 말하는 방법. 인용 부호 안의 시제와 내용을 들은 그대로 넣어 전달함. • He says, **"What time will you be home?"** (그는 "너는 몇 시에 집에 올 거니?"라고 말한다.) 인용 부호 안에 한 말을 그대로 전달한 직접화법 예 She said, "I saw you."(그녀는 "나는 너를 봤어."라고 말했다.)는 인용 부호 안에 말한 내용을 그대로 전달한 ☐ 화법이다.	
Indirect Narration **간접화법** 사이 間 + 접할 接 + 말할 話 + 법 法	전달하는 사람의 입장에서 다른 사람이 말한 내용을 전달해 말하는 방법. 직접화법에서 간접화법으로 바꾸면 수 일치와 시제 일치를 적용하고 대명사 등의 표현을 바꿔야 함. • She told me **that she didn't like me**. (그녀는 나를 좋아하지 않는다고 말했다.) She said to me, "I don't like you."를 바꾼 간접화법 예 "Jessy told him that she had met Susan at a cafe.(Jessy는 카페에서 Susan을 만났다고 그에게 말했다.)"는 Jessy said to him, "I met Susan at a cafe."를 바꾼 ☐ 화법이다.	

확인 문제

1 문장에 알맞은 설명을 찾아 선으로 이어 보자.

(1) She said, "**I met him**." (그녀는 "내가 그를 만났어."라고 말했다.) ·

· 수 일치: 주어의 단수, 복수에 따라 동사의 형태를 조정하는 것.

(2) **The car goes** automatically. (그 차는 자동으로 간다.) ·

· 시제 일치: 주절과 종속절의 동사 시 제를 일치시키는 것.

(3) James said **that he was upset**. (James는 속상하다고 말했다.) ·

· 직접화법: 인용 부호를 써서 다른 사 람이 말한 내용을 전달하는 방법.

(4) I **knew** that she **was** a painter. (나는 그녀가 화가라는 사실을 알 았다.) ·

· 간접화법: 전달하는 사람의 입장에 서 다른 사람이 말한 내용을 전달하 는 방법.

2 ( ) 안에서 알맞은 말을 골라 ○표 해 보자.

(1) More and more people (is , are) jogging. (점점 더 많은 사람들이 조깅을 하고 있다.)

(2) I thought the TV (is , was) too expensive to buy.
(나는 그 텔레비전이 너무 비싸서 살 수 없다고 생각했다.)

(3) The child said, "(I was very sick yesterday. , she was very sick the day before.)"
(그 아이는 "나 어제 많이 아팠어요."라고 말했다.)

(4) Tim said that (she is busy , you were busy). (Tim은 네가 바쁘다고 말했다.)

✎ 3주차 1∼5회에서 공부한 단어를 떠올리며 문제를 풀어 보자.

국어

1 ( ) 안에서 알맞은 단어를 골라 ○표 해 보자.

(1) "한나는 책임감이 강하다."는 (이어진문장 , 안은문장)이다.

(2) "비가 그치고 해가 나기 시작했다."는 (이어진문장 , 안은문장)이다.

(3) "선생님께서 너를 불러오라고 말씀하셨다."는 (이어진문장 , 안은문장)이다.

국어

2 ( ) 안에 들어갈 말로 알맞은 것은? ( )

( )은 어떤 문제에 관해 자기 의견이나 주의를 타당한 근거를 들어 논리적으로 펼침으로써 읽는 이를 설득하기 위해 쓴 글을 뜻한다.

① 발표하는 글 ② 보고하는 글 ③ 비교하는 글 ④ 설명하는 글 ⑤ 주장하는 글

사회

3 ( ) 안에서 알맞은 말을 골라 ○표 해 보자.

전자 쓰레기와 공해 유발 산업은 주로 (선진국에서 개발 도상국으로 , 개발 도상국에서 선진국으로) 이동하고 있다.

사회

4 빈칸에 알맞은 말을 써 보자.

요즘에는 환경에 관심이 커지고 안전하고 건강한 먹을거리를 찾는 사람들이 늘어나면서 지역에서 난 농산물을 지역에서 쓰자는 ⬚⬚ ⬚⬚ 운동이 펼쳐지고 있다.

수학

5 빈칸에 공통으로 들어갈 알맞은 단어를 써 보자.

직선 AT가 원 O의 접선일 때,
각 x는 호 AB에 대한 ⬚⬚⬚ ∠BCA와 크기가 같으므로 60°이다.

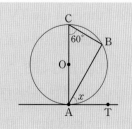

6 보기의 자료에 대한 설명에서 알맞은 단어를 골라 ◯표 해 보자.

> 보기
>
> | 9 | 7 | 2 | 9 | 3 |
> | --- | --- | --- | --- | --- |

변량이 5개이므로 (평균 , 중앙값 , 최빈값)은 $\dfrac{9+7+2+9+3}{5}=\dfrac{30}{5}=6$이다. 그리고 변량을 작은 값부터 크기대로 나열하면 2, 3, 7, 9, 9이므로 (평균 , 중앙값 , 최빈값)은 한가운데 놓인 7이다. 두 번 나타나는 9는 (평균 , 중앙값 , 최빈값)이다.

과학

7 단어의 설명을 찾아 선으로 이어 보자.

(1) 유도 전류 •　　　　　　• 소비 전력의 단위.

(2) W(와트) •　　　　　　• 코일 가까이에서 자석을 움직이면 흐르는 전류.

(3) 대기전력 •　　　　　　• 가전제품의 전원을 끈 상태에서 플러그를 콘센트에 꽂아 두기만 해도 쓰여 없어지는 전력.

과학

8 설명에 알맞은 말을 ( ) 안에서 골라 ◯표 해 보자.

별은 파란빛을 띨수록 표면 온도가 (높고 , 낮고) 붉은빛을 띨수록 표면 온도가 (높다 , 낮다).

한자

9 ( ) 안에 들어갈 단어로 알맞은 것은? (　　　　)

어두워져 산길을 잃기 전에 도중에 서둘러 (　　　　)을/를 했다.

① 등산(登山)　　② 입산(入山)　　③ 하교(下校)　　④ 하락(下落)　　⑤ 하산(下山)

영문법

10 바꾼 문장에 알맞은 단어를 골라 ◯표 해 보자.

Jane said, "I go to see my grandmother".
(Jane은 "나는 내 할머니를 만나러 가."라고 말했다.)
→ Jane said that (I , she) (go , went) to see (my , her) grandmother.
(Jane은 그녀가 자기 할머니를 만나러 간다고 말했다.)

4주차 어휘 미리 보기

한 주 동안
공부할 어휘들이야.
쏙 한번 훑어볼까?

1회 학습 계획일 ◯월 ◯일

국어 교과서 어휘	사회 교과서 어휘
설득 전략	영역
감성적 설득	최저 조위선
이성적 설득	연안국
인성적 설득	조경 수역
강연	영유권
광고	반도국
	지리적 표시제

2회 학습 계획일 ◯월 ◯일

수학 교과서 어휘	과학 교과서 어휘
대푯값	은하수
편차	성단
산포도	성운
분산	우주 탐사
표준편차	형상 기억 합금

3회 학습 계획일 ◯월 ◯일

국어 교과서 어휘	사회 교과서 어휘
보고서	기아
조사 보고서	분쟁
관찰 보고서	천연자원
실험 보고서	기대 수명
매체 자료	빈곤
절차	공정 무역

4회 학습 계획일 ◯월 ◯일

수학 교과서 어휘	과학 교과서 어휘
산점도	청동
상관관계	거푸집
양의 상관관계	내연 기관
음의 상관관계	산업 혁명
상관관계 없음	4차 산업 혁명
	사물 인터넷

5회 학습 계획일 ◯월 ◯일

한자 어휘	영문법 어휘
일편단심	도치
도심	강조
불문가지	생략
고지	삽입
지능	

어휘력 테스트

2학기 어휘 학습 끝! 이젠 학교 공부 자신 있어!

✎ 단어와 그 뜻을 익히고, 빈칸에 알맞은 단어를 써 보자.

설득 전략 말씀 說 + 얻을 得 + 싸울 戰 + 다스릴 略	말하는 이가 듣는 이의 생각이나 행동을 변화시키기 위해 쓰는 방법. 예 설득하는 말하기를 들을 때는 말하는 이가 목적을 이루기 위해 쓴 설득 ____ 을 파악하며 듣는다.	플러스 개념어 **전략** 어떤 목표에 도달하기 위한 가장 알맞은 방법.
감성적 설득 느낄 感 + 성품 性 + ~한 상태 的 + 말씀 說 + 얻을 得 🖱 '的'의 대표 뜻은 '과녁'임.	설득 전략 중, 듣는 이의 감정을 자극하여 마음을 움직이는 것. 예 즐거움을 주거나 동정심 같은 감정을 불러일으켜 설득력을 높이는 설득 전략은 ____ 설득이다.	플러스 개념어 **감성적** 마음에 반응이 일어나는 것을 느끼는 태도.
이성적 설득 이치 理 + 성품 性 + ~한 상태 的 + 말씀 說 + 얻을 得 🖱 '理'의 대표 뜻은 '다스리다'임.	설득 전략 중, 논리적인 방법으로 말하는 이의 주장을 뒷받침하는 것. 예 통계 자료, 자신의 경험, 다른 사람의 말 등을 활용하여 설득력을 높이는 설득 전략은 ____ 설득이다.	플러스 개념어 **이성적** 이성에 맞게 생각하고 판단하는 태도.
인성적 설득 사람 人 + 성품 性 + ~한 상태 的 + 말씀 說 + 얻을 得	설득 전략 중, 말하는 이의 됨됨이를 바탕으로 듣는 이가 말하는 이의 주장을 신뢰하게 하는 것. 예 말하는 이의 전문성, 도덕성, 사회성 등을 바탕으로 하여 설득력을 높이는 설득 전략은 ____ 설득이다.	플러스 개념어 **인성적** 사람의 성품에 해당하는 것.
강연 강의 講 + 설명할 演 🖱 '講'의 대표 뜻은 '외우다', '演'의 대표 뜻은 '펴다'임.	어떤 주제에 대하여 청중 앞에서 강의 형식으로 말하는 일. 예 이 ____ 에는 말하는 이의 목적이 잘 나타나 있다.	
광고 넓을 廣 + 알릴 告	상품이나 서비스에 대한 정보를 매체를 통해 의도적으로 소비자에게 알리는 일. 예 ____ 는 설득 전략이 가장 활발하게 사용되는 매체이다.	

확인 문제

정답과 해설 ▶ 38쪽

1 단어의 뜻을 찾아 선으로 이어 보자.

(1) 감성적 설득 •

(2) 이성적 설득 •

(3) 인성적 설득 •

• 설득 전략 중, 듣는 이의 감정을 자극하여 마음을 움직이는 것.

• 설득 전략 중, 논리적인 방법으로 말하는 이의 주장을 뒷받침하는 것.

• 설득 전략 중, 말하는 이의 됨됨이를 바탕으로 듣는 이가 말하는 이의 주장을 신뢰하게 하는 것.

2 ( ) 안에 알맞은 단어를 보기 에서 찾아 써 보자.

보기

감성적   이성적   인성적

(1) 화가 많이 났을 때는 객관적이고 (   )인 판단을 하기 어렵다.

(2) 이 소설의 주인공은 예민하고 (   )이라 표현력도 풍부하다.

(3) 그는 지원자들의 인사성과 말하는 태도를 확인하며 (   )인 부분을 파악하였다.

3 밑줄 친 단어의 쓰임이 알맞지 <u>않은</u> 것은? (   )

① 졸업한 선배를 초청하여 <u>강연</u>을 들었다.
② 요즘은 텔레비전 <u>광고</u>의 힘이 급격히 줄고 있다.
③ 자신의 감정을 가라앉히고 <u>감성적</u>으로 사고해야 한다.
④ 토론에서 우리는 상대 팀의 <u>설득 전략</u>을 쉽게 파악했다.
⑤ 평소 <u>이성적</u>이고 논리적이던 그도 이번만큼은 화를 참지 못했다.

사회 교과서 어휘

✏️ 단어와 그 뜻을 익히고, 빈칸에 알맞은 단어를 써 보자.

영역
거느릴 領 + 지경 域

한 국가의 주권이 미치는 범위.

예 한 국가의 □□은 영토, 영해, 영공으로 구성된다.

플러스 개념어
- **영토**: 한 나라에 딸린 땅.
- **영해**: 영토 둘레의 바다.
- **영공**: 영토와 영해의 수직 상공으로, 일 반적으로 범위는 대기권 내로 제한함.

최저 조위선
가장 最 + 낮을 低 + 밀물 潮 + 자리 位 + 줄 線

조수 간만의 차로 인하여 해수면이 가장 낮을 때의 해안선.
바닷물이 주기적으로 높아졌다 낮아졌다 하는 것.

예 대부분의 국가는 □□ □□□에서 12해리까지를 영해로 한다.
1해리는 약 1,852m임.

연안국
물 따라갈 沿 + 언덕 岸 + 나라 國

강·바다·호수와 맞닿아 있는 나라.

예 배타적 경제 수역에서 □□□은 천연자원의 탐사, 개발 등에 관한 경제적인 권리가 보장된다.

플러스 개념어 **배타적 경제 수역**
영해를 설정한 기선에서부터 200 해리에 이르는 수면의 구역 중 영 해를 제외한 바다.

조경 수역
밀물 潮 + 지경 境 + 물 水 + 구역 域
🖐️ '域'의 대표 뜻은 '지경'임.

성질이 다른 두 해류, 즉 한류와 난류가 만나는 수면의 일정한 구역.

예 독도는 한류와 난류가 만나는 □□ □□이 형성되어 각종 수산 자원이 풍부하다.

영유권
거느릴 領 + 가질 有 + 권리 權
🖐️ '有'의 대표 뜻은 '있다', '權'의 대표 뜻은 '권세'임.

일정한 영토에 대한 해당 국가의 관할권.

예 일본은 1905년 이후 일방적으로 자국의 영토에 편입한 것을 근거로 독도 □□□을 주장 하고 있다.

반도국
반 半 + 섬 島 + 나라 國

영토가 삼면이 바다로 둘러싸이고 한 면은 육지에 이어진 나라.

예 우리나라는 □□□이며, 동시에 유라시아 대륙과 태평양을 연결하는 지리적인 요충지에 해당한다.

지리적 표시제
땅 地 + 이치 理 + ~한 상태 的 + 겉 表 + 보일 示 + 만들 制
🖐️ '理'의 대표 뜻은 '다스리다', '的'의 대표 뜻은 '과녁', '制'의 대표 뜻은 '억제하다'임.

상품의 품질, 명성, 특성 등이 근본적으로 해당 지역에서 비롯한 경우 지역 생산품 임을 증명하고 표시하는 제도.

예 □□□ □□□에 등록되면 다른 곳에서 임의로 상표권을 이용하지 못하도록 하는 법 적인 권리가 생긴다.

 확인 문제

1 뜻에 알맞은 단어를 빈칸에 써 보자.

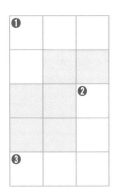

가로 열쇠
❶ 일정한 영토에 대한 해당 국가의 관할권.
❸ 영토가 삼면이 바다로 둘러싸이고 한 면은 육지에 이어진 나라.

세로 열쇠
❶ 한 국가의 주권이 미치는 범위.
❷ 강·바다·호수와 맞닿아 있는 나라.

2 빈칸에 알맞은 단어를 초성을 바탕으로 써 보자.

(1) 최저 조위선: | ㅈ | ㅅ | | ㄱ | ㅁ | 의 차로 인하여 해수면이 가장 낮을 때의 해안선.

(2) 조경 수역: 성질이 다른 두 | ㅎ | ㄹ | , 즉 한류와 난류가 만나는 수면의 일정한 구역.

(3) 영공: 영토와 영해의 | ㅅ | ㅈ | 상공으로, 일반적으로 범위는 대기권 내로 제한함.

3 ( ) 안에 들어갈 단어를 보기 에서 찾아 써 보자.

보기

반도국   영유권   지리적

(1) 일본은 당초 독도가 주인 없는 땅이라는 터무니없는 주장을 앞세워서 독도 (   )을 주장하고 있다.

(2) 특정 지역의 우수 농산물과 그 가공품에 지역명을 표시하고 다른 곳에서 이를 임의로 이용하지 못하게 하는 제도를 (   ) 표시제라고 한다.

(3) 삼면이 바다로 둘러싸인 (   )인 우리나라는 지리적인 이점을 살려 중국, 일본 등지의 이웃 국가를 비롯해 세계 여러 나라와 활발한 교류를 하고 있다.

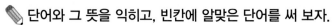 단어와 그 뜻을 익히고, 빈칸에 알맞은 단어를 써 보자.

대푯값 대신할 代 + 겉 表 + 값	자료 전체의 특징을 대표적으로 나타내는 값으로, 평균, 중앙값, 최빈값 등이 있다. 예 자료에 매우 크거나 작은 값이 있으면 평균은 그 값에 영향을 받으므로 이 경우에는 평균보다 중앙값이 □□□ 으로 더 적절하다.

편차 치우칠 偏 + 다를 差	변량에서 평균을 뺀 값으로, 해당하는 변량이 평균으로부터 얼마나 떨어져 있는지를 나타내는 숫자. $$(편차) = (변량) - (평균)$$ 변량이 평균과 같으면 편차는 0이고, 편차를 모두 더하면 항상 0이다. 예 자료 1, 3, 5, 7, 9의 평균은 5이므로 □□ 는 다음과 같다.

변량	1	3	5	7	9	총합
□□	−4	−2	0	2	4	0

산포도 흩어질 散 + 펼 布 + 정도 度 '布'의 대표 뜻은 '베', '度'의 대표 뜻은 '법도'임.	대푯값을 중심으로 자료가 흩어져 있는 정도를 하나의 수로 나타낸 값. 예 자료의 변량이 평균에 모일수록 □□□ 는 작아지고, 흩어져 있을수록 □□□ 는 커진다.

분산 나눌 分 + 흩어질 散	평균으로부터 떨어져 있는 정도를 나타내는 값으로, <u>각 편차의 제곱의 합을 전체 변량의 개수로 나눈 값.</u> 편차 제곱의 평균 $$(분산) = \frac{(편차)^2의\ 총합}{(변량의\ 개수)}$$ 예 자료 2, 9, 6, 8, 15의 평균은 $\frac{40}{5} = 8$이고, □□ 은 $\frac{(편차)^2의\ 총합}{(변량의\ 개수)} = \frac{90}{5} = 18$이다.

변량	2	9	6	8	15
편차	−6	1	−2	0	7
$(편차)^2$	36	1	4	0	49

표준편차 나타낼 標 + 준할 準 + 치우칠 偏 + 다를 差	산포도 값의 한 종류로, 분산의 양의 제곱근. $$(표준편차) = \sqrt{(분산)}$$ 플러스 개념어 **양의 제곱근** 양수 a의 양수인 제곱근을 제곱근 a, 곧 $\sqrt{a}$로 나타냄. 예 어떤 자료의 분산이 9일 때 □□□□ 는 $\sqrt{(분산)}$이므로 $\sqrt{9} = 3$이다.

1 뜻에 알맞은 단어를 글자판에서 찾아 묶어 보자. (단어는 가로, 세로, 대각선 방향에서 찾기)

평	균	대	변
서	푯	량	산
값	편	차	포
분	산	표	도

❶ 변량에서 평균을 뺀 값.

❷ 자료 전체의 특징을 대표적으로 나타내는 값.

❸ 대푯값을 중심으로 자료가 흩어져 있는 정도를 하나의 수로 나타낸 값.

2 식이 나타내는 단어를 찾아 선으로 이어 보자.

(1) $\sqrt{(분산)}$ · · 분산

(2) (변량)−(평균) · · 편차

(3) $\dfrac{(편차)^2의\ 총합}{(변량의\ 개수)}$ · · 표준편차

3 설명이 알맞으면 ◯표, 알맞지 <u>않으면</u> ✕표 해 보자.

(1) 편차는 평균이 변량보다 크면 양수이고, 평균이 변량보다 작으면 음수이다. (   )

(2) 변량을 숫자로 나타낼 수 없는 자료 '빵, 떡, 밥, 밥, 빵, 빵'에서 최빈값은 '빵'이고, 평균과 중앙값은 구할 수 없다. 위와 같은 자료에서는 최빈값이 자료의 대푯값으로 유용하다. (   )

4 빈칸에 들어갈 단어를 초성을 바탕으로 써 보자.

자료 1, 2, 3, 4, 5에서 (평균)$=\dfrac{1+2+3+4+5}{5}=3$이므로 표를 만들면 다음과 같다.

변량	1	2	3	4	5
ㅍ ㅊ	−2	−1	0	1	2

(ㅂ ㅅ)$=\dfrac{(-2)^2+(-1)^2+0^2+1^2+2^2}{5}=2$이고 (ㅍ ㅈ ㅍ ㅊ)$=\sqrt{2}$이다.

✏️ 단어와 그 뜻을 익히고, 빈칸에 알맞은 단어를 써 보자.

은하수
은 銀 + 강 河 + 물 水

은빛 강물이라는 뜻으로, 밤하늘을 가로지르는 희미한 빛의 띠 모양의 별의 집단.

예 우리나라에서는 겨울철보다 여름철 밤에 [ ] 가 더 밝고 두껍게 관측된다.

> 플러스 개념어
> • 은하: 우주 공간에 수많은 별로 이루어진 집단.
> • 우리은하: 태양계가 속해 있는 은하.

성단
별 星 + 모일 團
🖱 '團'의 대표 뜻은 '둥글다'임.

은하보다 작은 규모로, 많은 수의 별들이 좁은 공간에 모여 이루고 있는 집단.

| 산개 성단 | 수십~수만 개의 별들이 일정한 모양 없이 모여 있는 별의 집단. | |
| 구상 성단 | 수만~수십만 개의 별들이 공 모양으로 빽빽하게 모여 있는 별의 집단. | |

예 구상 [ ] 은 산개 [ ] 보다 많은 수의 별들로 이루어져 있으며 별들의 나이도 대체로 많다.

성운
별 星 + 구름 雲

성간 물질이 모여 구름처럼 보이는 것.

암흑 성운	성간 물질이 뒤쪽에서 오는 별빛을 차단하여 어둡게 보이는 성운.
방출 성운	성간 물질이 주변의 별빛을 흡수하여 가열되면서 스스로 빛을 내는 붉은빛의 성운.
반사 성운	성간 물질이 주변의 별빛을 반사해 밝게 보이는 파란빛의 성운.

> 플러스 개념어 성간 물질
> 별과 별 사이의 넓은 공간에 퍼져 있는 가스와 먼지.

예 은하수 가운데 부분이 검게 보이는 것은 암흑 [ ] 때문이다.

우주 탐사
집 宇 + 집 宙 + 찾을 探 + 조사할 査

우주 공간을 조사하는 일로, 실제로 유인 우주 비행선과 무인 우주선을 바탕으로 이루어짐.

예 1957년 최초의 인공위성 스푸트니크 발사로 시작된 [ ] [ ] 는 1960년대에는 달 탐사, 1970년대에는 행성 탐사, 1990년대 이후에는 행성과 위성을 포함하여 소행성이나 혜성 등 다양한 천체로 탐사 대상이 확대되었다.

형상 기억 합금
모양 形 + 형상 狀 + 기억할 記 + 생각할 憶 + 합할 合 + 쇠 金
🖱 '記'의 대표 뜻은 '적다'임.

변형이 일어나도 처음에 모양을 만들었을 때의 형태를 기억하고 있다가 일정 온도가 되면 그 형태로 돌아가는 특수한 금속.

예 [ ] [ ] [ ] [ ] 은 아폴로 11호에서 안테나를 만들 때 쓰인 특수한 금속이다.

확인 문제

4
주
차

2회

1 뜻에 알맞은 단어를 보기 의 글자를 조합해 써 보자. (같은 글자가 2번 쓰일 수 있음.)

보기

| 간 | 물 | 성 | 수 | 은 | 질 | 하 |

(1) 밤하늘을 가로지르는 희미한 띠 모양의 별들. ☐☐☐

(2) 우주 공간에 수많은 별로 이루어진 집단. ☐☐

(3) 별과 별 사이의 넓은 공간에 퍼져 있는 가스와 먼지. ☐☐ ☐☐

2 ( ) 안에서 알맞은 단어를 골라 ○표 해 보자.

(1) 수만 수십만 개의 별들이 공 모양으로 **빽빽하게** 모여 있는 것은 (산개 성단 , 구상 성단)이고, 수십 수만 개의 별들이 일정한 모양 없이 모여 있는 것은 (산개 성단 , 구상 성단)이다.

(2) 성간 물질이 주변의 별빛을 흡수하여 가열되면서 스스로 빛을 내는 것은 (반사 , 방출 , 암흑) 성운이며, 성간 물질이 주변의 별빛을 반사해 밝게 보이는 것은 (반사 , 방출 , 암흑) 성운이다. 한편 성간 물질이 뒤쪽에서 오는 별빛을 차단하여 어둡게 보이는 것은 (반사, 방출 , 암흑) 성운이다.

3 빈칸에 들어갈 말을 초성을 바탕으로 써 보자.

(1) 일정 온도가 되면 처음 형태로 돌아가는 ☐ㅎ ☐ㅅ ☐ㄱ ☐ㅇ ☐ㅎ ☐ㄱ 은 인공위성 따위에서 사용할 안테나의 부피를 줄인 채로 운반하는 기술로 개발되었는데 최근 안경테, 인공 관절 등에 활용되고 있다.

(2) ☐ㅇ ☐ㅈ ☐ㅌ ☐ㅅ 의 준비 과정에서 우주선 재료, 우주복, 우주식 따위로 새롭게 개발된 기술인 티타늄 합금, 기능성 옷감, 동결 건조 식품 등은 실생활에서도 활용되고 있다.

✏️ 단어와 그 뜻을 익히고, 빈칸에 알맞은 단어를 써 보자.

보고서

알릴 報 + 알릴 告 + 글 書
🖱 '報'의 대표 뜻은 '갚다'임.

어떤 일에 관한 내용이나 결과를 알리는 글.

예 [　][　][　] 는 사실을 바탕으로 써야 한다.

조사 보고서

조사할 調 + 조사할 査 +
알릴 報 + 알릴 告 + 글 書
🖱 '調'의 대표 뜻은 '고르다'임.

어떤 것을 알기 위하여 자세히 살펴보거나 찾아본 결과를 정리한 보고서.

예 현재 상황이나 방문 결과를 정리한 것은 [　][　] 보고 서이다.

플러스 개념어 답사
현장에 가서 직접 보고 조사함.

관찰 보고서

볼 觀 + 살필 察 +
알릴 報 + 알릴 告 + 글 書

어떤 것을 주의하여 자세히 살펴본 내용을 정리한 보고서.

예 어떤 것에 관해 자세히 살펴본 내용을 정리한 것은 [　][　] 보고서이다.

실험 보고서

실제 實 + 시험 驗 +
알릴 報 + 알릴 告 + 글 書
🖱 '實'의 대표 뜻은 '열매'임.

주로 과학에서, 어떤 것을 관찰하고 측정한 결과를 정리한 보고서.

예 어떤 것을 관찰하고 측정하여 얻은 정보와 결과를 정리한 것은 [　][　] 보고서이다.

매체 자료

매개 媒 + 몸 體 +
바탕 資 + 재료 料
🖱 '媒'의 대표 뜻은 '중매', '料'의 대표 뜻은 '헤아리다'임.

어떤 정보를 한쪽에서 다른 쪽으로 전하는 자료.

예 보고서를 쓸 때는 그림, 사진, 도표 따위의 [　][　] [　][　] 를 알맞게 활용해야 한다.

플러스 개념어 매체의 종류
• 인쇄 매체: 신문, 잡지 따위.
• 방송 매체: 라디오, 텔레비전 따위.
• 인터넷 매체: 블로그, 누리 소통망(SNS) 따위.

절차

마디 節 + 차례 次
🖱 '次'의 대표 뜻은 '다음'임.

일을 치르는 데 거쳐야 하는 순서나 방법.

예 목적을 가지고 실시한 일의 [　][　] 와 결과를 정리해 보고한다.

정답과 해설 ▶ 42쪽

확인 문제

1 뜻에 알맞은 단어를 글자판에서 찾아 묶어 보자. (단어는 가로, 세로, 대각선 방향에서 찾기)

찰	보	고	서
처	변	형	실
양	태	하	조
실	험	글	사

❶ 주로 과학에서, 어떤 것을 관찰하고 측정하는 일.
❷ 어떤 것을 알기 위해 자세히 살펴보거나 찾아보는 일.
❸ 어떤 일에 관한 내용이나 결과를 알리는 글.

2 ( ) 안에 공통으로 들어갈 단어로 알맞은 것은? ( )

보고하는 글의 특징은 그림, 사진, 도표 따위의 ( ) 자료를 활용할 때가 많다는 것이다. 보고서의 내용을 구성하기 위한 개요를 만들 때는 활용할 ( ) 자료를 골라 정하는 것이 바람직하다.

① 매체 　　② 연구 　　③ 증거 　　④ 참고 　　⑤ 동영상

3 밑줄 친 단어의 쓰임이 알맞지 <u>않은</u> 것은? ( )

① 모둠 과제로 지역 축제에 관한 <u>보고서</u>를 썼다.
② 강낭콩이 자라는 과정에 대한 <u>관찰 보고서</u>를 냈다.
③ 옛날이야기는 인과응보의 <u>절차</u>로 끝맺기 마련이다.
④ 나는 <u>실험 보고서</u>를 작성하면서 과학에 대한 흥미를 느꼈다.
⑤ 중학생들이 비속어를 얼마나 자주 사용하는지 <u>조사 보고서</u>를 올렸다.

✎ 단어와 그 뜻을 익히고, 빈칸에 알맞은 단어를 써 보자.

기아 주릴 飢 + 주릴 餓	먹을 것이 없어 배를 곯는 것. 예 [　　] 가 나타나는 이유는 가뭄, 홍수 등의 자연재해로 식량을 생산할 수 없거나 전 세계적으로 식량의 분배가 원활하지 않기 때문이다.
분쟁 어지러울 紛 + 다툴 爭	말썽을 일으키어 시끄럽고 복잡하게 다툼. 예 민족, 역사, 종교 등의 갈등을 이유로 세계에는 영역을 둘러싼 여러 [　　] 이 일어난다. 플러스 개념어 **카슈미르 분쟁** 1947년 하나의 인도가 힌두 국가인 인도, 이슬람 국가인 파키스탄으로 분리 독립을 함. 이슬람을 믿는 주민이 많은 카슈미르 지역이 인도에 포함되면서 이 지역을 둘러싸고 인도와 파키스탄 간에 분쟁이 계속되고 있음.
천연자원 자연 天 + 그럴 然 + 재물 資 + 근원 源 👆 '天'의 대표 뜻은 '하늘'임.	인간 생활과 생산 활동에 이용되는 자연에 존재하는 물질이나 에너지를 모두 이르는 말. 예 [　　　　] 으로는 석유, 석탄, 천연가스 등이 있다.
기대 수명 바랄 期 + 기다릴 待 + 목숨 壽 + 목숨 命 👆 '期'의 대표 뜻은 '기약하다'임.	어떤 사회에 인간이 태어났을 때부터 앞으로 생존할 것으로 기대되는 평균 생존 연수. 예 [　　　　] 이 늘어나는 것은 노후 기간이 점차 길어진다는 것을 의미한다. 플러스 개념어 **인간 개발 지수** 1인당 국민 총소득, 기대 수명, 학력 수준 등 인간의 생활과 관련한 여러 가지 기본 요소들을 기초로 국가별 삶의 질을 평가한 지표.
빈곤 가난할 貧 + 괴로울 困	최소한의 인간다운 삶을 영위할 수 없을 만큼 물질적인 부족이 오랜 기간 지속되는 상태. 예 산업화 뒤에 사람들은 물질적으로 풍요로워졌지만, 지구촌 곳곳에는 [　　] 에 시달리는 사람이 여전히 많다.
공정 무역 공평할 公 + 바를 正 바꿀 貿 + 바꿀 易	생산지의 근로자에게 정당한 노동력의 대가를 지급하고 직거래를 통해 소비자에게 상품을 제공하려는 무역 방식. 예 최근 국제적으로 지역 간 경제적인 불평등을 해소하려는 방안 중 하나로 [　　][　　] 이 활발해지고 있다.

확인 문제

1 빈칸에 알맞은 단어를 글자를 조합해 써 보자.

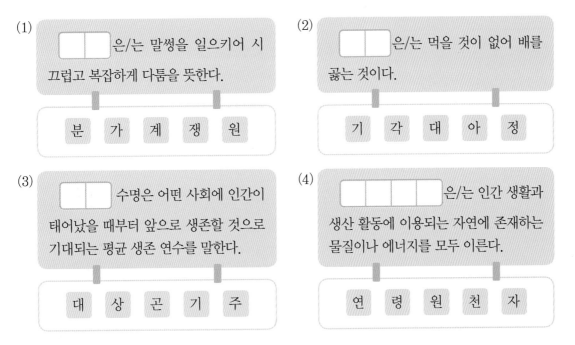

(1) [ ] 은/는 말썽을 일으키어 시끄럽고 복잡하게 다툼을 뜻한다.

분 가 계 쟁 원

(2) [ ] 은/는 먹을 것이 없어 배를 곯는 것이다.

기 각 대 아 정

(3) [ ] 수명은 어떤 사회에 인간이 태어났을 때부터 앞으로 생존할 것으로 기대되는 평균 생존 연수를 말한다.

대 상 곤 기 주

(4) [ ] 은/는 인간 생활과 생산 활동에 이용되는 자연에 존재하는 물질이나 에너지를 모두 이른다.

연 령 원 천 자

2 ( ) 안에 알맞은 단어를 보기에서 찾아 써 보자.

보기
공정   빈곤   분쟁

(1) 인도와 파키스탄은 카슈미르 지역을 두고 오랜 기간 종교 갈등으로 인한 영토 (   )을 이어 오고 있다.

(2) (   ) 무역은 생산지의 근로자에게 정당한 노동력의 대가를 지급하고 직거래를 통해 소비자에게 상품을 제공하려는 무역 방식이다.

(3) 지구촌 사람들은 식량이 모자란 곳의 (   )과 기아 문제를 해결하기 위해 모금 활동, 구호 활동, 캠페인, 교육 지원, 농업 기술 지원 등 다양한 노력을 하고 있다.

3 ( ) 안에서 알맞은 단어를 골라 ○표 해 보자.

(1) (빈곤 , 기아)은/는 제대로 된 음식을 섭취하지 못해 배고픔의 상태에 이르는 것으로 영양실조와 급성 영양 장애를 일으켜 사망에 이르게 할 수 있다.

(2) 인간 개발 지수는 1인당 국민 총소득, (기대 수명 , 평균 수명) 등 인간의 생활과 관련한 여러 가지 기본 요소들을 기초로 국가별 삶의 질을 평가한 지표이다.

✏️ 단어와 그 뜻을 익히고, 빈칸에 알맞은 단어를 써 보자.

산점도 흩어질 散 + 점 點 + 그림 圖	두 변량의 관련성을 알아보기 위해 두 변량을 점으로 좌표평면 위에 나타낸 그림. 예 두 변량 x, y 사이의 관련성을 알아보기 위해 순서쌍 (x, y)를 좌표로 하는 점들을 다음 그래프와 같이 나타낸 것을 ☐☐☐라고 한다.

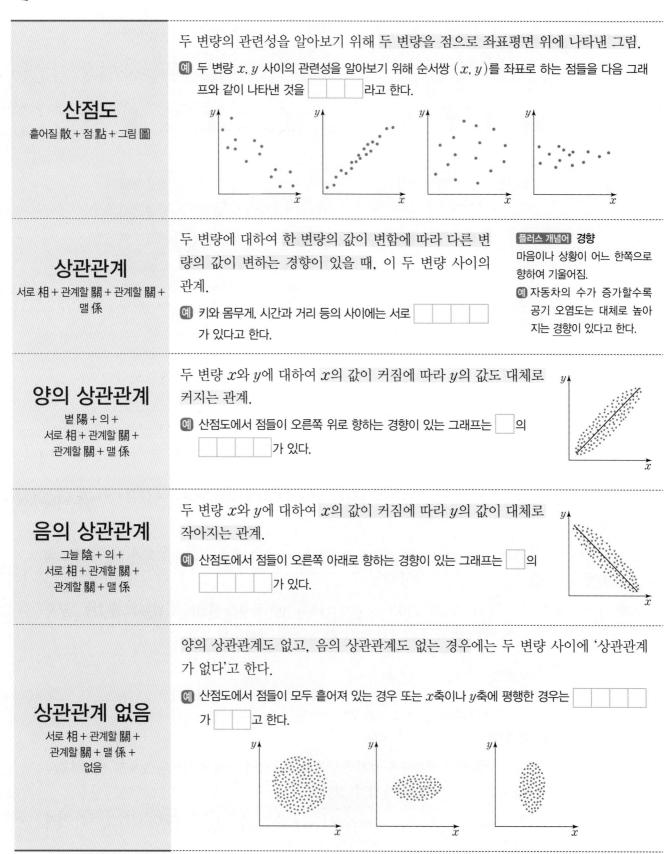

상관관계 서로 相 + 관계할 關 + 관계할 關 + 맬 係	두 변량에 대하여 한 변량의 값이 변함에 따라 다른 변량의 값이 변하는 경향이 있을 때, 이 두 변량 사이의 관계. 예 키와 몸무게, 시간과 거리 등의 사이에는 서로 ☐☐☐☐가 있다고 한다. **플러스 개념어 경향** 마음이나 상황이 어느 한쪽으로 향하여 기울어짐. 예 자동차의 수가 증가할수록 공기 오염도는 대체로 높아지는 경향이 있다고 한다.
양의 상관관계 볕 陽 + 의 + 서로 相 + 관계할 關 + 관계할 關 + 맬 係	두 변량 x와 y에 대하여 x의 값이 커짐에 따라 y의 값도 대체로 커지는 관계. 예 산점도에서 점들이 오른쪽 위로 향하는 경향이 있는 그래프는 ☐의 ☐☐☐☐가 있다.
음의 상관관계 그늘 陰 + 의 + 서로 相 + 관계할 關 + 관계할 關 + 맬 係	두 변량 x와 y에 대하여 x의 값이 커짐에 따라 y의 값이 대체로 작아지는 관계. 예 산점도에서 점들이 오른쪽 아래로 향하는 경향이 있는 그래프는 ☐의 ☐☐☐☐가 있다.
상관관계 없음 서로 相 + 관계할 關 + 관계할 關 + 맬 係 + 없음	양의 상관관계도 없고, 음의 상관관계도 없는 경우에는 두 변량 사이에 '상관관계가 없다'고 한다. 예 산점도에서 점들이 모두 흩어져 있는 경우 또는 x축이나 y축에 평행한 경우는 ☐☐☐☐가 ☐☐고 한다.

확인 문제

1 뜻에 알맞은 단어를 보기의 글자를 조합해 써 보자. (같은 글자가 2번 쓰일 수 있음.)

보기

경	상	점
산	원	계
관	향	도

(1) 마음이나 상황이 어느 한쪽으로 향하여 기울어짐. ☐☐

(2) 두 변량의 관련성을 알아보기 위해 두 변량을 점으로 좌표평면 위에 나타낸 그림. ☐☐☐

(3) 두 변량에 대하여 한 변량의 값이 변함에 따라 다른 변량의 값이 변하는 경향이 있을 때, 이 두 변량 사이의 관계. ☐☐☐☐

2 설명과 관련한 산점도를 찾아 선으로 이어 보자.

양의 상관관계	음의 상관관계	상관관계가 없다

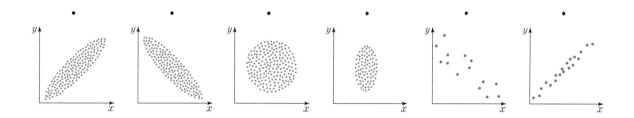

3 두 변량 사이의 관계를 나타낸 설명에서 '양' 또는 '음'을 알맞게 써 보자.

(1) 강수량이 많을수록 습도는 높아지는 경향이 있다. 이때 강수량과 습도 사이에는 ☐의 상관관계가 있다.

(2) 물건의 가격이 비쌀수록 그 물건의 판매량은 대체로 적어지는 경향이 있다. 이때 물건의 가격과 판매량 사이에는 ☐의 상관관계가 있다.

(3) 여름철 온도가 높을수록 에어컨 사용량이 증가하는 경향이 있다. 이때 여름철 온도와 에어컨 사용량 사이에는 ☐의 상관관계가 있다.

과학 교과서 어휘

✏️ 단어와 그 뜻을 익히고, 빈칸에 알맞은 단어를 써 보자.

청동
푸를 靑 + 구리 銅

구리와 주석의 합금.

📗 녹는점 이상이 되어야 고체가 액체로 바뀌므로, ☐☐ 따위를 녹여 도구를 만들기 위해서는 매우 높은 온도로 열을 가해야 했다.

거푸집

만들려고 하는 물건의 모양대로 속이 비어 있는 틀. 빈 곳에 쇠붙이를 녹여 부음.

📗 청동 도구는 구리에 주석을 섞고 열을 가해 녹인 뒤 ☐☐☐ 에 부어 원하는 모양을 만들고, 이를 다듬어서 만들었다.

내연 기관
안 內 + 탈 燃 +
기계 機 + 빗장 關
👉 '機'의 대표 뜻은 '틀', '關'의 대표 뜻은 '관계하다'임.

화력·수력·전력 따위의 에너지를 기계적 에너지로 바꾸는 기계 장치.
연료의 연소가 기관의 안에서 이루어져 피스톤을 움직이게 하는 장치.

📗 증기 기관은 이후에 ☐☐☐☐ 으로 바뀌었다.

플러스 개념어 **증기 기관**
물을 끓여 수증기를 만들고, 이때 부피가 늘어난 수증기가 피스톤을 움직이게 하는 장치.

산업 혁명
생산할 産 + 일 業 +
고칠 革 + 목숨 命
👉 '産'의 대표 뜻은 '낳다', '革'의 대표 뜻은 '가죽'임.

과학기술 중 미치는 힘이 큰 것이 관련 산업뿐만 아니라 사회 모두에 혁명과 같이 일으킨 큰 변화.

📗 증기 기관으로부터 시작된 산업의 변화는 사회 모두에 영향을 주었으며, 이를 ☐☐☐☐ 이라고 한다.

4차 산업 혁명
4 + 차례 次 +
생산할 産 + 일 業 +
고칠 革 + 목숨 命
👉 '次'의 대표 뜻은 '다음'임.

지능 정보 기술을 핵심으로 일어나고 있는 큰 변화.

📗 18세기 후반 증기 기관을 바탕으로 한 산업 혁명이 일어난 뒤 이어진 과학기술의 발달로 2차, 3차 산업 혁명의 시기를 지나 오늘날에는 ☐☐☐☐☐ 의 시기에 들어섰다고 한다.

사물 인터넷
일 事 + 물건 物 +
인터넷

온갖 사물을 인터넷으로 연결하는 기술로, 각종 사물에 센서와 통신 기능을 내장하여 인터넷에 연결하는 기술.(Iot)

📗 ☐☐☐☐☐ 기술을 이용하면 사람과 사물 그리고 사물과 사물 사이에 실시간으로 정보를 주고받을 수 있다.

확인 문제

1 빈칸에 알맞은 말을 보기 의 글자를 조합해 써 보자. (같은 글자가 2번 쓰일 수 있음.)

보기
| 거 | 관 | 기 | 명 | 산 | 업 | 증 | 집 | 푸 | 혁 |

(1) 청동을 비롯한 쇠붙이는 액체 상태에서 고체 상태로 될 때 부피가 줄기 때문에 ▭▭ 은/는 만들고자 하는 도구보다 약간 크게 만들어야 한다.

(2) ▭▭▭ 이/가 산업 사회로의 변화를 가져온 것처럼 과학기술 중 미치는 힘이 큰 것은 관련 산업뿐만 아니라 사회 모두에 혁명과 같은 변화를 일으키는데, 이를 ▭▭▭ (이)라고 한다.

2 빈칸에 알맞은 말을 초성을 바탕으로 써 보자.

(1) ▢ㄴ ▢ㅇ ▢ㄱ ▢ㄱ 은 연료를 기관 안에서 연소시켜 이를 동력원으로 쓴다.

(2) ▢ㅊ ▢ㄷ 은 구리와 주석 따위의 합금으로 금속을 섞는 비율에 따라 색깔, 굳기 따위가 달라지기 때문에 검이나 거울과 같이 쓰임새가 다른 도구를 만들기 위해 섞는 비율을 달리하였다.

3 ( ) 안에 공통으로 들어갈 알맞은 말을 써 보자. ( )

(1) 스마트폰으로 집 안의 전등과 다양한 가전제품을 조정할 수 있는 첨단 과학 기술은 ( ) 구현의 예이다.
(2) ( ) 분야 전문가는 가전제품을 비롯한 온갖 사물 안에 감지기와 통신 기술을 담아 실시간 으로 정보를 주고받는 기술이나 시스템을 개발한다.

한자 어휘

心(심), 知(지)가 들어간 말

心
마음 심

심(心)은 주로 '마음(사람이 본래부터 지닌 성격이나 품성)'이라는 뜻으로 쓰여. '중심'이라는 뜻으로 쓰일 때도 있어.

知
알 지

지(知)는 주로 '알다(어떤 사실이나 상황에 대해 의식이나 감각으로 깨닫다.)'라는 뜻으로 쓰여. '알리다', '지식'이라는 뜻으로도 쓰여.

✎ 단어와 그 뜻을 익히고, 빈칸에 알맞은 단어를 써 보자.

일편단심
하나 一 + 조각 片 +
붉을 丹 + 마음 心

일편(一片) + 단심(丹心)
한 조각.   붉은 마음.
→ 한 조각의 붉은 마음이라는 뜻으로, 오직 한 가지에 대한 변함없는 마음을 말해.

변하지 않는 진실하고 굳은 마음.

예 정몽주는 고려 왕조에 대한 ☐☐☐☐ 을 지키다 죽임을 당하였다.

도심
도시 都 + 중심 心
🐭 '都'의 대표 뜻은 '도읍'임.

'심(心)'이 '중심'이라는 뜻으로 쓰였어.

도시의 중심부.

예 ☐☐ 한복판에는 초고층 건물들이 많다.

불문가지
아닐 不 + 물을 問 +
~할 수 있을 可 + 알 知
🐭 '可'의 대표 뜻은 '옳다'임.

불문(不問) + 가지(可知)
묻지 않음.   알 수 있음.
→ 묻지 않아도 알 수 있다는 뜻이야. 상대편의 표정이나 행동을 보고도 기분을 알 수 있겠지?

묻지 않아도 명백하게 알 수 있음.

예 그녀의 축 처진 어깨를 보니, 오늘 시험 결과가 어떠하였는지 ☐☐☐☐ 이다.

고지
알릴 告 + 알릴 知

'지(知)'가 '알리다'라는 뜻으로 쓰였어.

게시나 글을 통하여 알림.

예 아파트 관리소에서 다음 주부터 전기 안전 점검을 하겠다고 ☐☐ 를 하였다.

동음이의어 고지(높을 高 + 땅 地)
지대가 높은 땅.
예 고지에 올라 마을을 내려다보았다.

지능
지식 知 + 능할 能

'지(知)'가 '지식'이라는 뜻으로 쓰였어.

사물이나 상황을 이해하고 대처하는 지적인 적응 능력.

예 침팬지는 도구를 사용할 정도로 ☐☐ 이 높다.

확인 문제

1 빈칸에 알맞은 단어를 글자를 조합해 써 보자.

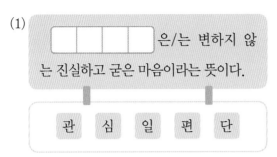

(1) ☐☐☐☐ 은/는 변하지 않는 진실하고 굳은 마음이라는 뜻이다.

관 심 일 편 단

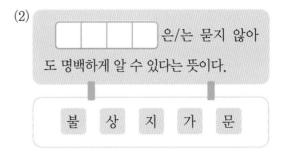

(2) ☐☐☐☐ 은/는 묻지 않아도 명백하게 알 수 있다는 뜻이다.

불 상 지 가 문

2 단어의 뜻을 찾아 선으로 이어 보자.

(1) 고지 •

(2) 지능 •

(3) 도심 •

• 도시의 중심부.

• 게시나 글을 통하여 알림.

• 사물이나 상황을 이해하고 대처하는 지적인 적응 능력.

3 ( ) 안에 알맞은 단어를 보기 에서 찾아 써 보자.

보기

고지   지능   불문가지   일편단심

(1) 독립운동가들은 나라에 대한 ( )(으)로 목숨을 바쳐 싸웠다.

(2) 겨울철에는 날씨가 건조하여 산불이 나기 쉽다는 것은 ( )이다.

(3) 학교 측은 학생들에게 이번 학기 성적에는 수행평가를 10퍼센트 반영할 것이라고 ( ) 하였다.

(4) ( )은/는 여러 가지 일들이 서로 어떻게 관련되어 있는가를 인식하여 올바른 판단을 내리는 정신의 활동이다.

영문법 어휘

> 영어에서 평서문은 통상 주어+동사의 어순이지만 특별한 경우에 동사+주어의 순으로 나오는데, 이를 도치라고 해. 의미를 강조하기 위해 약간 다른 형태를 사용하는데, 이는 강조라고 해. 그리고 반복되는 내용을 생략하기도 하고, 추가 설명하기 위해서 문장에 다른 요소를 삽입하기도 해. 이제 도치, 강조, 생략, 삽입의 뜻과 예를 공부해 보자.

✎ 단어와 그 뜻을 익히고, 빈칸에 알맞은 단어를 써 보자.

---

inversion
도치
거꾸로 倒 + 둘 置
🖱 '倒'의 대표 뜻은 '넘어지다'임.

문장 앞에 부사어나 부정어가 오면 주어와 동사의 어순이 바뀌는 일.

· **There goes a train!**(저기 기차가 간다!)
There가 제일 앞에 쓰여 동사+주어 순이 된 도치

예 "Never **did I see** such a handsome boy!(그렇게 잘생긴 소년을 본 적이 없다!)"는 부정어
조동사
Never가 앞에 쓰여 동사+주어 순이 된 ☐☐이다.

---

emphasis
강조
강할 強 + 고를 調

어떤 형태를 사용하여 문장의 의미를 더 부각시키는 일. It ~ that 구문을 이용하거나 동사 앞에 **do**를 두어 문장의 의미를 강조함.

· **It was Tom that** came first.
Tom을 부각시키는 강조 구문

(제일 먼저 온 사람은 **바로 Tom**이었다.)

예 "Do come with us.(꼭 우리와 함께 가자.)"에서 Do는 동사 come을 ☐☐한다.

플러스 개념어 다양한 강조 표현
① much, far, still, even은 비교급 앞에 놓여 '훨씬'이라는 뜻으로 의미를 강조함.
예 This book is much more interesting than I expected. (이 책은 기대하던 것보다 훨씬 더 재미있다.)
② at all은 부정어 not과 함께 쓰여 '전혀'라는 뜻으로 아니라는 의미를 강조함.
예 He won't eat anything at all. (그는 전혀 아무것도 안 먹으려 한다.)

---

ellipsis
생략
덜 省 + 간략한 略

문장에서 반복되는 요소가 있을 때 뒤엣것을 제거하는 일. 이 경우 문장의 뜻은 변화가 없음.

· **Tom can speak Korean fluently, but James can't (speak Korean fluently).**
반복되는 표현을 생략할 수 있음.

(Tom은 한국말을 유창하게 할 수 있지만, James는 (한국말을 유창하게 말)할 수 없다.)

예 "I like it, but you don't.(나는 그것을 좋아하지만, 너는 그렇지 않다.)"에서 don't 다음에 like it이 ☐☐되었다.

플러스 개념어 부사절 접속사 뒤 생략
부사절의 주어와 문장의 주어가 같고, 부사절의 동사가 be동사일 때 부사절 접속사 뒤에 나오는 「주어+be동사」를 생략할 수 있다.
예 Though (she was) sick, she went to school as usual. (아팠지만 그녀는 평소처럼 등교했다.)

---

insertion
삽입
꽂을 揷 + 넣을 入
🖱 '揷'의 대표 뜻은 '들다'임.

독립적으로 문장 안에 끼워 넣어진 설명 등의 말을 가리킴. 삽입이 되었다는 것을 쉼표, 줄표, 괄호 등으로 표시함.

· Susan is, **as far as I know**, a nice girl.(Susan은 내가 아는 한 멋진 여자애다.)
삽입된 내용 앞과 뒤에 콤마가 있음.

예 "Coke, for example, isn't good for health.(콜라는, 예를 들면, 건강에 좋지 않다.)"에서 for example은 ☐☐된 표현이다.

확인 문제

정답과 해설 ▶ 47쪽

1 문장에 알맞은 설명을 찾아 선으로 이어 보자.

(1)
I do promise with us.
(꼭 약속할게.)

do를 이용하여 의미를 부각시킴.

(2)
He wanted to live in Seoul, but she didn't.(그는 서울에서 살고 싶었지만, 그녀는 그렇지 않았다.)

쉼표를 이용하여, 문장 안에 설명을 덧붙임.

(3)
He is, I believe, an honest student.(그는, 내가 믿기엔, 정직한 학생이다.)

문장에서 반복되는 요소가 있어 뒤엣것을 제거함.

(4)
There are many trees in the yard.(뜰 안에 많은 나무들이 있다.)

문장 앞에 부사어가 와서 동사+주어의 순서가 됨.

2 밑줄 친 부분에 해당하는 용법을 보기 에서 찾아 써 보자.

보기

강조   도치   삽입   생략

(1) **Never did I** see so many stars!
(그렇게 많은 별을 본 적이 없었다!)

(   )

(2) My child can speak Japanese, but I **can't**.
(내 아이는 일본말을 할 수 있지만, 나는 할 수 없다.)

(   )

(3) She is, **in many ways**, a nice girl.
(그녀는 여러모로 멋진 소녀이다.)

(   )

(4) **It was Tom that** opened the window.
(창문을 연 사람은 바로 Tom이었다.)

(   )

✎ 4주차 1~5회에서 공부한 단어를 떠올리며 문제를 풀어 보자.

국어

1 ( ) 안에 알맞은 말을 보기 에서 찾아 써 보자.

보기

감성적   이성적   인성적

(1) 말하는 이의 직업적인 전문성을 내세운 것은 ( ) 설득이다.

(2) 연역, 귀납 따위의 논증 방법을 활용한 것은 ( ) 설득이다.

(3) 듣는 이의 욕망, 화, 자긍심 따위와 같은 감정에 호소해 듣는 이의 마음을 움직인 것은 ( )
설득이다.

국어

2 내용에 알맞은 보고서를 찾아 선으로 이어 보자.

(1) 식물의 관다발 구조를 살펴보았다. •

• 관찰 보고서

(2) 우리 지역의 청소년 시설을 찾아보았다. •

• 실험 보고서

(3) 물속 물체에 작용하는 부력의 크기를 재 보았다. •

• 조사 보고서

사회

3 빈칸에 공통으로 들어갈 알맞은 말을 초성을 바탕으로 써 보자.

• ㅂ ㅌ ㅈ ㄱ ㅈ ㅅ ㅇ 은 영해를 정해 둔 기선에서부터 200해리에 이르는 수역 중 영해
를 뺀 바다이다.

• 독도는 ㅂ ㅌ ㅈ ㄱ ㅈ ㅅ ㅇ 을 정하는 데 중요한 기점이 된다.

사회

4 빈칸에 들어갈 단어로 알맞은 것은? ( )

저개발 나라들은 [ ] 문제를 풀기 위해 식량 증산, 위생 환경 개선 따위의 여러 노력을 기울이
고 있다.

① 비만   ② 빈곤   ③ 환경   ④ 고령화   ⑤ 영유권

수학

5 양의 상관관계가 있는 산점도로 알맞은 것은? (   )

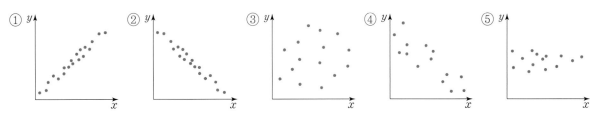

① y

② y

③ y

④ y

⑤ y

과학

6 설명에 알맞은 단어를 써 보자. (   )

> 수많은 은하 중 태양계가 속해 있는 은하로, 한가운데가 볼록한 원반 모양이다. 한가운데에 막대 모양의 구조가 있고, 막대 끝부분에서부터 나선팔이 소용돌이 모양으로 휘감고 있다.

과학

7 보기의 과학기술을 중심으로 일어나는 변화로 알맞은 것은? (   )

> 보기
>
> 지능 정보 기술: 인공 지능 기술, 데이터 활용 기술

① 신산업혁명   ② 1차 산업 혁명   ③ 2차 산업 혁명   ④ 3차 산업 혁명   ⑤ 4차 산업 혁명

한자

8 보기와 '심(心)'의 쓰임이 같은 것은? (   )

> 보기
>
> 도심(都心): 도시의 중심부.

① 심신(心身)   ② 심장(心臟)   ③ 양심(良心)
④ 핵심(核心)   ⑤ 일편단심(一片丹心)

영문법

9 빈칸에 알맞은 단어를 써 보자.

> Your cell phone is on the table.(네 휴대전화는 탁자 위에 있다.)
> → On the table is your cell phone.(탁자 위에 네 휴대전화가 있다.)
> 문장 앞으로 부사구 on the table이 와 주어와 동사의 어순이 □□ 되었다.

찾아보기

『어휘가 문해력이다』중학교 3학년 2학기에 수록된 모든 어휘를
과목별로 나누어 ㄱ, ㄴ, ㄷ … 순서로 정리했습니다.

과목별로 뜻이 궁금한 어휘를 바로바로 찾아보세요!

차례

국어 교과서 어휘

사회 교과서 어휘

수학 교과서 어휘

과학 교과서 어휘

사진 자료 출처

• **문화재청** 거푸집(98쪽)

• **아이클릭아트**

• **셔터스톡**

• **픽사베이**

66

어휘가
문해력이다

어휘 학습으로
문해력 키우기

어휘 학습 점검

1주차에서 학습한 어휘를 잘 알고 있는지 ✔ 해 보고,
잘 모르는 어휘는 해당 쪽으로 가서 다시 한번 확인해 보세요.

어휘 학습 점검

2주차에서 학습한 어휘를 잘 알고 있는지 ☑ 해 보고,
잘 모르는 어휘는 해당 쪽으로 가서 다시 한번 확인해 보세요.

2 주차

EBS

당신의 문해력

어휘가 문해력 이다

중학 **3**학년 **2**학기

교과서 어휘

정답과 해설

어휘가 문해력 이다

중학 3학년 2학기

1주차 정답과 해설

국어 교과서 어휘

✏️ 단어와 그 뜻을 익히고, 빈칸에 알맞은 단어를 써 보자.

> **Tip** 시나리오는 영화 상영을 위한 각본으로, 시간과 공간, 등장인물 수의 제약이 적고, 특수 용어를 씀.

브이로그

자신의 일상생활을 동영상으로 촬영한 것.

예 브이로그는 '비디오(video)'와 '블로그(blog)'를 합친 말이다.

스토리보드

영상을 만들기 위해 글과 그림으로 작성한 영상 제작 계획표.

예 스토리보드에는 대사나 자막, 미술, 배경 음악, 효과음 등 장면의 구성 내용을 자세하게 쓰는 것이 좋다.

> **플러스 개념어** 시놉시스
> 영화나 드라마 따위의 간단한 줄거리나 개요.

숏

카메라의 녹화가 작동하는 순간부터 멈출 때까지 하나의 사물이나 상황을 연속적으로 촬영한 것.

예 숏이 모여서 장면을 구성하고, 장면이 모여서 이야기로 완성된다.
_{시나리오의 구성 단위, 같은 시간과 장소로 이루어짐}

> **플러스 개념어** 롱 숏과 풀 숏
> 숏 중에서 인물과 함께 배경까지 모두 화면에 보이도록 멀리서 촬영한 것을 '롱 숏'이라고 하고, 인물이나 물체의 전체를 촬영한 것을 '풀 숏'이라고 함.

클로즈업

인물의 얼굴이나 사물을 화면에 가득 차게 가까이에서 촬영하는 방법.

예 클로즈업은 인물의 감정 상태를 강조하여 전달할 수 있다.

> **플러스 개념어** 줌 인
> 카메라의 자리를 고정한 채 줌 렌즈의 초점 거리를 바꾸어 촬영물에 가까이 가는 것처럼 보이도록 찍는 기법.

오버랩

하나의 장면이 끝나기 전에 다음 장면이 겹쳐지면서 앞의 장면이 차차 사라지게 하는 영상 편집 기법(OL).

예 고통스러워하는 주인공의 얼굴과 눈물 흘리는 어머니의 얼굴이 오버랩되어 슬픔을 강조하였다.

> **플러스 개념어** 페이드인과 페이드아웃
> 영상 편집 기법 중에서 어두운 화면이 점점 밝아지는 것은 '페이드인'이라고 하고, 밝은 화면이 점점 어두워지는 것은 '페이드아웃'이라고 함.

내레이션

영화나 연극 등에서, 장면에 나타나지 않으면서 내용이나 줄거리를 해설하는 대사.

예 내레이션은 등장인물의 심리를 묘사하는 방법으로도 쓰인다.

확인 문제

정답과 해설 ▶ 2쪽

1 뜻에 알맞은 단어를 빈칸에 써 보자.

		❶브		
❷내	레	이	션	
		로		
		그		❸풀
			❹롱	숏

> **가로 열쇠**
> ❷ 영화나 연극 등에서, 장면에 나타나지 않으면서 내용이나 줄거리를 해설하는 대사.
> ❹ 인물과 함께 배경까지 모두 화면에 보이도록 멀리서 촬영한 것.
>
> **세로 열쇠**
> ❶ 자신의 일상생활을 동영상으로 촬영한 것.
> ❸ 인물이나 물체의 전체를 촬영한 것.

2 보기에서 설명하는 단어를 써 보자.

> **보기**
> • 카메라의 녹화가 작동하는 순간부터 멈출 때까지 하나의 사물이나 상황을 연속적으로 촬영한 것이다.
> • 종류로는 인물과 함께 배경까지 모두 화면에 보이도록 멀리서 촬영한 '롱 숏', 인물이나 물체의 전체를 촬영한 '풀 숏' 등이 있다.

(숏)

해설 | '카메라의 녹화가 작동하는 순간부터 멈출 때까지 하나의 사물이나 상황을 연속적으로 촬영한 것'을 '숏'이라고 한다. 숏에는 '롱 숏', '풀 숏' 등이 있다.

해설 | ① '브이로그'는 '자신의 일상생활을 동영상으로 촬영한 것'이므로 풍경미를 강조하기 위해서는 알맞지 않다. ② '스토리보드'는 '글과 그림으로 작성한 영상 제작 계획표'이므로 영상을 만드는 데 기본으로 있어야 할 것이다. ③ '클로즈업'은 '인물의 얼굴 등을 화면에 가득 차게 가까이에서 촬영하는 방법'이므로 알맞다. ④ '오버랩'은 '하나의 장면에 다음 장면이 겹쳐지면서 앞의 장면이 차차 사라지게 하는 영상 편집 기법'이므로 알맞다. ⑤ '내레이션'은 '영화나 연극 등에서, 장면에 나타나지 않으면서 내용이나 줄거리를 해설하는 대사'이므로 알맞다.

3 밑줄 친 단어의 쓰임이 알맞지 않은 것은? (①)

① 풍경미를 강조하기 위해 브이로그를 촬영하였다.
② 영상을 제작하는 데 기본으로 있어야 할 것이 스토리보드이다.
③ 화면 속 가득히 클로즈업되어 나오는 그의 얼굴이 어쩐지 익숙했다.
④ 들판을 달리는 소녀의 모습과 관객들이 환호하는 경기장 장면이 오버랩되었다.
⑤ 흑백의 영상과 조용한 목소리의 내레이션이 영화의 분위기를 차분하게 만들었다.

✏️ 단어와 그 뜻을 익히고, 빈칸에 알맞은 단어를 써 보자.

인구 분포
사람 人 + 입 口 +
나눌 分 + 펼 布
↳ '布'의 대표 뜻은 '베'임.

사람들이 어디에 얼마나 모여 살고 있는가를 나타낸 것.
예 과거에는 기후, 지형, 토양, 식생 등 자연적인 요인이 [인구] [분포]에 많은 영향을 미쳤다.

인구 밀도
사람 人 + 입 口 +
빽빽할 密 + 정도 度

일정한 지역의 단위 면적에 대한 인구수의 비율로, 총 인구를 총 면적으로 나눈 값.
예 [인구] [밀도]는 1km²의 면적에 몇 명의 사람이 사는지 나타내는 것이다.

배출 요인
밀칠 排 + 낼 出 +
중요할 要 + 인할 因
↳ '出'의 대표 뜻은 '나다'임.

인구를 현재 사는 곳에서 다른 지역으로 밀어내는 인구 이동 요인.
예 인구가 한 곳에서 다른 곳으로 옮겨가는 요인으로 [배출] [요인]과 흡인 요인이 있다.

플러스 개념어 흡인 요인
인구 이동의 요인 중 인구를 끌어들여 머무르게 하는 요인.

이촌 향도
떠날 離 + 마을 村 +
향할 向 + 도시 都
↳ '都'의 대표 뜻은 '도읍'임.

농촌을 떠나 일자리가 풍부하고 높은 임금을 받을 수 있는 도시로 이동하는 현상.
좁은 지역에 많은 사람들이 사는 공간.
예 개발 도상국에서는 일자리가 풍부한 도시로 인구가 이동하는 [이촌] [향도] 현상이 활발하다.

플러스 개념어 역도시화
선진국에서 쾌적한 환경을 찾아 도시의 인구가 도시 주변 지역이나 농촌으로 이동하는 현상.

출산율
날 出 + 낳을 産 + 비율 率

아이를 낳는 비율. 여성 한 명이 평생 출산하는 평균 자녀의 수.
예 오늘날 선진국들은 [출산율]과 사망률이 모두 낮아서 인구 증가 속도가 느리거나 정체되어 있다.

플러스 개념어 성비
남녀 간의 인구 구성 비율로, 여자 100명당 남자의 수. 정상적인 출생 성비는 103~107명임.

중위 연령
가운데 中 + 자리 位 +
나이 年 + 나이 齡
↳ '年'의 대표 뜻은 '해'임.

전체 인구를 연령순으로 일렬로 세웠을 때 한가운데 있는 사람의 나이.
예 우리나라의 [중위] [연령]은 2015년 기준 41.2세이다.

확인 문제

정답과 해설 ▶ 3쪽

1 뜻에 알맞은 단어를 보기의 글자를 조합해 써 보자.

보기
[구] [도] [밀] [배] [위] [인] [중] [출]

(1) 인구를 현재 사는 곳에서 다른 지역으로 밀어내는 인구 이동 요인. [배] [출] 요인

(2) 전체 인구를 연령순으로 한 줄로 세웠을 때 한가운데 있는 사람의 나이. [중] [위] 연령

(3) 일정한 지역의 단위 면적에 대한 인구수의 비율. [인] [구] [밀] [도]

─ 해설 | (1) 인구 분포는 사람들이 어디에 얼마나 모여 살고 있는가를 나타낸 것이다. 과거와 달리 인문적인 요인이 많은 영향을 미치고 있다. (2) 역도시화는 도시화의 반대 현상으로 대도시의 인구가 감소하고 농촌으로 분산되는 것이다. (3) 이촌 향도 현상은 산업화와 도시화로 농촌의 인구가 도시로 이동하는 것이다. 그러면서 농촌은 일손이 부족하게 되었다.

2 빈칸에 알맞은 단어를 찾아 선으로 이어 보자.

(1) 세계의 [   ]를 보면 90% 이상이 땅이 넓은 북반구에 살고 있다. ──────── 인구 분포

(2) 선진국에서는 대도시의 주거 환경이 열악해지고, 교통과 통신이 발달하면서 대도시 인구가 촌락으로 이동하는 [   ] 현상이 나타나고 있다. ──────── 이촌 향도

(3) 개발 도상국에서는 경제적인 이유로 일자리를 찾아 높은 임금을 받을 수 있는 도시로 인구가 이동하는 [   ] 현상이 활발히 일어나고 있다. ──────── 역도시화

─ 해설 | (1) 배출 요인과 반대로 인구를 끌어들여 머무르게 하는 흡인 요인으로는 풍부한 일자리, 높은 임금, 쾌적한 주거 환경 등이 있다. (2) 우리나라는 빠르게 고령화되어 중위 연령이 40대에 들어섰다.

3 ( ) 안에서 알맞은 단어를 골라 ○표 해 보자.

(1) 인구를 이동시키는 (⊙배출 요인, 흡인 요인)에는 낮은 임금, 열악한 주거 환경, 빈곤 등이 있다.

(2) 평균 수명이 높아지면서 노인 인구가 급증하여 우리나라는 (결혼 연령, ⊙중위 연령)이 40세를 넘어섰다.

✏️ 단어와 그 뜻을 익히고, 빈칸에 알맞은 단어를 써 보자.

직각삼각형 곧을 直 + 모서리 角 + 셋 三 + 모서리 角 + 모양 形 ☞ '角'의 대표 뜻은 '뿔'임.	한 각이 직각인 삼각형. 예 삼각형 ABC는 각 B가 90°인 $\boxed{직각삼각형}$이다.
빗변 빗 + 가장자리 邊	직각삼각형에서 가장 긴 변으로, 직각의 대변. 예 직각삼각형 ABC에서 직각 B의 마주 보는 변 $\overline{AC}$는 $\boxed{빗변}$이고, 각 C의 대변 $\overline{AB}$는 높이이다.
사인(sin) sine의 약자임.	직각삼각형의 빗변의 길이와 높이의 비로 나타낸 것. 예 ∠B=90°인 직각삼각형 ABC에서 각 A에 대해 $\dfrac{(높이)}{(빗변의\ 길이)}$를 각 A의 $\boxed{사인}$이라 하고 기호로 $\sin A$로 나타낸다.
코사인(cos) cosine의 약자임.	직각삼각형의 빗변의 길이와 밑변의 길이의 비로 나타낸 것. 예 ∠B=90°인 직각삼각형 ABC에서 각 A에 대해 $\dfrac{(밑변의\ 길이)}{(빗변의\ 길이)}$를 각 A의 $\boxed{코사인}$이라 하고 기호로 $\cos A$로 나타낸다.
탄젠트(tan) tangent의 약자임.	직각삼각형의 밑변의 길이와 높이의 비로 나타낸 것. 예 ∠B=90°인 직각삼각형 ABC에서 각 A에 대해 $\dfrac{(높이)}{(밑변의\ 길이)}$를 각 A의 $\boxed{탄젠트}$라 하고 기호로 $\tan A$로 나타낸다.
삼각비 셋 三 + 모서리 角 + 비율 比 ☞ '比'의 대표 뜻은 '견주다'임.	직각삼각형에서 두 변의 길이 비의 값으로, 사인, 코사인, 탄젠트가 있음. 각의 크기가 변하면 삼각비의 값도 변하지만, 삼각형의 크기와는 관계없이 일정하다. 예 ∠B=90°인 직각삼각형 ABC에서 sin A, cos A, tan A를 통틀어 각 A의 $\boxed{삼각비}$라고 한다.

한 직각삼각형에서도 기준이 되는 각에 따라 높이와 밑변이 바뀌므로 기준각의 대변을 높이로 봄.

$\sin A = \dfrac{a}{b}$

$\cos A = \dfrac{c}{b}$

$\tan A = \dfrac{a}{c}$

Tip '빗변'은 비스듬히 기울어진 변임.

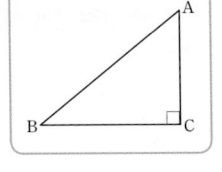

🎲 확인 문제

1 설명에 알맞은 단어를 ( ) 안에서 골라 ○표 해 보자.

(1) 삼각형 ABC에서 (밑변 , ⊙빗변)은 $\overline{AB}$이다.

(2) 삼각형 ABC는 각 C가 직각인 (정삼각형 , ⊙직각삼각형)이다.

해설 | (1) 삼각형 ABC에서 직각 C의 대변(마주 보는 변)이 빗변이므로 $\overline{AB}$이다.
(2) 정삼각형은 세 내각의 크기가 60°로 모두 같은 삼각형이다. 직각삼각형은 한 각이 직각인 삼각형이다.

2 직각삼각형 ABC에 대한 설명이 알맞으면 ○표, 알맞지 않으면 ×표 해 보자.

(1) 삼각형 ABC에서 빗변의 길이는 c이다. (○)

(2) $\sin B = \dfrac{(높이)}{(빗변의\ 길이)} = \dfrac{b}{c}$이다. (○)

(3) $\cos B = \dfrac{(밑변의\ 길이)}{(빗변의\ 길이)} = \dfrac{a}{c}$이다. (○)

(4) $\tan B = \dfrac{(빗변의\ 길이)}{(높이)} = \dfrac{c}{b}$이다. (×)

해설 | 각 B에 대해 b는 높이이고 a는 밑변이다. (4) $\tan B = \dfrac{(높이)}{(밑변의\ 길이)} = \dfrac{b}{a}$

해설 | 직각삼각형 ABC의 빗변의 길이는 13이고, $\sin A = \dfrac{(높이)}{(빗변의\ 길이)} = \dfrac{5}{13}$, $\cos A = \dfrac{(밑변의\ 길이)}{(빗변의\ 길이)} = \dfrac{12}{13}$이다.

3 직각삼각형 ABC에 대한 설명이 알맞으면 ○표, 알맞지 않으면 ×표 해 보자.

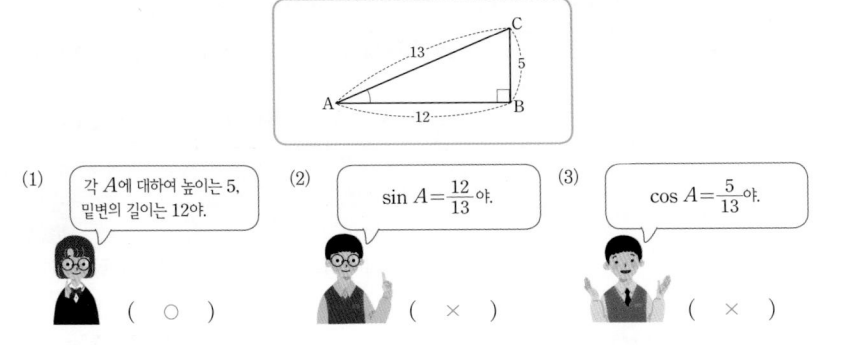

(1) 각 A에 대하여 높이는 5, 밑변의 길이는 12야. (○)

(2) $\sin A = \dfrac{12}{13}$야. (×)

(3) $\cos A = \dfrac{5}{13}$야. (×)

단어와 그 뜻을 익히고, 빈칸에 알맞은 단어를 써 보자.

염색체
물들 染 + 빛 色 + 몸 體
현미경으로 관찰할 때 특정 염색약을 흡수해서 구별이 가능하기 때문에 염색체라고 이름 지음.

세포가 나누어지는 과정에서 관찰되는 막대 모양의 구조물.
에 생물의 종류에 따라 세포에 들어 있는 염색체의 수와 모양이 다르지만, 한 종류의 생물을 구성하는 체세포에는 같은 수와 모양의 염색체가 들어 있다.

플러스 개념어
• DNA: 염색체를 구성하는 유전 물질.
• 유전자: 생물의 특정 형질에 대한 유전 정보가 있는 DNA의 특정 부분.

상동 염색체
서로 相 + 같을 同
물들 染 + 빛깔 色 + 몸 體

하나의 체세포에 들어 있는 모양과 크기가 같은 한 쌍의 염색체로, 부모로부터 각각 한 개씩 물려받아 쌍을 이룬 것임.
에 사람의 상동 염색체는 23쌍으로, 22쌍의 상염색체와 한 쌍의 성염색체로 구성된다.

플러스 개념어
• 상염색체: 성별에 관계없이 암수가 공통으로 가지고 있는 염색체.
• 성염색체: 성별에 따라 차이가 나타나는 한 쌍의 염색체로, 성을 결정함.

체세포 분열
몸 體 + 가늘 細 + 세포 胞
나눌 分 + 쪼갤 裂
'裂'의 대표 뜻은 '찢다'임.

생물의 몸을 이루는 세포 하나가 둘로 나누어지는 것으로, 한 개의 모세포로부터 두 개의 딸세포가 생성되는 과정.
세포 분열 결과 새로 만들어진 세포.
에 체세포 분열은 동물의 경우 온몸의 체세포에서 일어나고, 식물의 경우 생장점과 같은 분열 조직에서 일어난다.

핵분열
씨 核 + 나눌 分 + 쪼갤 裂

염색체가 이동하면서 핵이 나누어지는 과정.
에 핵분열은 연속적으로 일어나지만 핵 속 염색체의 모양과 움직임에 따라 4단계(전기 → 중기 → 후기 → 말기)로 구분하는데, 유전 물질(DNA)이 복제되어 2배로 증가해 세포 분열을 준비하는 시기를 간기라고 한다.

플러스 개념어 **세포질 분열**
핵분열이 끝난 후 세포가 둘로 분리되는 과정.
에 동물 세포의 세포질 분열은 세포막이 밖에서 안으로 오므라들면서 세포질이 나누어진다.

감수 분열
덜 減 + 숫자 數
나눌 分 + 쪼갤 裂

염색체의 수가 반으로 줄어드는 세포 분열로, 생식세포가 만들어질 때 일어나는 분열. 생식세포 분열을 감수 분열이라고도 함. 한데 붙어.
에 감수 1분열은 복제된 상동 염색체가 접합하여 만들어진 2가 염색체가 분리되어 염색체 수가 모세포의 절반이 되고, 감수 2분열은 체세포 분열처럼 염색 분체가 나누어지기 때문에 분열 전후에 염색체 수는 변하지 않는다.

플러스 개념어
• 생식세포: 정자, 난자와 같이 생식 기관에서 만들어지는 세포로, 체세포 염색체 수의 절반을 가짐.
• 생식세포 분열: 생물의 생식 기관에서 생식세포를 만들 때 일어나는 세포 분열.

확인 문제

1 단어의 뜻을 보기 에서 찾아 사다리를 타고 내려간 곳에 기호를 써 보자.

보기
㉠ 핵분열이 끝난 후 세포가 둘로 분리되는 과정. 세포질 분열
㉡ 세포가 나누어지는 과정에서 관찰되는 막대 모양의 구조물. 염색체
㉢ 생물의 몸을 이루는 세포 하나가 둘로 나누어지는 것으로, 한 개의 모세포로부터 두 개의 딸세포가 생성되는 과정. 체세포 분열

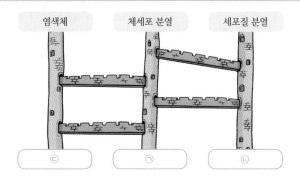

염색체	체세포 분열	세포질 분열
㉢	㉠	㉡

2 단어의 뜻이 알맞으면 ○표, 알맞지 않으면 ✕표 해 보자.

(1) 감수 1분열: 생식세포 분열에서 염색체 수가 절반으로 줄어드는 시기. (○)

(2) 상염색체: 성별에 따라 차이가 나타나는 한 쌍의 염색체로, 성을 결정함. (✕)

(3) 상동 염색체: 하나의 체세포에 들어 있는 모양과 크기가 같은 한 쌍의 염색체. (○)

해설 | (1) 염색체의 복제가 일어난 후 세포 분열이 연속적으로 2회 일어나는데, 감수 1분열을 마친 딸세포의 염색체 수는 모세포의 절반이 된다. (2) 성별에 따라 차이가 나타나는 한 쌍의 염색체로, 성을 결정하는 것은 '성염색체'이다. 남자의 성염색체는 XY, 여자의 성염색체는 XX이다.

3 ( ) 안에 알맞은 단어를 각각 써 보자.

체세포 분열 과정은 핵이 둘로 나누어지는 (핵분열)과 세포가 둘로 나누어지는 (세포질 분열)로 구분된다. 핵분열은 연속적으로 일어나지만 염색체의 모양과 움직임에 따라 전기, 중기, 후기, 말기로 구분할 수 있으며, (핵분열)이 일어난 후 (세포질 분열)이 일어난다.

해설 | 핵분열은 핵이 나누어지는 과정이고, 세포질 분열은 핵분열이 끝난 뒤 세포가 둘로 나뉘어 떨어지는 과정이다.

✏️ 단어와 그 뜻을 익히고, 빈칸에 알맞은 단어를 써 보자.

소재 바탕 素 + 재료 材 ♪ '材'의 대표 뜻은 '재목'임.	글의 내용이 되는 재료. '글감'이라고도 함. 예 수필은 글쓴이가 자신의 삶과 경험을 [소재]로 쓴 글이다.	플러스 개념어 제재 글의 바탕이 되는 중심 재료.
관점 볼 觀 + 측면 點 ♪ '點'의 대표 뜻은 '점'임.	글쓴이가 소재와 세상을 바라보는 기본적인 자세나 방향. 예 수필은 글쓴이가 어떤 [관점]에서 보든 자신이 얻은 깨달음을 담고 있는 경우가 많다.	플러스 개념어 태도 글쓴이가 소재와 세상에 대해 보이는 반응. 예 수필에서는 삶에 대한 글쓴이의 [태도]를 살필 수 있다.
문체 글 文 + 형상 體 ♪ '體'의 대표 뜻은 '몸'임.	문장의 개성적인 특색. 예 시대, 문장의 종류, 글쓴이에 따라 [문체]가 다르다. Tip 여러 가지 문체 대화체, 경어체, 간결체, 만연체, 강건체, 우유체, 화려체, 건조체 따위가 있음.	플러스 개념어 내간체 조선 시대에 부녀자들이 쓰던 고전 수필 문체를 '내간체'라고 함. 말하듯이 써 내려간 것이 특징으로, 섬세한 관찰력과 표현력이 돋보이는 문체임.
회상적 돌이킬 回 + 생각 想 + ~한 상태 的 ♪ '回'의 대표 뜻은 '돌아오다', '的'의 대표 뜻은 '과녁'임.	지난 일을 다시 생각하는. 또는 그 태도. 예 어린 시절의 경험을 떠올려 쓴 수필에는 [회상적]인 특성이 나타난다.	플러스 개념어 비유적 어떤 현상이나 사물을 직접 설명하지 않고 다른 비슷한 현상이나 사물에 빗대어 설명하는 것임. 글쓴이가 말하고자 하는 바를 소재에 빗대어 드러내는 비유적인 성격의 수필이 많음.
예찬적 예우할 禮 + 기릴 讚 + ~한 상태 的 ♪ '禮'의 대표 뜻은 '예도'임.	무엇이 좋거나 아름답다고 찬양하는 태도. 예 수필에서는 주로 자연의 아름다움에 대해 [예찬적]인 특성을 보인다.	플러스 개념어 비판적 무엇에 대해 옳고 그름을 판단하거나 잘못된 점을 지적하는 태도를 '비판적'이라고 함. 수필에서 자주 살펴볼 수 있는 태도이기도 함.
사색 생각할 思 + 찾을 索	어떤 것에 대하여 깊이 생각하고 이치를 따짐. 예 수필은 경험이나 [사색], 성찰 따위를 산문으로 나타낸 문학 양식이다.	

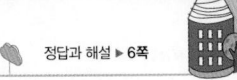

확인 문제

정답과 해설 ▶ 6쪽

1 뜻에 알맞은 단어를 글자판에서 찾아 묶어 보자. (단어는 가로, 세로, 대각선 방향에서 찾기)

소	회	태	도	식
재	설	명	예	내
비	관	과	난	간
편	단	점	문	체

❶ 글의 내용이 되는 재료.
❷ 글쓴이가 소재와 세상에 대해 보이는 반응.
❸ 조선 시대에 부녀자들이 쓰던 고전 수필 문체.
❹ 글쓴이가 소재와 세상을 바라보는 기본적인 자세나 방향.

2 밑줄 친 단어의 뜻으로 가장 알맞은 것은? (①)

> 이 수필의 <u>문체</u>는 딱딱하고 지루한 느낌을 준다.

① 문장의 개성적인 특색.
② 글의 내용이 되는 재료.
③ 무엇이 좋거나 아름답다고 찬양하는 태도.
④ 글쓴이가 소재와 세상에 대해 보이는 반응.
⑤ 글쓴이가 소재와 세상을 바라보는 기본적인 자세나 방향.
해설 | ② 소재, ③ 예찬적, ④ 태도, ⑤ 관점의 뜻이다.

해설 | (1) 지난 일을 다시 생각하는 태도는 '회상적'이다. (2) 무엇에 대해 옳고 그름을 판단하거나 잘못된 점을 지적하는 태도는 '비판적'이다. (3) 무엇이 좋거나 아름답다고 찬양하는 태도는 '예찬적'이다.

3 ( ) 안에 알맞은 단어를 보기에서 찾아 써 보자.

보기
비판적   예찬적   회상적

(1) 이 수필은 어린 시절 자신을 칭찬해 주던 선생님을 떠올리며 쓴 (회상적)인 성격의 글이다.

(2) 이 작품은 돈만 있으면 무엇이든지 할 수 있다는 황금만능주의에 대해 (비판적)인 태도를 보이고 있다.

(3) '익을수록 겸손하게 고개를 숙이는 벼'에 대한 글에서 대상에 대한 글쓴이의 (예찬적)인 태도가 나타난다.

✏️ 단어와 그 뜻을 익히고, 빈칸에 알맞은 단어를 써 보자.

물류 도시
물건 物 + 흐름 流 +
도시 都 + 저자 市
🔾 '都'의 대표 뜻은 '도읍'임.

필요한 물품을 가장 적은 경비를 들여 신속하고 효율적으로 원하는 곳에 때맞춰 보낼 수 있도록 하는 경제 활동이 활발히 이루어지는 도시.

예 세계 제1위 규모의 항만 기능을 담당하는 중국 상하이는 대표적인 산업·물류 도시이다.

세계 도시
세상 世 + 경계 界 +
도시 都 + 저자 市

세계 자본과 정보 흐름의 중심지로, 세계적인 영향력을 가진 금융 기관, 다국적 기업의 본사, 각종 국제기구의 활동이 활발히 이루어지는 도시.

예 세계의 중심지 역할을 하는 대표적인 세계 도시로는 뉴욕, 런던, 도쿄, 파리 등이 있다.

▲ 미국 뉴욕

집심 현상
잡을 執 + 중심 心 +
나타날 現 + 형상 象
🔾 '心'의 대표 뜻은 '마음', '象'의 대표 뜻은 '코끼리'임.

중심 업무 기능이나 상업 기능이 도시 중심부로 집중되는 현상.

예 집심 현상과 이심 현상으로 인해 도시 내부는 도심에서 외곽 지역으로 가면서 상업·업무 지역, 주거 지역, 공업 지역으로 분화된다.

플러스 개념어 **이심 현상**
주택이나 학교, 공장 등이 도시 외곽으로 빠져나가는 현상.

공동화
빌 空 + 빌 洞 + 될 化
🔾 '洞'의 대표 뜻은 '골'임.

모두 떠나서 텅 비게 됨.

예 도심에서는 주거 기능의 약화로 낮과 밤의 인구 밀도 차이가 큰 인구 공동화 현상이 나타난다.

위성 도시
지킬 衛 + 별 星 +
도시 都 + 저자 市

대도시의 기능을 분담하는 도시로, 교통이 편리한 대도시 주변에 있으면서 주거, 공업, 행정 등과 같은 대도시의 일부 기능을 분담함.

예 대도시 주변에는 위성 도시가 나타나기도 한다.

플러스 개념어 **수위 도시**
인구가 가장 많은 제1의 도시로, 개발 도상국에서는 수도인 경우가 많음.

도시화율
도시 都 + 저자 市 +
될 化 + 비율 率

어떤 곳의 모든 인구 가운데서 도시에 사는 인구가 차지하는 비율.

예 선진국은 200여 년 동안 산업화와 함께 도시화율이 천천히 높아졌으나, 개발 도상국은 30~40년 동안 도시화율이 빠르게 높아졌다.

플러스 개념어 **선진국**
다른 나라보다 정치·경제·문화 따위의 발달이 앞선 나라.

📙 유럽의 선진국에서는 인구 감소, 시설 노후화 등으로 도시의 활력이 줄어드는 문제점이 나타나고 있다.

확인 문제

정답과 해설 ▶ 7쪽

1 뜻에 알맞은 단어를 보기의 글자를 조합해 써 보자.

보기

계 도 상 세 시 심 집 현

(1) 세계 자본과 정보 흐름의 중심지로, 세계적인 금융 기관, 다국적 기업의 본사, 각종 국제기구의 활동이 활발히 이루어지는 도시. 세 계 도 시

(2) 중심 업무 기능이나 상업 기능이 도시 중심부로 집중되는 현상. 집 심 현 상

─ 해설 | (1) 위성 도시는 대도시의 주변에 있는 중소 도시로서, 대도시의 일부 기능을 분담하고 있다. (2) 개발 도상국에서는 도시화의 역사가 짧으며, 경제 발전이나 기술 혁신 등이 함께 이루어지지 못한 채 많은 인구가 수위 도시로 집중되는 현상이 나타나기도 한다.

2 두 친구가 말하는 도시를 ( ) 안에 써 보자.

(1) 대도시의 기능을 분담하여 대도시의 과밀화를 완화하기 위해 만든 도시야.

(위성 도시)

(2) 한 국가에서 인구가 가장 많은 도시를 말하는데, 개발 도상국에서는 이 도시로 인구가 과도하게 집중하고 있어.

(수위 도시)

─ 해설 | (1) 도심에서는 주거 기능의 약화로 낮과 밤의 인구 밀도 차이가 크게 나타난다. (2) 도시화율이 천천히 높아진 선진국에서는 도심 지역에 불량 주거 지역이 형성되는 문제와 활력이 줄어드는 문제 등이 나타난다. 반면 개발 도상국에서는 기반 시설이 갖추어지지 않은 상태에서 많은 사람들이 도시로 이동하면서 교통 혼잡과 생활 환경이 열악해지는 문제가 나타난다.

3 ( ) 안에서 알맞은 단어를 골라 ○표 해 보자.

(1) ((인구 공동화), 인구 감소) 현상은 낮에는 주로 등교나 출근, 쇼핑 등을 위해서 도심에서 활동하던 사람들이 밤에는 각자 도심의 주변 지역에 있는 거주지로 귀가하면서 도심의 사람들이 급격히 줄어드는 현상이다.

(2) 도시화율이 빠르게 높아진 ((개발 도상국), 선진국)에서는 주택, 상하수도 시설 부족 등 도시 문제가 더욱 심각하게 나타나고 있다.

수학 교과서 어휘

🖊 단어와 그 뜻을 익히고, 빈칸에 알맞은 단어를 써 보자.

피타고라스 정리 피타고라스 + 정할 定 + 이치 理 🔖 '理'의 대표 뜻은 '다스리다'임.	직각삼각형에서 직각을 끼고 있는 두 변의 길이의 제곱의 합은 빗변의 길이의 제곱과 같다. 예 직각삼각형에서 직각을 낀 두 변의 길이를 각각 a, b라 하고, 빗변의 길이를 c라고 할 때, $a^2+b^2=c^2$이 성립하는 것을 피타고라스 정리라고 한다.
예각 날카로울 銳 + 모서리 角 🔖 '角'의 대표 뜻은 '뿔'임.	직각 90°보다 작은 각. 예 ∠A가 직각보다 작은 예각일 때 삼각형 ABC의 넓이는 $\frac{1}{2}\times$(밑변)$\times$(높이)$=\frac{1}{2}bc\sin A$ Tip 직각삼각형 CAH에서 $\frac{h}{b}=\sin A$, $h=b\sin A$
둔각 무딜 鈍 + 모서리 角	직각 90°보다 크고 180°보다 작은 각. 예 ∠A가 90°보다 크고 180°보다 작은 둔각일 때 삼각형 ABC의 넓이는 $\frac{1}{2}\times$(밑변)$\times$(높이)$=\frac{1}{2}bc\sin(180-A)$ Tip 직각삼각형 CAH에서 $\sin(180-A)=\frac{h}{b}$, $h=b\sin(180-A)$
직각이등변삼각형 곧을 直 + 모서리 角 + 둘 二 + 같을 等 + 가장자리 邊 + 셋 三 + 모서리 角 + 모양 形	직각을 사이에 둔 두 변의 길이가 같은 삼각형으로, 직각삼각형인 동시에 이등변삼각형인 삼각형. 예 세 각의 크기가 45°, 45°, 90°인 삼각형을 직각이등변삼각형이라고 한다.

🔷 확인 문제

정답과 해설 ▶ 8쪽

1 빈칸에 알맞은 단어를 써 보자.

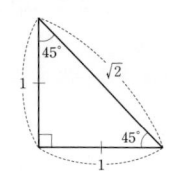

직각삼각형에서 직각을 낀 두 변의 길이 $\overline{AB}=6$ cm, $\overline{BC}=8$ cm일 때, 빗변의 길이 $\overline{AC}=10$ cm로, $6^2+8^2=10^2$이 성립한다.
즉, 직각삼각형에서 직각을 낀 두 변의 길이의 제곱의 합은 빗변의 길이의 제곱과 같다는 것을 피타고라스 정리라고 한다.

2 뜻에 알맞은 단어를 찾아 선으로 이어 보자.

(1) 직각 90°보다 크고 180°보다 작은 각. — 직각이등변삼각형

(2) 직각 90°보다 작은 각. — 둔각

(3) 직각삼각형 ABC에서 ∠A=45°, ∠B=45°인 삼각형. — 예각

해설 | 두 변의 길이를 알고 끼인각을 알 때 삼각형의 넓이를 구할 수 있다.
(1) 끼인각 A가 예각일 때 삼각형의 넓이는 $\frac{1}{2}\times$(두 변의 길이의 곱)$\times\sin A$이다.
(2) 끼인각 A가 둔각일 때 삼각형의 넓이는 $\frac{1}{2}\times$(두 변의 길이의 곱)$\times\sin(180-A)$이다.

3 빈칸에 알맞은 단어를 써 보자.

(1)
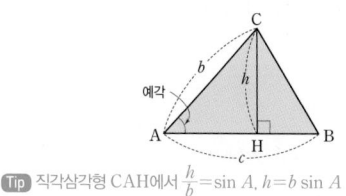
두 변의 길이를 알고 끼인각 A가 30°로 예각일 때, 삼각형 ABC의 넓이는 $\frac{1}{2}\times\overline{AC}\times\overline{AB}\times\underset{\sin 30°=\frac{1}{2}}{\sin 30°}=\frac{1}{2}\times4\times6\times\frac{1}{2}=6$이다.

(2)
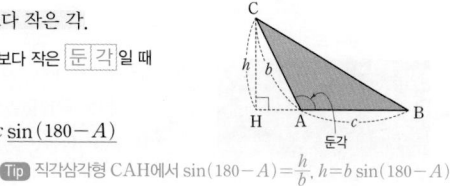
두 변의 길이를 알고 끼인각 A가 150°로 둔각일 때, 꼭짓점 C에서 변 AB의 연장선에 내린 수선의 발을 H라고 하자.
직각삼각형 CHA에서 $\sin(180-150)=\sin 30°=\frac{\overline{CH}}{\overline{AC}}$이므로 $\overline{CH}=\overline{AC}\times\sin 30°=6\times\frac{1}{2}=3$ (cm)이다.
따라서 삼각형 ABC의 넓이는 $\frac{1}{2}\times\overline{AB}\times\overline{CH}=\frac{1}{2}\times8\times3=12$ (cm²)이다.

과학 교과서 어휘

✏️ 단어와 그 뜻을 익히고, 빈칸에 알맞은 단어를 써 보자.

수정 받을 受 + 정기 精 '精'의 대표 뜻은 '찧다'임	생식세포인 정자와 난자가 결합하는 것. 예 정자와 난자의 수정 결과 체세포와 염색체 수가 같은 수정란이 된다.	플러스 개념어 • 배아: 수정 후 사람의 모습을 갖추기 전 8주까지의 세포 덩어리 상태. • 태아: 수정 후 8주가 지난 후 주요 기관이 형성되어 사람의 형태를 갖춘 상태.
난할 알 卵 + 나눌 割 '割'의 대표 뜻은 '베다'임	수정란이 발생 초기에 빠르게 세포 분열하여 세포 수를 늘리는 과정. 예 난할을 거듭할수록 세포 수는 늘어나지만 각각의 세포 크기는 점점 작아진다.	플러스 개념어 착상 난할을 거친 배아가 자궁 안쪽 벽에 파묻히는 것. 예 수정 후 5~7일 이후 착상된 때부터 임신했다고 한다.
발생 날 發 + 날 生 '發'의 대표 뜻은 '피다'임	수정란이 일정한 형태와 기능을 갖춘 어린 개체가 되기까지의 과정. 예 사람의 발생 과정: 수정 → 착상 → 태반이 만들어짐. → 수정 후 약 266일(38주) 뒤에 자궁 밖으로 나옴.	플러스 개념어 태반 태아와 모체의 자궁벽을 연결하여 태아의 생존과 성장에 필요한 물질을 교환하며 보호하는 역할을 하는 기관.
대립유전자 대할 對 + 설 立 + 남길 遺 + 전할 傳 + 자식 子	한 형질에 대해 서로 다른 대립 형질을 결정 생물의 고유한 모양, 크기 등의 특징 뚜렷하게 대비되는 형질 하는 유전자. 예 우성 대립유전자는 알파벳 대문자로, 열성 대립유전자는 알파벳 소문자로 표시한다. Tip 유전자형: 대립유전자 구성을 기호로 나타낸 것. 예 RR, rr, Rr 표현형: 겉으로 드러나는 형질. 예 둥글다, 주름지다, 노란색, 초록색	플러스 개념어 유전 부모의 형질이 자손에게 전달되는 현상. 예 완두가 유전 연구의 재료로 적합한 이유는 한 세대가 짧고 한 번의 교배로 얻을 수 있는 자손의 수가 많으며, 인위적인 교배가 가능하기 때문이다.
순종 순수할 純 + 씨 種	한 형질을 나타내는 대립유전자의 구성이 같은 개체. 예 rrYY는 두 형질에 대해 모두 동일한 대립유전자끼리 있으므로 순종이다.	반대말 잡종 한 형질을 나타내는 대립유전자의 구성이 다른 개체. 예 Rr, RrYy
자가 수분 스스로 自 + 자기 집 家 받을 受 + 가루 粉	수술의 꽃가루가 같은 그루의 꽃에 있는 암술에 붙는 것. 예 멘델은 씨 모양이 둥근 완두와 주름진 완두를 따로 심은 후 여러 세대에 걸쳐 자가 수분하여 항상 같은 형질만 나타내는 순종을 얻었다.	플러스 개념어 타가 수분 수술의 꽃가루가 다른 그루의 꽃에 있는 암술에 붙는 것.

확인 문제

1 뜻에 알맞은 단어를 보기의 글자를 조합해 써 보자.

보기

| 난 | 발 | 배 | 생 | 수 | 아 | 정 | 할 |

(1) 생식세포인 정자와 난자가 결합하는 것. 수 정

(2) 수정란이 일정한 형태와 기능을 갖춘 어린 개체가 되기까지의 과정. 발 생

(3) 수정 후 사람의 모습을 갖추기 전 8주까지의 세포 덩어리 상태. 배 아

(4) 수정란이 발생 초기에 빠르게 세포 분열하여 세포 수를 늘리는 과정. 난 할

2 ( ) 안에 알맞은 단어를 보기에서 골라 써 보자.

보기

| 순종 | 유전 | 잡종 | 형질 | 대립유전자 |

(1) 생김새, 모양, 크기 등 생물이 가지는 고유한 특징을 (형질)(이)라 하고, 이것이 부모로부터 자손에게 전달되는 현상을 (유전)(이)라고 한다.

(2) 한 형질에 대해 서로 다른 대립 형질을 결정하는 유전자를 (대립유전자)(이)라고 한다.

(3) YY, RRyy와 같이 한 형질을 나타내는 대립유전자의 구성이 같은 개체를 (순종)(이)라고 하고, Yy와 같이 구성이 다른 개체를 (잡종)(이)라고 한다.

해설 | '발생'은 수정란이 일정한 형태와 기능을 갖춘 어린 개체가 되는 과정이다. 어머니 몸의 자궁에서 보살핌을 받으며 자란 '태아'는 수정이 일어난 지 약 266일(38주) 뒤에 자궁 밖으로 나온다.

3 ( ) 안에 알맞은 단어를 각각 써 보자.

수정란이 체세포 분열을 거듭하여 여러 조직과 기관을 만들고 하나의 개체로 되기까지의 과정을 (발생)이라고 한다. (태아)는 자궁 속에서 모체로부터 필요한 영양분과 물질을 태반을 통해 공급받으며 조직과 기관을 형성하고 자란 후, 수정일로부터 약 266일(38주) 뒤에 모체의 밖으로 나온다.

한자 어휘

門(문), 有(유)가 들어간 말

門
문 문

문(門)은 주로 '문(사람들이 드나들거나 물건을 넣고 꺼낼 수 있게 만든 시설)'이라는 뜻으로 쓰여. '집안'이라는 뜻으로 쓰일 때도 있어.

有
있을 유

유(有)는 주로 '있다(생물이나 물체, 사실이나 현상이 존재하는 상태이다.)'라는 뜻으로 쓰여. '알다', '가지다(소유하다)'라는 뜻으로 쓰일 때도 있어.

✎ 단어와 그 뜻을 익히고, 빈칸에 알맞은 단어를 써 보자.

문전성시
문 門 + 앞 前 + 이룰 成 + 저자 市

문전(門前) + 성시(成市)
문 앞   시장을 이룸.

수많은 사람들이 몰려드는 것을 문전성시라고 함.

찾아오는 사람이 많아 그곳의 문 앞이 마치 시장처럼 복잡하고 사람들로 북적댐.

예 할인 행사가 열리자 가게 앞 사람들로 문전성시를 이루었다.

가문
집 家 + 집안 門

'문(門)'이 '집안'이라는 뜻으로 쓰임.

집안과 문중 대대로 내려오는 그 집안의 지위.

예 우리 가문에서는 대대로 음악가를 배출해 왔다.

언중유골
말씀 言 + 가운데 中 + 있을 有 + 뼈 骨

언중(言中) + 유골(有骨)
말 속.   뼈가 있음.

얼핏 들으면 농담 같지만, 잘 생각해 보면 비판적인 의미나 진심이 담겨 있다는 뜻임.

평범한 말 속에 만만치 않은 뜻이 들어 있음.

예 언중유골이라 하니, 상대편이 하는 말에 숨어 있는 뜻을 잘 생각해 보아야 한다.

유명
알 有 + 이름 名

'유(有)'가 '알다'라는 뜻으로 쓰임.

이름이 널리 알려져 있음.

예 주말을 맞아 유명 관광지로 나들이를 갔다.

반대말 무명(없을 無 + 이름 名)
이름이 널리 알려져 있지 않음.
예 무명 시절에 생활고에 시달렸다.

국유
나라 國 + 가질 有

'유(有)'가 '가지다'라는 뜻으로 쓰임.

국가의 소유.

예 이 땅은 국민의 세금으로 사들인 국유 재산이다.

확인 문제

정답과 해설 ▶ 10쪽

1 뜻에 알맞은 단어를 보기의 글자를 조합해 써 보자.

보기
성 중 전
골 시 유
문 언 절

(1) 평범한 말 속에 만만치 않은 뜻이 들어 있음. 언 중 유 골

(2) 찾아오는 사람이 많아 그곳의 문 앞이 마치 시장처럼 복잡하고 사람들로 북적댐. 문 전 성 시

2 단어의 뜻을 찾아 선으로 이어 보자.

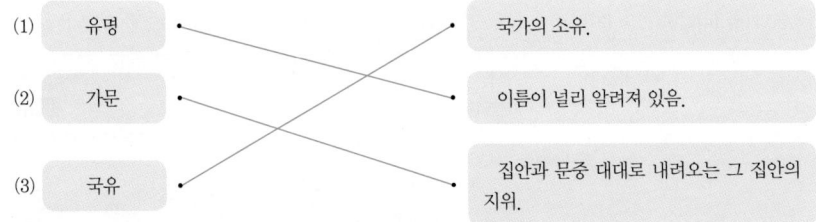

(1) 유명 — 국가의 소유.
(2) 가문 — 이름이 널리 알려져 있음.
(3) 국유 — 집안과 문중 대대로 내려오는 그 집안의 지위.

Tip 門이 '집안'의 뜻으로 쓰인 또다른 예로 '명문(名門)', '문벌(門閥)' 따위가 있음.

해설 | (1) '차의 재배지'라는 말로 보아 '이름이 널리 알려져 있음'을 뜻하는 '유명'이 알맞다. (2) '줄을 서서 기다려야 할 정도로'라는 말로 보아 '찾아오는 사람이 많아 그곳의 문 앞이 마치 시장처럼 복잡하고 사람들로 북적댐'을 뜻하는 '문전성시'가 알맞다. (3) '말 속에 담긴 진짜 의미'라는 말로 보아 '평범한 말 속에 만만치 않은 뜻이 들어 있음'을 뜻하는 '언중유골'이 알맞다. (4) '경주의 최 부잣집은 300년간'이라는 말로 보아 '집안과 문중 대대로 내려오는 그 집안의 지위'를 뜻하는 '가문'이 알맞다.

3 ( ) 안에 알맞은 단어를 보기에서 찾아 써 보자.

보기
가문   유명   문전성시   언중유골

(1) 보성은 전라남도 중남부에 자리하며, 차의 재배지로 (유명)한 곳이다.

(2) 이곳은 점심시간에 가면 줄을 서서 기다려야 할 정도로 (문전성시)을/를 이루는 맛있는 국숫집이다.

(3) 그는 말을 직설적으로 하지 않아 (언중유골)인 경우가 많으므로, 그의 말 속에 담긴 진짜 의미를 헤아려 보아야 한다.

(4) 경주의 최 부잣집은 300년간 부를 유지하면서도 만석이 넘어가는 재산은 사회에 환원하여 나눔과 상생을 실현한, 경주의 대표적인 이름 있는 (가문)이다.

가정법 (1)

사실을 있는 그대로 말하는 방식을 직설법이라고 하고, 항상 일어나는 사실에 대한 제한 조건을 두고 표현하는 방식을 조건문이라고 해. 또한 발생할 가능성이 거의 없는 일을 '상상, 가정, 소망'해서 말하는 방식을 가정법이라고 해. 그럼 직설법, 조건문, 가정법에 대해 그 뜻과 예를 공부해 보자.

🖊 단어와 그 뜻을 익히고, 빈칸에 알맞은 단어를 써 보자.

the indicative mood **직설법** 곧을 直 + 말씀 說 + 법 法	사실이나 상황을 있는 그대로 진술하는 서술법. 보통의 평서문, 의문문, 감탄문, 명령문 등이 모두 직설법에 해당함. • He **eats** a lot.(그는 많이 먹는다.) _{모습을 있는 그대로 진술한 직설법} 예 "Tom is a teacher.(Tom은 교사이다.)"와 같이 Tom에 관한 사실을 그대로 나타내는 서술법을 <u>직 설 법</u>이라 한다.	
a conditional (sentence) **조건문** 가지 條 + 사건 件 + 글 文	늘 일어나는 일로서 자연 현상이나 수학적 혹은 과학적인 사실에서 사용된 If문장을 말함. 어떤 조건에서 항상 일어나므로 이러한 경우에 조건문이라고 함. • **If** you **heat** the ice, it **melts**.(얼음에 열을 주면, 녹는다.) _{자연 현상이나 과학적인 사실에 적용되는 If문장} 예 "If you freeze water, it becomes solid.(물을 얼리면, 고체가 된다.)"는 자연 현상을 적용하고 있는 If문장으로 <u>조 건 문</u>이다.	
subjunctive present **가정법 현재** 거짓假 + 정할定 + 법法 + 나타날現 + 있을 在	가까운 미래에 대한 단순한 가정을 나타내는 서술법. 「If+주어+현재형 동사, 주어+조동사(can, will, shall, may)+동사원형」 형태로 씀. • **If** the bus **comes** late, **I'll take** a subway. _{가까운 미래의 일을 가정하는 가정법 현재} (버스가 늦게 **오면**, 나는 지하철을 **탈 거야**.) 예 "If I know the answer, I will tell you.(내가 답을 안다면, 나는 너에게 알려 줄 거야)"와 같이 쓰는 방식이 <u>가 정 법</u> <u>현 재</u>이다.	**플러스 개념어** 가정법 동사 동사 suggest(제안하다), demand(요청하다), insist(주장하다) 등과 뒤에 오는 절에서 should가 생략된 채 동사원형이 오며 이를 가정법 동사라 함. 예 She suggested that I (should) be a teacher.(그녀는 내게 교사가 되라고 제안했다.)
subjunctive past **가정법 과거** 거짓假 + 정할定 + 법法 + 지날過 + 갈去	현재에 일어나지 못하는 일을 가정하여 나타내는 서술법. 「If+주어+과거형 동사, 주어+조동사의 과거형+동사원형」 형태로 씀. • **If** my mom **were** here, she **could help** me. _{현재 일어나지 않은 사실을 가정할 때 쓰는 가정법 과거} (엄마가 여기 **계신다면**, 나를 도울 수 있을 텐데.) 예 "If I knew her phone number, I would call her.(내가 그녀의 전화번호를 알면, 그녀에게 전화할 텐데)"는 현재 전화번호를 모르고 있는 상태로, 안다고 가정한 것이므로 <u>가 정 법</u> <u>과 거</u>이다.	**플러스 개념어** 가정법 과거의 직설법 가정법 과거를 직설법으로 표현하면 현재 사실에 반대되는 일에 대한 것으로 나타남. 예 If my mom were here, she could help me.(엄마가 여기 계신다면, 나를 도울 수 있을 텐데.) → As my mom isn't here, she can't help me.(엄마가 여기 없기에, 나를 도울 수 없다.)

🧊 확인 문제

1 문장에 알맞은 설명을 찾아 선으로 이어 보자.

(1) Is it raining? (비가 오니?)

(2) If it rains, grass grows.
(비가 오면 풀이 자란다.)

(3) If it rains, we can't go there.
(비가 오면 우리는 거기 갈 수 없다.)

(4) If it rained, we couldn't come here.
(비가 오면 우리는 여기 못 올 뻔했다.)

가정법 현재: 가까운 미래에 일어날 일을 가정하는 서술법.

조건문: 자연 현상이나 과학적인 사실에 적용되는 If문장.

직설법: 사실이나 상황을 있는 그대로 진술하는 서술법.

가정법 과거: 현재 일어나지 않는 일을 가정하는 서술법.

해설 | (1) 사실이나 상황을 있는 그대로 진술하는 것이다. (2) 자연 현상이나 과학적 사실은 어떤 조건하에서 성립되므로 이러한 경우에 사용하는 If문장은 조건문이다. (3) 가까운 미래의 일을 가정하여 나타내는 서술법이다. (4) 현재 일어날 가능성이 없는 일을 가정하는 문장이다.

해설 | '만약 ~하면'이라는 뜻으로 가정이나 조건을 나타내는 말은 If이다. (1) 직설법은 사실을 있는 그대로 진술하는 방법을 말한다. 뜻에 따라 동사의 시제를 쓴다. (2) 가정법 현재는 가까운 미래에(마치면) 일어날 상황(전화)을 가정한다. 「If+주어+동사의 현재형, 주어+조동사의 현재형+동사원형」의 형식으로 쓴다. (3) 실제로 일어날 수 있는 일이나 자연 현상 혹은 과학적인 현상을 전제로 사용하는 조건문은 「If+주어+동사의 현재형, 주어+동사의 현재형」의 형식으로 쓴다. (4) 가정법 과거는 「If+주어+동사의 과거형(had), 주어+조동사의 과거형(would)+동사원형(be)」의 형식으로 쓴다.

2 밑줄 친 부분에 알맞은 단어를 보기에서 찾아 써 보자.

보기
If	are	were	will	would

(1) You ___were___ a good teacher. (너는 훌륭한 선생님이었다.)

(2) ___If___ I finish early, I ___will___ call you. (내가 일찍 마치면, 너에게 전화할게.)

(3) ___If___ you dive deep, you ___are___ in danger. (깊이 잠수하면, 위험에 처한다.)

(4) ___If___ I had a free time, I ___would___ be more relaxed.
(내게 자유 시간이 있다면, 나는 더 느긋할 텐데.)

1주차 1~5회에서 공부한 단어를 떠올리며 문제를 풀어 보자.

국어

1 보기 에서 설명하는 시나리오 용어로 알맞은 것은? (②)

보기
하나의 장면이 끝나기 전에 다음 장면이 겹쳐지면서 앞의 장면이 차차 사라지게 하는 영상 편집 기법.

① 롱 숏 　② 오버랩 　③ 내레이션 　④ 클로즈업 　⑤ 페이드아웃

해설 | ① '롱 숏'은 인물과 함께 배경까지 모두 화면에 보이도록 멀리서 찍는 것을 말한다. ③ '내레이션'은 영화 등에서 장면에 나타나지 않으면서 내용이나 줄거리를 해설하는 대사이다. ④ '클로즈업'은 인물의 얼굴이나 사물을 화면에 가득 차게 가까이에서 찍는 방법이다. ⑤ '페이드아웃'은 밝은 화면이 점점 어두워지는 영상 편집 기법이다.

국어

2 ( ) 안에 들어갈 단어로 알맞은 것은? (②)

( )은/는 글의 내용이 되는 재료이다.

① 갈래 　② 소재 　③ 문체 　④ 과정 　⑤ 견해

해설 | '소재'는 '글감'이라고도 한다. 수필은 자유로운 형식과 다양한 소재가 특징이다.

사회

3 ( ) 안에서 알맞은 단어를 골라 ○표 해 보자.

도시화가 가속화되면 본격적으로 산업화되고, 도시에 제조업과 서비스업이 발달하면서 (역도시화 , 이촌 향도) 현상과 함께 도시화율이 빠르게 올라간다.

해설 | '이촌 향도 현상'은 시골보다 일자리가 많고 높은 임금을 받을 수 있는 도시로 사람들이 옮겨 가는 것이다. '역도시화 현상'은 도시의 사람들이 도시 둘레나 시골로 옮겨 가는 것으로, 도시화율이 80%를 넘어서면 나타난다.

사회

4 ( ) 안에 들어갈 말로 알맞은 것은? (②)

( )는 물품을 생산하고 보내는 경제 활동이 활발히 이루어지는 도시이다.

① 세계 도시 　② 산업·물류 도시 　③ 역사·문화 도시
④ 환경·생태 도시 　⑤ 국제 금융·업무 도시

해설 | '산업'은 물품을 만드는 일을. '물류'는 물품을 보내는 일을 가리킨다. 오늘날 국제 교류 기능을 갖춘 산업·물류 도시들의 성장이 빠르게 이루어지고 있다.

한자

5 '문(門)'의 쓰임이 다른 하나는? (②)

① 대문(大門) 　② 가문(家門) 　③ 창문(窓門)
④ 문전박대(門前薄待) 　⑤ 문전성시(門前成市)

해설 | '가문'은 집안과 문중 대대로 내려오는 그 집안의 지위라는 뜻으로, 여기서 '문(門)'은 집안이라는 뜻으로 쓰였다. 나머지는 드나드는 '문'이라는 뜻으로 쓰였다. ④ '문전박대'는 문 앞에서 푸대접한다는 뜻이다.

수학

6 ( ) 안에 알맞은 단어를 써 보자.

삼각형 ABC가 (직각이등변)삼각형이므로 $x=\sqrt{2}$이고
(피타고라스) 정리에 의해 $(\sqrt{2})^2+(\sqrt{2})^2=y^2$이므로 $y^2=4$, $y=2$

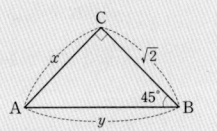

해설 | 세 각의 크기가 45°, 45°, 90°인 삼각형을 직각이등변삼각형이라고 한다. 피타고라스 정리는 직각을 끼고 있는 두 변의 길이의 제곱의 합은 빗변의 길이의 제곱과 같다는 것이다.

해설 | (1) 세포질 분열은 핵분열 말기에 세포질이 2개로 나누어져 2개의 딸세포를 형성하는 것이다. 식물 세포의 세포질 분열은 두 핵 사이에 세포판이 생기면서 분리된다. (2) 체세포 분열 결과 다세포 생물은 몸집이 점점 커지는 생장을 하고 재생을 하며, 단세포 생물의 경우에는 개체 수가 늘어난다.

과학

7 ( ) 안에 알맞은 단어를 보기 에서 찾아 써 보자.

보기
난할 　생식세포 　체세포 분열 　세포질 분열

(1) 식물 세포의 (세포질 분열)은/는 2개의 핵 사이에 세포 안에서 밖으로 세포판이 자라면서 세포질이 나누어진다.

(2) 대부분의 생물은 (체세포 분열)을/를 통해 세포 수가 늘어나 몸이 커지는 생장을 하고 상처가 아물며 수명이 다하여 죽은 세포를 보충한다.

(3) (난할)은/는 세포가 성장하는 시기 없이 계속 분열이 일어나는 과정이므로, (난할)이/가 거듭될수록 세포의 수는 점점 증가하지만 세포의 크기는 점점 작아진다.

(4) (생식세포)은/는 염색체의 수가 모세포의 절반이므로 암수 (생식세포)의 수정으로 태어난 자손의 염색체 수는 부모와 같아서 생물의 염색체 수는 세대를 거듭해도 항상 일정하게 유지된다.

(3) 수정란의 초기 세포 분열인 난할은 체세포 분열이며, 딸세포가 커지는 시기 없이 세포 분열이 반복되므로 세포 수는 늘어나지만 각각의 세포 크기는 점점 작아진다. 세포 분열을 거듭해도 전체적인 크기는 수정란과 거의 차이가 없으며, 각 세포가 갖는 핵 속의 염색체 수는 변하지 않는다. (4) 생식세포 분열에서는 네 개의 딸세포가 만들어지고, 딸세포의 염색체 수는 모세포의 절반이다. 생식세포 분열에 의해 생물이 세대를 거듭해도 자손의 염색체 수는 일정하게 유지된다.

영문법

8 문장에 대한 설명이 알맞으면 ○표, 알맞지 않으면 ✕표 해 보자.

(1)
If it rains tomorrow, we will not go camping.
(내일 비가 내리면, 우리는 캠핑을 가지 않을 것이다.)

→ 가까운 미래에 일어날 일을 가정한다. (○)

(2)
If I had enough money, I could buy you a birthday gift.
(만약 내가 돈이 충분히 있다면, 너에게 생일 선물을 사 줄 수 있을 텐데.)

→ 실제로 일어날 수 있는 조건이나 자연 현상을 전제로 한다. (✕)

해설 | (1) 내일 비가 온다는 가정을 하는 가정법 현재이다. (2) 현재 돈이 없는 상황으로, 가정법 과거이다.

어휘가 문해력이다

중학 **3**학년 **2**학기

2주차 정답과 해설

국어 교과서 어휘

수록 교과서 국어 3-2
읽기 – 능동적으로 읽기

✎ 단어와 그 뜻을 익히고, 빈칸에 알맞은 단어를 써 보자.

능동적 읽기
능할 能 + 움직일 動 +
~한 상태의 的 +
읽기
↱ '的'의 대표 뜻은 '과녁'임.

독자가 자신의 배경지식과 글에 나타난 정보를 활용하여 글의 의미를 새롭게 구성하는 과정.

예 능동적 읽기는 글을 통해 독자와 작가가 소통하는 과정이다.

플러스 개념어 **능동적**
다른 것을 따라하지 않고 스스로 행동하는 것.

예측
미리 豫 + 헤아릴 測

미리 짐작하는 일.

예 글을 읽기 전에는 제목 따위로 내용을 예측해 보는 것이 좋다.

훑어보기

글을 읽을 때, 한쪽 끝에서 다른 끝까지 쭉 보는 일.

예 글의 일부를 훑어보기를 하며, 어떤 단어를 자주 썼는지 확인해 볼 수 있다.

플러스 개념어 **통독**
처음부터 끝까지 훑어 읽음.

이해도
깨달을 理 + 깨달을 解 + 정도 度
↱ '理'의 대표 뜻은 '다스리다', '解'의 대표 뜻은 '풀다', '度'의 대표 뜻은 '법도'임.

어떤 것을 앞뒤가 맞게 해석하거나 받아들이는 정도.

예 글을 읽는 중에는 스스로 이해도를 확인하며, 이해가 되지 않는 부분은 표시해 둔다.

조정
고를 調 + 가지런할 整

어떤 기준이나 상황에 맞게 정돈하는 일.

예 글을 읽을 때 과정을 점검하고 조정하며 읽으면, 글을 더 정확하게 이해할 수 있다.

플러스 개념어 **점검**
하나하나 검사하는 일.

읽기 과정
읽기 + 지날 過 + 길 程

읽기가 진행되는 방법이나 순서.

읽기 전	읽는 중	읽은 뒤
• 읽기 목적 정하기 • 글의 내용 예측하기	• 이해도 점검하기 • 글쓴이의 의도 파악하기	• 알게 되거나 깨달은 것 정리하기 • 자기 삶에 적용하기

예 글을 효과적으로 읽으려면 적절한 읽기 과정을 따라야 한다.

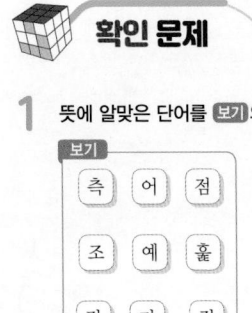

확인 문제

정답과 해설 ▶ 14쪽

1 뜻에 알맞은 단어를 보기 의 글자를 조합해 써 보자.

보기

측	어	점
조	예	훑
검	기	정

(1) 미리 짐작하는 일. 예 측

(2) 하나하나 검사하는 일. 점 검

(3) 어떤 기준이나 상황에 맞게 정돈하는 일. 조 정

2 밑줄 친 단어의 쓰임이 알맞지 않은 것은? (③)

① 어려운 일일수록 능동적으로 행동해야 한다.
② 그는 너무 엉뚱해서 행동을 예측하기 어렵다.
③ 자신의 읽기 과정을 점검하고 훑어보기하며 글을 읽어야 한다.
④ '읽기 전 – 읽는 중 – 읽은 뒤'의 읽기 과정에 따른 알맞은 활동이 중요하다.
⑤ 선생님은 우리의 이해도를 높이기 위하여 설명과 관련한 사진을 보여 주셨다.

해설 | ③ '훑어보기'는 '글을 읽을 때, 한쪽 끝에서 다른 끝까지 쭉 보는 일'이라는 뜻이므로 읽기 과정 점검과 어울리지 않는다. '조정'이라는 단어로 바꿔 써야 알맞다. ① '능동적'은 '다른 것을 따라하지 않고 스스로 행동하는 것'이라는 뜻이므로 알맞다. ② '예측'은 '미리 짐작하는 일'이라는 뜻이므로 알맞다. ④ '읽기 과정'은 '읽기가 진행되는 방법이나 순서'라는 뜻이므로 알맞다. ⑤ '이해도'는 '어떤 것을 앞뒤가 맞게 해석하거나 받아들이는 정도'라는 뜻이므로 알맞다.

3 빈칸에 공통으로 들어갈 단어로 알맞은 것은? (⑤)

• □□□ 은/는 글을 통해 독자와 작가가 소통하는 과정이다.
• □□□ (이)란 독자가 자신의 배경지식과 글에 나타난 정보를 활용하여 글의 의미를 새롭게 구성하는 과정을 말한다.

① 점검　　② 예측　　③ 조정　　④ 훑어보기　　⑤ 능동적 읽기

단어와 그 뜻을 익히고, 빈칸에 알맞은 단어를 써 보자.

기호 작물
즐길 嗜 + 좋을 好 + 지을 作 + 물건 物

차, 카카오, 커피 등 맛과 향을 즐기기 위해 먹는 기호 식품을 얻기 위하여 가꾸는 작물.
예 세계 여러 나라는 농업 경쟁력을 높이기 위해 한 종류의 곡물을 재배하는 농업에서 벗어나 기호 작물을 재배하는 등 농업 생산 방식에 변화를 보이고 있다.

목초지
칠 牧 + 풀 草 + 땅 地

가축의 사료가 되는 풀이 자라고 있는 곳.
예 남아메리카 지역에서는 가축의 사료가 되는 작물을 재배하기 위해 열대림을 목초지로 바꾸고 있다.

기업적 농업
꾀할 企 + 일 業 + ~한 상태 的 + 농사 農 + 일 業
✏ '的'의 대표 뜻은 '과녁'임.

농기계와 화학 비료를 써서 큰 규모로 이루어지는 농업.
예 큰 규모의 기업적 농업은 농작물을 많이 생산해 농산물의 값에 영향을 끼친다.

플러스 개념어 **상업적 농업**
시장에 판매할 목적으로 작물을 재배하거나 가축을 기르는 농업.

무역 장벽
바꿀 貿 + 바꿀 易 + 막을 障 + 벽 壁

국가 간의 자유 무역을 제약하는 인위적인 조치.
예 세계 무역 기구의 출범으로 국가 간 무역 장벽이 낮아지면서 다국적 기업의 수가 빠르게 증가하고 있다.
여러 나라에 계열 회사를 가지고 있으며 세계적인 규모로 상품을 생산하고 판매하는 기업.

플러스 개념어 **세계 무역 기구**
국제 무역 확대를 위하여 설립된 국제기구.

세계화
세상 世 + 경계 界 + 될 化

국경을 넘어 세계 전체의 상호 의존성이 높아지면서 지구촌 전체가 단일한 체계로 통합되어 가는 현상.
예 농업의 세계화로 기업적 농업이 발달하였다.

플러스 개념어 **방부제**
미생물의 활동을 막아 물건이 썩지 않게 하는 약.
예 농산물이 이동되는 과정에서 부패를 막기 위해 방부제를 사용하는 경우가 많다.

공산품
만들 工 + 생산할 産 + 물건 品
✏ '工'의 대표 뜻은 '장인', '産'의 대표 뜻은 '낳다'임.

Tip 공산품은 수공업·기계 공업·경공업·중공업 등의 공업 생산품임.

원료를 사람이나 기계의 힘으로 처리해 새로운 제품으로 만들어 낸 것.
예 다국적 기업은 공산품을 생산하고 판매하는 활동을 넘어 유통·금융 서비스 상품 제공에 이르기까지 그 역할과 범위를 넓혀 가고 있다.

확인 문제

정답과 해설 ▶ 15쪽

1 뜻에 알맞은 단어를 글자판에서 찾아 묶어 보자. (단어는 가로, 세로, 대각선 방향에서 찾기)

작	방	역	벽	농
공	물	부	계	기
산	장	무	제	업
품	목	초	지	적

❶ 미생물의 활동을 막아 물건이 썩지 않게 하기 위해 쓰는 약.
❷ 원료를 사람이나 기계의 힘으로 처리해 새로운 제품으로 만들어 낸 것.
❸ 가축의 사료가 되는 풀이 자라고 있는 곳.
❹ 농기계와 화학 비료를 써서 큰 규모로 이루어지는 농업. ○○○ 농업.

해설 | (1) 교통과 통신의 발달은 국가 간의 교류를 활발하게 만들어 세계적인 차원에서 경제적인 상호 의존도가 높아지게 만들었다. (2) '무역 장벽'은 나라 안의 산업을 지키려고 수입품에 관세를 매기는 따위의 무역 제한 조치를 뜻하는데, 세계 무역 기구가 출범하면서 국가 간의 무역 장벽이 낮아지고 있다. (3) 외국산 농산물이 들어오면 식탁이 풍성해지지만 방부제가 안전한가에 대한 의문이 제기되기도 한다.

2 빈칸에 알맞은 단어를 찾아 선으로 이어 보자.

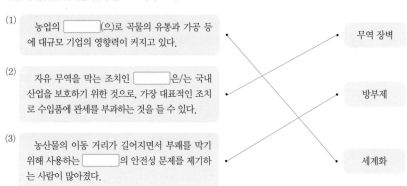

(1) 농업의 [ ](으)로 곡물의 유통과 가공 등에 대규모 기업의 영향력이 커지고 있다.

(2) 자유 무역을 막는 조치인 [ ]은/는 국내 산업을 보호하기 위한 것으로, 가장 대표적인 조치로 수입품에 관세를 부과하는 것을 들 수 있다.

(3) 농산물의 이동 거리가 길어지면서 부패를 막기 위해 사용하는 [ ]의 안전성 문제를 제기하는 사람이 많아졌다.

• 무역 장벽

• 방부제

• 세계화

해설 | (1) 과거에는 곡물을 소규모로 재배하여 직접 소비하는 자급적 농업이 주된 형태였으나, 도시화가 진행되면서 상업적 농업으로 바뀌었다. (2) 우리가 일상생활 속에서 즐기는 커피, 차, 초콜릿과 같은 기호품의 원료가 되는 기호 작물은 산업 혁명 이후 인구 증가와 생활 수준의 향상으로 수요가 급증하고 있다.

3 ( ) 안에서 알맞은 단어를 골라 ○표 해 보자.

(1) 산업화와 도시화가 진행되면서 원예 농업, 기업적 곡물 농업 등 시장에 판매할 목적으로 작물을 재배하는 (자급적 농업 , ⟨상업적 농업⟩)이 발달하였다.

(2) 생활 수준의 향상으로 차, 커피, 카카오 등의 수요가 늘어나면서 그 원료가 되는 (⟨기호 작물⟩, 원예 작물)의 재배 또한 늘어나고 있다.

수학 교과서 어휘

✏️ 단어와 그 뜻을 익히고, 빈칸에 알맞은 단어를 써 보자.

현 활시위 弦	**원돌레** 원주 위의 서로 다른 두 점을 연결한 선분. 예 한 원 위의 두 점 A, B를 이은 선분이 [현]이다. Tip 가장 긴 현은 지름임. 원 위의 두 점을 이은 직선은 원 O의 할선임. 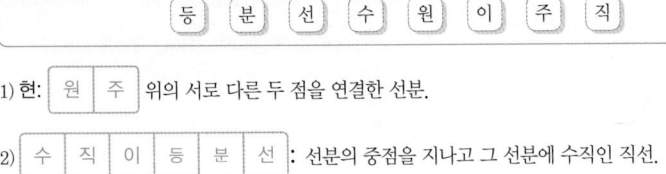
직각삼각형의 합동 조건 곧을 直 + 모서리 角 + 셋 三 + 모서리 角 + 모양 形 + 의 + 합할 合 + 같을 同 + 가지 條 + 사건 件 '角'의 대표 뜻은 '뿔'임.	두 직각삼각형은 다음 각 경우에 서로 합동이다. (1) 빗변의 길이와 다른 한 변의 길이가 각각 같을 때 RHS 합동 (2) 빗변의 길이와 다른 한 예각의 크기가 각각 같을 때 RHA 합동 예 삼각형 OAM과 삼각형 OBM에서 ∠OMA=∠OMB=90°, 빗변의 길이 $\overline{OA}=\overline{OB}$ (반지름), 다른 한 변 $\overline{OM}$은 공통이므로 두 직각삼각형 OAM과 OBM은 서로 [합동]이다. 따라서 $\overline{AM}=\overline{BM}$이다. 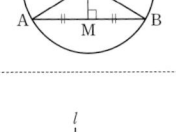
수직이등분선 드리울 垂 + 곧을 直 + 둘 二 + 같을 等 + 나눌 分 + 줄 線	선분의 중점을 지나고 그 선분에 수직인 직선. 예 선분 AB의 중점 M을 지나면서 선분 AB에 수직인 직선 l이 선분 AB의 [수직이등분선]이다. 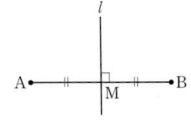
현의 수직이등분선 활시위 弦 + 의 + 드리울 垂 + 곧을 直 + 둘 二 + 같을 等 + 나눌 分 + 줄 線	직각을 이루는 직선 원의 중심에서 현에 내린 수선. 예 원 O에서 [현] AB의 [수직이등분선]은 그 원의 중심을 지 난다. 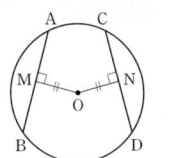
현의 길이 활시위 弦 + 의 길이	한 원의 중심에서 같은 거리에 있는 두 현의 길이는 서로 같음. 예 원의 중심에서 [현]까지의 거리 $\overline{OM}=\overline{ON}$이면 두 [현]의 길이 $\overline{AB}=\overline{CD}$이다.

🧊 확인 문제

1 빈칸에 알맞은 단어를 보기의 글자를 조합해 써 보자.

보기

등	분	선	수	원	이	주	직

(1) 현: [원] [주] 위의 서로 다른 두 점을 연결한 선분.

(2) [수] [직] [이] [등] [분] [선] : 선분의 중점을 지나고 그 선분에 수직인 직선.

해설 | (3) $\overline{OM}$과 $\overline{AB}$가 서로 수직이므로 원의 중심 O에서 현 AB에 내린 수선은 그 현을 이등분한다.
직각삼각형 OAM에서 피타고라스 정리에 의하여 $\overline{OA}^2=\overline{OM}^2+\overline{AM}^2$이다.

2 빈칸에 들어갈 말을 초성을 바탕으로 써 보자.

(1)

∠C=∠F=90°인 두 직각삼각형 ABC, DEF에서
$\overline{AB}=\overline{DE}$, ∠B=∠E로 [빗] [변]의 길이와 한 예각의 크기가
각각 같을 때 두 직각삼각형은 [합] [동]이다.

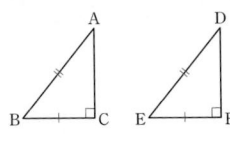

(2)

∠C=∠F=90°인 두 직각삼각형 ABC, DEF에서
$\overline{AB}=\overline{DE}$, $\overline{BC}=\overline{EF}$로 [빗] [변]의 길이와 다른 한 [변]의
길이가 각각 같을 때 두 직각삼각형은 [합] [동]이다.

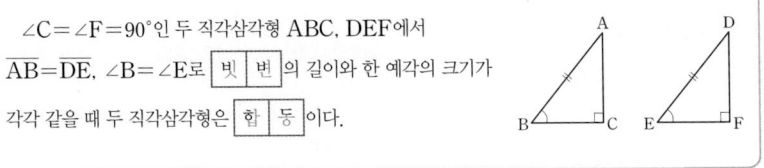

(3)

원 O에서 $\overline{OA}=5$ cm, $\overline{OM}=3$ cm일 때 $\overline{OM}\perp\overline{AB}$이므로
원의 중심에서 현 AB에 내린 [수] [선]은 그 현을 이등분한다.
직각삼각형 OAM에서 [피] [타] [고] [라] [스] [정] [리]에 의하여
$\overline{AM}=\sqrt{5^2-3^2}=\sqrt{25-9}=\sqrt{16}=4$ (cm)이다.
따라서 $\overline{AB}=2\overline{AM}=2\times4=8$ (cm)이다.

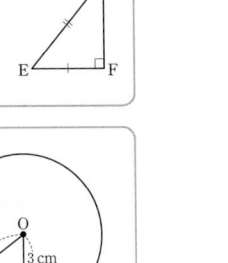

✏️ 단어와 그 뜻을 익히고, 빈칸에 알맞은 단어를 써 보자.

Tip 우성과 열성은 형질이 우수한지 또는 열등한지로 구분하는 것이 아니라, 대립 형질을 가진 개체끼리 교배할 때 잡종 1대에서 나타나는지의 여부에 따라 결정되는 것임.

우열의 원리
뛰어날 優 + 못할 劣 + 의
근원 原 + 이치 理
'優'의 대표 뜻은 '넉넉하다'임.
'劣'의 대표 뜻은 '다스리다'임.

순종의 두 대립 형질을 교배했을 때 잡종 1대에서 우성 형질만 나타나는 현상.
예 순종의 둥근 완두(RR)와 주름진 완두(rr)를 교배했을 때 자손인 잡종 1대에서는 둥근 유전자(R)와 주름진 유전자(r)를 모두 갖지만 우성 형질의 둥근 완두(Rr)만 나오는 현상을 우열의 원리라고 한다.

플러스 개념어
• 우성: 대립 형질을 가진 순종끼리 교배했을 때, 잡종 1대에 나타나는 형질.
• 열성: 대립 형질을 가진 순종끼리 교배했을 때, 잡종 1대에 나타나지 않는 형질.

분리의 법칙
나눌 分 + 떨어질 離 + 의
법 法 + 법칙 則
'離'의 대표 뜻은 '떠나다'임.

생식세포를 만들 때 한 쌍의 대립유전자가 분리되어 서로 다른 생식세포로 나누어져 다음 세대로 유전되는 현상.
예 잡종 1대는 대립 형질 가운데서 우성의 형질만 나타나나 잡종 2대는 우성과 열성의 형질이 3 : 1의 비율로 분리하여 나타나는 것을 분리의 법칙이라고 한다.

독립의 법칙
홀로 獨 + 설 立 + 의
법 法 + 법칙 則

두 쌍 이상의 대립 형질이 함께 유전될 때 각각의 형질을 나타내는 대립유전자가 서로 영향을 주지 않고 독립적으로 분리되어 유전되는 현상.
예 멘델은 유전자형이 RrYy인 둥글고 노란색인 완두를 교배했을 때 얻은 자손에서는 씨의 색깔과 상관없이 둥근 것과 주름진 것을 따로 세어 보면 둥근 것과 주름진 것이 3 : 1의 비율을 나타내는 것을 발견했는데, 이를 독립의 법칙이라고 한다.

Tip 둥글고 노란색 : 둥글고 초록색 : 주름지고 노란색 : 주름지고 초록색인 완두가 9 : 3 : 3 : 1인 비율로 나타남

가족과 친족의 혈연 관계를 바탕으로 특정 형질을 보여 주는 그림.

가계도 조사
집 家 + 이을 系 + 그림 圖
고를 調 + 조사할 査
'系'의 대표 뜻은 '매다'임.

특정 유전 형질을 가진 집안을 여러 세대에 걸쳐 조사하여 형질에 대한 유전 원리를 알아내는 방법.
예 가계도 조사를 통해 가계도 구성원의 유전자형을 알 수 있으며, 자손에게 특정한 형질이 나타나는 확률을 예측할 수 있다.

쌍둥이 연구
쌍둥이 + 연구할 研 + 연구할 究
'研'의 대표 뜻은 '갈다'임.

1란성 쌍둥이와 2란성 쌍둥이를 비교하여 유전과 환경이 특정 형질에 미치는 영향을 알아내는 방법.
예 1란성 쌍둥이는 하나의 수정란이 난할 과정에서 분리된 후 각각 발생하여 생긴 것으로, 유전자 구성이 서로 같고, 2란성 쌍둥이는 각기 다른 2개의 수정란이 동시에 발생하여 생긴 것으로, 유전자 구성이 다르다.

반성유전
짝 伴 + 성질 性 + 남길 遺 +
전할 傳

형질을 결정하는 유전자가 성염색체에 존재하며, 남녀에 따라 형질이 나타나는 비율이 달라지는 유전 현상.
예 선천적으로 타고나는 유전병 중 하나로 혈액이 잘 응고되지 않아 상처가 나면 피가 멈추는 데 일반인보다 시간이 오래 걸리는 혈우병은 남자에게 많이 나타나는 반성유전의 예이다.

플러스 개념어 혈액형 유전
A, B, O 세 개의 대립유전자가 있으며, 이 중 두 개가 짝을 이루어 혈액형을 결정함.

A형	B형
AA, AO	BB, BO
AB형	O형
AB	OO

Tip 유전자 A와 B는 O에 대해 우성이지만, A와 B 사이에는 우열 관계가 없음.

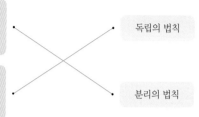 **확인 문제**

정답과 해설 ▶ 17쪽

1 뜻에 알맞은 말을 찾아 선으로 이어 보자.

(1) 생식세포를 만들 때 한 쌍의 대립유전자가 분리되어 서로 다른 생식세포로 나누어져 다음 세대로 유전되는 현상.

(2) 두 쌍 이상의 대립 형질이 함께 유전될 때 각각의 형질을 나타내는 대립유전자가 서로 영향을 주지 않고 독립적으로 분리되어 유전되는 현상.

• 독립의 법칙
• 분리의 법칙

2 밑줄 친 말이 알맞으면 ○표, 알맞지 않으면 ✕표 해 보자.

(1) 대립 형질의 순종끼리 교배했을 때 잡종 1대에 나타나는 형질을 열성이라고 한다. (✕)

(2) 특정한 유전 형질을 가진 집안을 여러 세대에 걸쳐 조사하여 형질에 대한 유전 원리를 알아내는 방법은 가계도 조사이다. (○)

(3) 1란성 쌍둥이 연구를 하면 어떤 형질이 유전에 의한 것인지, 환경의 영향인지를 확인할 수 있다.
(○)

해설 | (1) 대립 형질의 순종끼리 교배했을 때 잡종 1대에 나타나는 형질을 우성, 나타나지 않는 형질을 열성이라고 한다. (3) 1란성 쌍둥이는 하나의 수정란이 발생 초기에 둘로 나뉘어 각각 발생한 것으로 유전자 구성이 같아 성별과 외모가 같다. 서로 다른 환경에서 자란 1란성 쌍둥이를 비교하면 유전적으로 동일한 자손이 환경에 따라 어떻게 달라지는지 비교할 수 있다.

3 빈칸에 들어갈 단어를 초성을 바탕으로 써 보자.

(1) ABO식 혈 액 형에는 A형, B형, O형, AB형의 네 가지 표현형이 있고, A, B, O의 세 가지 대립유전자가 관여한다. 유전자가 상 염 색 체에 있어서 남녀의 성별에 관계없이 형질이 나타난다.

(2) 붉은색과 초록색을 정확히 구별하지 못하는 눈의 이상을 적록 색맹이라고 하는데, 적록 색맹 유전자는 성 염 색 체 X에 있기 때문에 남자에게 더 많이 나타난다.
이처럼 유전자가 성 염 색 체에 있어 남녀에 따라 형질이 나타나는 비율이 다른 유전 현상을 반 성 유 전이라고 한다.

✎ 단어와 그 뜻을 익히고, 빈칸에 알맞은 단어를 써 보자.

비교
견줄 比 + 견줄 較

둘 이상의 것에 서로 비슷한 점, 차이점 등을 생각해 보는 일.
예 여러 글의 같은 점과 차이를 비교하며 읽으면, 생각이 깊어질 수 있다.

플러스 개념어 유사
서로 비슷함.
예 하나의 글을 읽으며 그와 유사한 주제의 글을 더 찾아 읽어 보는 것이 좋다.

Tip 차이
서로 같지 않고 다름을 나타내는 것을 '차이'라고 함. 유사한 주제의 글이라도 형식이나 관점에서는 차이를 파악할 수 있음.

화제
말할 話 + 제목 題

이야기할 만한 재료나 소재.
예 같은 화제를 다룬 글이라도 글쓴이의 관점이 다를 수 있다.

플러스 개념어 주제
글에서 글쓴이가 나타내고자 하는 기본적인 생각. 글의 중심 내용에 잘 나타나 있음.

형식
모양 形 + 법 式

글을 쓸 때 나타나는 일정한 순서나 정해진 모양.
예 글의 형식은 주장하는 글, 설명하는 글, 편지글 등 다양하다.

균형
고를 均 + 저울대 衡

어느 한쪽으로 기울거나 치우치지 않은 고른 상태.
예 글을 읽을 때는, 어떤 일의 긍정적인 면과 부정적인 면을 모두 생각해 보며 균형 있는 시각을 가져야 한다.

효과
본받을 效 + 결과 果
'效'의 대표 뜻은 '본받다', '果'의 대표 뜻은 '열매'임.

어떤 목적을 지닌 일에 의해 나타나는 좋은 결과.
예 같은 내용을 전달하는 글이라도 글의 형식마다 나타내는 효과는 다르다.

타당성
온당할 妥 + 마땅할 當 + 성질 性

어떤 기준에서 보았을 때 이치에 맞는 옳은 성질.
예 이 글은 믿을 만한 통계 자료를 인용해 독자를 설득하므로 타당성이 있다.

확인 문제

정답과 해설 ▶ 18쪽

1 단어의 뜻을 보기에서 찾아 사다리를 타고 내려간 곳에 기호를 써 보자.

보기
㉠ 서로 비슷함. 유사
㉡ 어떤 기준에서 보았을 때 이치에 맞는 옳은 성질. 타당성
㉢ 어느 한쪽으로 기울거나 치우치지 않은 고른 상태. 균형
㉣ 둘 이상의 것에 서로 비슷한 점, 차이점 등을 생각해 보는 일. 비교

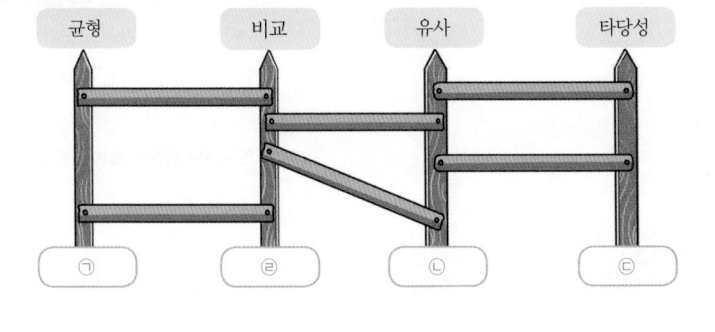

| 균형 | 비교 | 유사 | 타당성 |

| ㉠ | ㉣ | ㉡ | ㉢ |

2 ( ) 안에서 알맞은 단어를 골라 ○표 해 보자.

(1) 같은 (효과 , 화제)를 다룬 여러 글을 읽으면서 관점의 차이를 견주어 보았다.

(2) 이 두 소설은 소재가 (예측 , 유사)하여 서로 연관되어 있는 것처럼 느껴진다.

(3) 시의 야간 조명을 줄여야 한다는 생각을 건의문의 (태도 , 형식)(으)로 표현하였다.

해설 | (1) '이야기할 만한 재료나 소재'의 뜻인 '화제'를 골라야 알맞다. (2) '서로 비슷함'의 뜻인 '유사'를 골라야 알맞다. (3) '글(건의문)을 쓸 때 나타나는 일정한 순서나 정해진 모양'의 뜻인 '형식'을 골라야 알맞다.

해설 | ① '형식'은 '글을 쓸 때 나타나는 일정한 순서나 정해진 모양'이라는 뜻이므로 알맞지 않다. 내용에 해당하는 '화제'로 바꿔 써야 알맞다. ② '균형'은 '어느 한쪽으로 기울거나 치우치지 않은 고른 상태'라는 뜻이므로 알맞다. ③ '비교'는 '둘 이상의 것(영화와 소설)에 서로 비슷한 점, 차이점 등을 생각해 보는 일'이라는 뜻이므로 알맞다. ④ '효과'는 '어떤 목적을 지닌 일에 의해 나타나는 좋은 결과'라는 뜻이므로 알맞다. ⑤ '주제'는 '글에서 글쓴이가 나타내고자 하는 기본적인 생각'이라는 뜻이므로 알맞다.

3 밑줄 친 단어의 쓰임이 알맞지 않은 것은? (①)

① 이 글은 환경 오염을 형식으로 다루고 있다.
② 언론은 대중들의 의견을 균형 있게 전달해야 한다.
③ 영화와 비교를 하면 이 소설이 얼마나 감동적인지 이해할 것이다.
④ 글들을 비교하며 읽으니 화제를 여러 관점에서 이해하는 효과가 있었다.
⑤ 선생님은 어려운 주제를 다루면서도 학생들이 이해하기 쉽게 설명하셨다.

✏️ 단어와 그 뜻을 익히고, 빈칸에 알맞은 단어를 써 보자.

경제 블록

다스릴 經 + 구제할 濟 + 블록
👆 '經'의 대표 뜻은 '지나다', '濟'의 대표 뜻은 '건너다'임.
남을 밀어 내치는

여러 나라가 공통된 경제적인 목적을 가지고 단합하여 이룬, 배타적인 성격의 경제권.
예 지리적으로 인접해 있으며 경제적으로 상호 의존도가 높은 국가들이 공통의 이해 증진을 위해 경제 블록 을 형성하고 있다.

유럽 연합(EU), 북미 자유 무역 협정(NAFTA), 동남아시아 국가 연합(아세안), 아시아·태평양 경제 협력체(에이펙) 따위가 대표적이야.

산업 공동화

생산할 産 + 일 業 + 빌 空 + 빌 洞 + 될 化
👆 '産'의 대표 뜻은 '낳다', '洞'의 대표 뜻은 '골'임.

국제 경쟁력을 잃은 산업이 없어지거나 해외로 이전하면서 국내 산업 기반이 없어지고 쇠퇴하여 산업 구조에 공백이 생기는 현상.
예 다국적 기업이 비용을 절감하기 위해 생산 공장을 해외로 이전하면 생산 공장이 있던 기존 지역은 산업 공동화 현상으로 산업의 기반을 잃게 된다.

택배업

집 宅 + 나눌 配 + 일 業

우편물이나 짐, 상품 따위를 요금을 받고 요구하는 곳까지 직접 배달해 주는 일.
예 물자나 정보의 이동을 돕는 택배업, 통신 산업, 운수업 등의 유통 서비스가 크게 성장하여 유통의 세계화가 진행되고 있다.

전자 상거래

전기 電 + 아들 子 + 장사 商 + 갈 去 + 올 來
👆 '電'의 대표 뜻은 '번개'임.

인터넷 통신망을 이용해 물건을 사고파는 행위.
예 전자 상거래 는 전통적인 방식의 상거래와는 달리 시간과 공간의 제약을 받지 않아 소비자는 언제 어디서나 원하는 물건을 구매할 수 있다.

플러스 개념어 **파산**
재산을 모두 잃고 망함.
예 전자 상거래 시대에 오프라인 매장을 늘리던 유통 업체가 경영난을 견디지 못하고 파산하였다.

서비스업

서비스 + 일 業

물자의 생산 대신에 생산된 물건을 운반, 배급, 판매하거나 생산과 소비에 필요한 노동을 제공하는 산업.
예 숙박, 광고, 상업, 운수 따위가 서비스업 에 들어간다.

아웃소싱

경영 효율을 크게 높이기 위해 기업 업무의 일부를 제삼자에게 맡겨 처리하는 것.
예 필리핀이 다국적 기업의 콜센터를 비롯한 업무 처리 아웃소싱 (BPO) 서비스를 이끌어 와 벌어들인 돈은 2013년에만 160억 달러(약 17조 8,000억 원)에 이르렀다.

확인 문제

정답과 해설 ▶ 19쪽

1 뜻에 알맞은 단어를 글자판에서 찾아 묶어 보자. (단어는 가로, 세로, 대각선 방향에서 찾기)

알	경	역	서	택
보	제	비	자	배
조	스	합	해	업
업	아	웃	소	싱

❶ 우편물이나 짐, 상품 따위를 요금을 받고 요구하는 곳까지 직접 배달해 주는 일.

❷ 생산된 물건을 운반, 배급, 판매하거나 생산과 소비에 필요한 노동을 제공하는 산업.

❸ 경영 효율을 크게 높이기 위해 기업 업무의 일부를 제삼자에게 맡겨 처리하는 것.

해설 | (1) 전자 상거래는 시간과 공간의 제약을 받지 않고 해외 상점에도 쉽게 접속할 수 있어 소비 활동의 범위를 전 세계로 확대했다. (2) 경제 블록은 무역 장벽을 낮춤으로써 해당 국가 간에는 경제 교류가 활성화되지만, 역외 국가에 대해서는 차별 대우를 취하는 경제 권역을 일컫는 말이다.

2 뜻에 알맞은 단어를 **보기**의 글자를 조합해 써 보자.

보기

거	경	래	록	블	상	자	전	제

(1) 인터넷 등을 통한 온라인 쇼핑으로 상품을 사고파는 일. 전 자 상 거 래

(2) 여러 나라가 공통된 경제적인 목적을 가지고 단합하여 이룬, 배타적인 성격의 경제권.

경 제 블 록

해설 | (1) 산업 공동화는 해외에 공장을 세워 생산하면서 기존 지역의 생산 여건이 저하되어 산업이 쇠퇴하는 현상을 말한다. 인구 공동화는 주간과 야간에 인구 밀도 차이가 발생하는 현상을 말한다. (2) 택배업은 가정에서 전화나 인터넷 등으로 주문한 물품을 집 등 원하는 목적지까지 배달해 주는 새로운 형태의 서비스업이다. (3) 파산은 재산을 모두 잃는 것이다. 파업은 근로자들이 자신의 요구를 관철하기 위하여 하던 생산 활동이나 업무 수행을 집단적으로 중지하는 일이다.

3 ( ) 안에서 알맞은 단어를 골라 ○표 해 보자.

(1) 다국적 기업이 생산비를 줄이기 위해 땅값과 임금이 싼 곳으로 생산 공장을 이전하면서 기존에 생산 공장이 있던 지역의 산업 기반이 없어지고 산업 구조에 공백이 생기는 (인구 공동화, (산업 공동화)) 현상이 나타난다.

(2) 교통과 통신의 발달로 주문한 물건을 집까지 직접 배달해 주는 (판매업, (택배업))과 같은 유통 서비스가 크게 성장하였다.

(3) 최근 온라인 중심의 전자 상거래 시장이 빠른 속도로 성장하면서 오프라인 매장 중심의 회사 중에는 ((파산), 파업) 신청을 하는 경우가 있다.

단어와 그 뜻을 익히고, 빈칸에 알맞은 단어를 써 보자.

| 접선
닿을 接 + 줄 線
☞ '接'의 대표 뜻은 '잇다'임. | 원에 접하는 선으로, 원과 한 점에서 만나는 직선.
예 반지름과 원이 만나는 점에서 반지름에 수직으로 그은 직선 l은 그 원의 접선 이다. | |
|---|---|---|
| 접선의 길이
닿을 接 + 줄 線 + 의 길이 | 원 밖의 한 점 P에서 원 O에 그은 접선의 접점을 A, B라고 할 때, $\overline{PA}$와 $\overline{PB}$의 길이는 같다.
예 두 점 A, B가 원 O의 접점일 때, 두 접선 의 길이 $\overline{PA}=\overline{PB}$이다. | |
| 삼각형의 내심
셋 三 + 모서리 角 + 모양 形 + 의 + 안 內 + 중심 心
☞ '角'의 대표 뜻은 '뿔', '心'의 대표 뜻은 '마음'임. | 삼각형의 내접원의 중심으로, 삼각형의 세 내각의 이등분선의 교점.
예 삼각형 ABC에서 세 내각의 이등분선의 교점 I는 삼각형 ABC의 내심 이므로 세 변에 이르는 거리 $\overline{ID}=\overline{IE}=\overline{IF}$이다. | |
| 원에 외접하는 삼각형의 둘레 길이
둥글 圓에 바깥 外 + 닿을 接 + 하는 셋 三 + 모서리 角 + 모양 形 + 의 둘레 길이 | 원 O가 삼각형 ABC에 내접하고 삼각형의 세 변의 길이가 a, b, c일 때, $a+b+c=2(x+y+z)$이다.
예 원 밖의 한 점에서 그은 두 접선의 길이는 같으므로 $\overline{AD}=\overline{AF}$, $\overline{BD}=\overline{BE}$, $\overline{CE}=\overline{CF}$이다. 삼각형 ABC의 둘레 의 길이는 $a=y+z$, $b=x+z$, $c=x+y$이므로 $a+b+c=2(x+y+z)$이다. | |
| 원에 외접하는 사각형의 둘레 길이
둥글 圓에 바깥 外 + 닿을 接 + 하는 넷 四 + 모서리 角 + 모양 形 + 의 둘레 길이 | 원 O에 외접하는 사각형의 두 쌍의 대변의 길이의 합은 서로 같다.
$\overline{AB}+\overline{CD}=\overline{AD}+\overline{BC}$
예 원 밖의 한 점에서 그은 두 접선의 길이는 같으므로
$\overline{AB}+\overline{CD}=(\overline{AP}+\overline{BP})+(\overline{CR}+\overline{DR})$
$=(\overline{AS}+\overline{BQ})+(\overline{CQ}+\overline{DS})$
$=(\overline{AS}+\overline{DS})+(\overline{BQ}+\overline{CQ})$
$=\overline{AD}+\overline{BC}$
따라서 원 O에 외접 하는 사각형의 둘레 길이는 $2(\overline{AB}+\overline{CD})$이다. | |

확인 문제

1 ( ) 안에 알맞은 단어를 보기 에서 찾아 써 보자.

보기

내심   외접   접선

(1) 원 O에 (외접)하는 사각형의 둘레의 길이는 $2(\overline{AB}+\overline{CD})$이다.

(2) 원 O의 반지름 OT에 수직으로 그은 직선 l은 원 O의 (접선)이다.

(3) 삼각형 ABC의 세 내각의 이등분선의 교점 I는 삼각형의 (내심)이다.

2 빈칸에 들어갈 말을 초성을 바탕으로 써 보자.

(1) 두 점 A, B가 원 O의 접점일 때, $\overline{PA}$, $\overline{PB}$는 원 O의 접 선 으로 길이가 서로 같으므로 $\overline{PA}=\overline{PB}=7$이다.

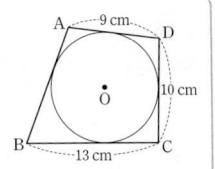

(2) 원 O에 외 접 하는 사각형의 두 쌍의 대 변 의 길이의 합은 서로 같으므로 $\overline{AD}+\overline{BC}=\overline{AB}+\overline{CD}$이다.
$9+13=\overline{AB}+10$, $\overline{AB}=12$ (cm)이다.

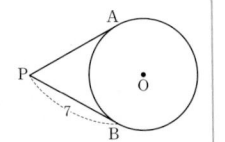

(3) 원 밖의 한 점에서 원에 그은 접 선 의 길이는 같으므로
$\overline{AF}=\overline{AD}=3$ cm, $\overline{BD}=\overline{BE}=5$ cm,
$\overline{CE}=\overline{CF}=3$ cm이다.
$\overline{AB}=3+5=8$ cm, $\overline{BC}=5+3=8$ cm, $\overline{CA}=3+3=6$ cm
삼각형 ABC의 세 변의 길이의 합인 삼각형의 둘 레 의 길이는
$\overline{AB}+\overline{BC}+\overline{CA}=8+8+6=22$ (cm)이다.

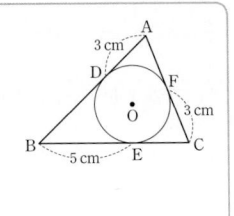

해설 | (1) 원 O 밖의 한 점 P에서 원 O에 접선을 그으면 두 개의 접선이 그려진다. 접선의 길이 $\overline{PA}=\overline{PB}$이므로 $\overline{PA}=\overline{PB}=7$ (2) 원에 외접하는 사각형에서 두 쌍의 대변의 길이의 합이 서로 같음이 성립한다.
(3) $\overline{AB}+\overline{BC}+\overline{CA}=2(\overline{AD}+\overline{BE}+\overline{CF})=2(3+5+3)=22$ (cm)

단어와 그 뜻을 익히고, 빈칸에 알맞은 단어를 써 보자.

| 위치 에너지
자리 位 + 둘 置 + 에너지 | 어떤 위치에 따라 물체가 가지는 에너지.
예 물체의 질량이 일정할 때 중력에 의한 위치 에너지는 물체의 높이에 비례한다. |
|---|---|
| 운동 에너지
움직일 運 + 움직일 動 + 에너지 | 운동하는 물체가 가지는 에너지.
예 물체의 속력이 일정할 때 운동 에너지는 물체의 질량에 비례한다. |
| 역학적 에너지
힘 力 + 학문 學 + ~한 상태 的 + 에너지
'的'의 대표 뜻은 '과녁'임. | 물체의 위치 에너지와 운동 에너지의 합.
역학적 에너지＝중력에 따른 위치 에너지＋운동 에너지
예 역학적 에너지는 물체의 속력에 따라 결정되는 운동 에너지와 물체의 위치에 따라 결정되는 위치 에너지의 합으로 이루어진다. |
| 역학적 에너지 전환
힘 力 + 학문 學 + ~한 상태 的 + 에너지 + 바꿀 轉 + 바꿀 換
'學'의 대표 뜻은 '배우다'임. | 중력을 받아 운동하는 물체의 위치 에너지와 운동 에너지는 서로 바뀜.
예 롤러코스터가 내려갈 때는 높이가 낮아지므로 위치 에너지는 감소하고 속력이 빨라지므로 운동 에너지는 증가한다. 이처럼 중력을 받아 운동하는 물체의 위치 에너지와 운동 에너지가 서로 바뀌는 것을 역학적 에너지 전환이라고 한다. |
| 역학적 에너지 보존 법칙
힘 力 + 학문 學 + ~한 상태 的 + 에너지 + 지킬 保 + 있을 存 + 법 法 + 법칙 則 | 공기 저항이나 마찰이 없을 때 운동 에너지와 중력에 의한 위치 에너지의 합은 항상 일정하게 보존됨.
예 위로 던져 올린 물체의 운동에서 증가한 위치 에너지의 양과 감소한 운동 에너지의 양이 같다. 공기 저항이나 마찰이 없을 때 운동하는 물체의 역학적 에너지는 높이에 관계없이 항상 일정하게 보존된다는 것이 역학적 에너지 보존 법칙이다. | 플러스 개념어 중력과 역학적 에너지 보존
운동하는 물체에 중력만 작용하면 역학적 에너지가 보존되지만, 물체에 공기 저항이나 마찰이 작용하면 역학적 에너지가 보존되지 않고 작아짐. |
| 에너지 전환
에너지 + 바꿀 轉 + 바꿀 換 | 에너지의 형태가 한 종류의 에너지에서 다른 종류의 에너지로 바뀌는 것.
예 역학적 에너지는 전기 에너지나 빛에너지, 소리 에너지 따위로 전환될 수 있다. | 플러스 개념어 에너지 보존 법칙
에너지가 전환될 때 에너지가 새로 생기거나 없어지지 않고 그 양은 일정하게 보존된다는 법칙. |

확인 문제

정답과 해설 ▶ 21쪽

1 ( ) 안에 알맞은 에너지의 종류를 써 보자.

역학적 에너지＝(위치 에너지)＋(운동 에너지)

해설 | 물체의 '위치 에너지'와 '운동 에너지'의 합이 '역학적 에너지'이다.

2 위로 던져 올린 물체의 역학적 에너지에 대한 설명이 알맞으면 ○표, 알맞지 않으면 ×표 해 보자. (단, 공기 저항은 무시한다.)

(1) 최고 높이에서 위치 에너지는 0이다. (×)

(2) 운동 에너지는 감소하고 위치 에너지는 증가한다. (○)

(3) 최고 높이에서 역학적 에너지는 위치 에너지와 같다. (○)

(4) 운동 에너지의 변화량과 위치 에너지의 변화량은 다르다. (×)

해설 | 공기 저항이나 마찰이 없을 때 운동하는 물체의 역학적 에너지는 높이에 관계없이 항상 일정하게 보존된다. (1) 최고 높이에서 위치 에너지는 최대이고, 운동 에너지가 0이다.
(4) 물체가 올라갈 때에는 운동 에너지가 중력에 의한 위치 에너지로 전환된다. 물체가 올라간 거리에 비례해서 중력에 의한 위치 에너지가 증가하고, 그 증가량만큼 운동 에너지가 감소하여 역학적 에너지는 항상 일정하게 보존된다.

3 롤러코스터의 운동을 나타낸 그림을 보고, 빈칸에 들어갈 말을 초성을 바탕으로 써 보자.

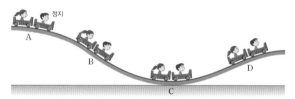

(1) 롤러코스터가 운동할 때에도 역학적 에너지 전환이 일어나며, 레일과 마찰, 공기 저항이 없다면 역학적 에너지는 일정하게 보존된다.

(2) B 위치에서 C 위치로 내려갈 때는 높이가 낮아지면서 속력이 빨라지므로 중력에 의한 위치 에너지는 감소하고, 운동 에너지는 증가한다.

(3) C 위치에서 D 위치로 올라갈 때는 높이가 높아지면서 속력이 느려지므로 중력에 의한 운동 에너지는 감소하고, 위치 에너지는 증가한다.

(4) 모든 지점 A, B, C, D에서 역학적 에너지는 같다.

해설 | (3) 롤러코스터가 올라가는 동안 속력이 감소하여 운동 에너지가 점점 감소한다. 또한 롤러코스터의 높이는 높아져 중력에 의한 위치 에너지는 점점 증가한다.

한자 어휘

答(답), 土(토)가 들어간 말

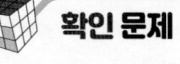

答
대답할 답

답(答)은 주로 '대답하다(물음이나 부름, 요구 등에 응하다.)'라는 뜻으로 쓰여. 답(答)은 '갚다'라는 뜻으로 쓰일 때도 있어.

土
흙 토

토(土)는 주로 '흙(지구의 표면을 덮고 있는, 작은 알갱이로 이루어진 물질)'이라는 뜻으로 쓰여. 토(土)는 '땅', '지방'이라는 뜻으로도 쓰여.

✎ 단어와 그 뜻을 익히고, 빈칸에 알맞은 단어를 써 보자.

동문서답
동녘 東 + 물을 問 +
서녘 서 西 + 대답할 答

동문(東問) + 서답(西答)
동쪽에서 물음.　서쪽에서 대답함.
→ 질문과 대답이 전혀 맞물리지 않는 상황에서 사용하는 표현임.

묻는 말과 전혀 상관이 없는 대답.
예 나는 친구의 질문을 제대로 이해하지 못하고 │동│문│서│답│을 하였다.

답례
갚을 答 + 예도 禮

'답(答)'이 '갚다'라는 뜻으로 쓰임.

말이나 동작, 물건 등으로 남에게 받은 예를 도로 갚음.
예 선수들은 손을 흔들며 관중들의 환호에 │답│례│를 하였다.

플러스 개념어 사례
(사례할 謝 + 예도 禮)
말과 행동, 선물 등으로 상대에게 고마운 뜻을 나타냄.
예 우산을 찾아 주신 분께 사례로 선물을 드렸다.

황토
누를 黃 + 흙 土

'토(土)'가 '흙'이라는 뜻으로 쓰임.

누런 흙.
예 산사태로 흘러내린 │황│토│가 논밭을 뒤덮었다.

신토불이
몸 身 + 땅 土 +
아닐 不 + 둘 二

신토(身土) + 불이(不二)
몸과 땅.　둘이 아님.
→ 몸과 땅은 하나라는 뜻임.
'토(土)'가 '땅'이라는 뜻으로 쓰임.

자기가 사는 땅에서 난 농산물이라야 체질에 잘 맞음.
예 건강한 몸을 위해 │신│토│불│이│ 밥상을 권장한다.

토산품
지방 土 + 생산할 産 +
물건 品
'産'의 대표 뜻은 '낳다'임.

'토(土)'가 '지방'이라는 뜻으로 쓰임.

그 지방에서 특별히 나는 물품.
예 감귤 초콜릿은 제주도의 │토│산│품│으로 유명하다.

정답과 해설 ▶ 22쪽

🧊 확인 문제

1 단어의 뜻을 찾아 선으로 이어 보자.

(1) 황토　　　●　　　　　　　　　●　누런 흙.

(2) 답례　　　●　　　　　　　　　●　그 지방에서 특별히 나는 물품.

(3) 토산품　●　　　　　　　　　●　말이나 동작, 물건 등으로 남에게 받은 예를 도로 갚음.

Tip (1) 흰빛, 붉은빛, 검은빛 흙을 뜻하는 말로 각각 백토(白土), 적토(赤土)·주토(朱土), 흑토(黑土) 따위가 있음.

2 빈칸에 알맞은 단어를 보기의 글자를 조합해 써 보자.

보기
│답│ │동│ │문│ │불│ │서│ │신│ │이│ │토│

(1) │신│토│불│이│ 은/는 자기가 사는 땅에서 난 농산물이라야 체질에 잘 맞는다는 뜻이다.

(2) │동│문│서│답│ 은/는 묻는 말과 전혀 상관이 없는 대답이라는 뜻이다.

해설 | (1) '말이나 동작, 물건 등으로 남에게 받은 예를 도로 갚음'을 뜻하는 '답례'가 알맞다. (2) '자기가 사는 땅에서 난 농산물이라야 체질에 잘 맞음'을 뜻하는 '신토불이'가 알맞다. (3) '묻는 말과 전혀 상관이 없는 대답'을 뜻하는 '동문서답'이 알맞다. (4) '누런 흙'을 뜻하는 '황토'가 알맞다.

3 ( ) 안에 알맞은 단어를 보기에서 찾아 써 보자.

보기
답례　　　황토　　　동문서답　　　신토불이

(1) 고모께서는 돌잔치에 참석한 사람들에게 (답례)의 의미로 작은 선물을 나누어 주셨다.

(2) 추석에는 햇과일, 햇곡식 등 우리나라에서 수확한 (신토불이) 재료들로 갖가지 음식을 만든다.

(3) 밤늦게 들어온 동생에게 어디에 갔다 왔느냐고 물었더니, 내일 어디에 가느냐고 (동문서답)을/를 하였다.

(4) (황토)은/는 일반적으로 바람에 의해 운반되어 퇴적된 누런 갈색이나 엷은 누런색의 미세한 모래와 점토를 가리킨다.

66

과거에 일어나지 않았을 것을 가정하여 표현한 것을 가정법 과거완료라고 하고, 가정법의 문장에서 if를 생략하여 나타낼 수 있어. 그리고 '만약 과거에 ~했더라면, 지금 ~할 텐데.'처럼 가정법 과거와 가정법 과거완료가 혼합되어 있는 경우를 혼합 가정법이라고 해. if 대신 다른 말을 사용하여 가정법을 나타내는 경우는 유사 가정법이라고 해. 이와 같은 여러 유형의 가정법의 뜻과 예를 공부해 보자.

99

✎ 단어와 그 뜻을 익히고, 빈칸에 알맞은 단어를 써 보자.

subjunctive past perfect **가정법 과거완료** 거짓假 + 정할定 + 법法 + 지날過 + 갈去 + 완전할完 + 마칠了	과거에 일어나지 않은 것을 가정하거나 상상할 때 사용하는 서술법임. 「If+주어+had+과거분사, 주어+조동사의 과거형+have+과거분사」 형태로 씀. • If I **had slept** well, I **wouldn't have felt** so tired. <u>과거에 일어나지 않은 사실을 가정한 가정법 과거완료</u> (만약 내가 잠을 잘 **잤다면**, 그렇게 피곤하게 **느끼지 않았을** 텐데.) 예 "If you had got up late, you couldn't have seen the sunrise.(네가 늦게 일어났다면, 너는 일출을 못 봤을 것이다.)"는 과거에 일어나지 않은 사실을 가정하는 가정법 과거 완료 문장이다.
ellipsis **If 생략** 덜省 + 간략할略	if를 생략하여서도 가정법을 나타낼 수 있다는 말. 보통의 가정법 문장에서 if를 생략하면 주어와 동사가 도치되어 나타남. 순서를 뒤바꿈. • **Were I you**, I wouldn't eat snack at midnight. <u>If I were you에서 If를 생략한 상태</u> (내가 너라면, 나는 한밤중에 간식을 먹지 않을 텐데.) 예 "Had I enough money, I could buy a new car.(만약 내게 충분한 돈이 있다면, 나는 새 차를 살 수 있을 텐데.)"는 If I had에서 if 를 생략 한 가정법 문장이다. Tip 가정법 과거에서 If의 생략 가정법 과거완료에서도 If를 생략하면 동일하게 도치 현상이 나타남.
mixed subjunctive **혼합 가정법** 섞을混 + 합할合 + 거짓假 + 정할定 + 법法	가정법 과거완료와 가정법 과거를 섞어서 표현한 서술법을 말함. "(과거에) ~했다면, (현재) ~할 텐데."라는 의미로 「If+주어+had+과거분사, 주어+조동사의 과거형+동사원형」 형식으로 나타냄. • If I **had finished** my report **last night**, I **would go** to the cinema **today**. <u>과거에 일어나지 못한 일에 대한 가정과 현재의 추측이 섞여 있는 혼합 가정법</u> (어젯밤 내가 보고서를 끝냈더라면, 오늘 영화관에 갈 텐데.) 예 "If I had been born in France, I could speak French well now.(내가 프랑스에서 태어났다면, 지금 프랑스어를 잘할 수 있을 텐데.)"는 과거의 일에 대한 가정과 현재의 추측이 섞여 있는 혼합 가정법 문장이다.
a pseudo subjunctive mood **유사 가정법** 무리類 + 같을似 + 거짓假 + 정할定 + 법法	if가 아닌 다른 표현으로 나타낸 가정법. wish를 사용해서 나타낸 것이 가장 대표적인데, '~하면 좋을 텐데'라는 바람이나 소망을 나타냄. • **I wish** I had more social network friends. <u>If 대신 I wish를 사용한 유사 가정법</u> (SNS 친구가 더 많다면 좋을 텐데.) 예 "I wish you lived in Canada.(나는 네가 캐나다에 살면 좋겠다.)"는 I wish로 나타낸 유사 가정법 문장이다. 플러스 개념어 as if 가정법 유사 가정법에는 as if(마치 ~인 것처럼)를 사용한 것도 있음. 어떤 것을 추측할 때 사용하는 서술법임. 예 Tom looks as if he had had a fight.(Tom은 마치 싸운 것처럼 보인다.)

🎲 **확인 문제**

1 문장에 알맞은 설명을 찾아 선으로 이어 보자.

(1) I wish I had a super power.
(나는 초능력이 있으면 좋겠다.)

(2) Were I you, I would tell him.
(내가 너라면 그에게 말할 텐데.)

(3) If I had lived by the sea, I'd have gone swimming every day.
(내가 바닷가에 살았다면 날마다 수영하러 갔을 텐데.)

(4) If I had finished the work last week, I would go out to play with my friend today.
(내가 지난 주에 그 일을 끝냈다면 오늘 친구와 놀러 갈 텐데.)

• 유사 가정법: if가 아닌 다른 표현을 사용한 가정법.

• 가정법 과거 완료: 과거에 일어나지 않았을 일을 가정하거나 상상할 때 쓰는 말.

• If 생략: if를 생략하여 주어와 동사가 도치되어 나타나는 형태.

• 혼합 가정법: '(과거에) ~했다면, (현재) …할 텐데.'의 의미로 쓰는 말.

해설 | (1) if 대신 wish(~하면 좋을 텐데)를 사용한 것으로 유사 가정법이라 한다. (2) if를 생략하여 주어와 동사가 도치된 형태를 말한다. (3) 과거에 일어나지 않았을 일을 가정할 때 쓴다. (4) 과거 일은 가정법 과거완료로, 현재 추측은 가정법 과거로 쓰는 형식을 말한다.

해설 | (1) 'If+주어+had p.p(rained)~, 주어+조동사의 과거형(could)+have p.p.(gone)'의 형태로 과거에 반대되는 가정을 나타내는 가정법 과거완료이다. (2) If가 생략되면서 주어(Tom)와 동사(were)가 도치된 형태이다. (3) 'as if(마치 ~인 것처럼)+가정법 과거형으로 쓰인 유사 가정법이다. if만 쓰면 '네가 어린아이라면'의 뜻이 돼 버린다. (4) If절은 과거(어제) 일을 나타내는 가정법 과거완료로, 주절은 현재(오늘) 추측을 나타내는 가정법 과거[주어+조동사의 과거형+동사원형(have)]로 쓴 혼합 가정법이다. 주절에 have had to go를 쓰면 have p.p로 가정법 과거완료가 되어 today와 서로 어울리지 않는다.

2 ( ) 안에서 알맞은 말을 골라 ○표 해 보자.

(1) If it had rained last weekend, we (couldn't go , (couldn't have gone)) camping.
(만약 지난 주말에 비가 왔다면, 우리는 야영을 가지 못했을 텐데.)

(2) (If , (Were)) Tom here, it would be much more fun.
(Tom이 여기 있다면, 훨씬 더 재미있을 텐데.)

(3) You talk to your mom (if , (as if)) you were a child.
(너는 마치 어린아이인 것처럼 너희 엄마에게 말한다.)

(4) If he had finished the work yesterday, he wouldn't ((have to go) , have had to go) to work today. (만약 어제 그가 일을 끝냈더라면, 오늘 그는 일하러 갈 필요가 없을 텐데.)

✎ 2주차 1~5회에서 공부한 단어를 떠올리며 문제를 풀어 보자.

국어

1 빈칸에 들어갈 단어로 알맞은 것은? (①)

> 글을 읽는 중에는 읽기 전에 자신이 □□□한 내용이 맞는지 확인해 보고, 글쓴이의 생각에 공감하거나 그것을 비판해 보는 것도 좋다.

① 예측 ② 요약 ③ 조정 ④ 점검 ⑤ 수정

해설 | '예측'은 미리 짐작하는 일로, 읽기 전에 글의 내용을 예측해 보고 글을 읽으면서 예측한 바를 확인한다.

Tip '요약'은 읽은 뒤의 활동이다.

국어

2 빈칸에 알맞은 단어를 써 보자.

> 비 교 하며 읽기란 같은 화제를 다루거나 주제가 비슷한 여러 글의 관점과 형식의 차이를 파악하며 읽는 것이다.

해설 | 같은 화제를 다룬 여러 글을 비교하며 읽으면서 관점과 형식의 차이를 파악할 수 있다.

사회

3 ( ) 안에서 알맞은 말을 골라 ○표 해 보자.

> 경제 활동이 세계화되고 상업적 농업이 발달함에 따라, 사람의 힘에 기대어 작은 규모로 이루어지던 농업은 농기계와 화학 비료를 쓰는 큰 규모의 (자급적 농업 , (기업적 농업))으로 바뀌고 있다.

해설 | '기업적 농업'은 농기계와 화학 비료를 써서 큰 규모로 이루어지는 농업이다. '자급적 농업'은 곡물을 작은 규모로 심고 가꾸어 농가에서 바로 소비하는 농업이다.

사회

4 빈칸에 알맞은 단어를 초성을 바탕으로 써 보자.

> 아 웃 소 싱 은 경영 효율을 크게 높이기 위해 기업 업무의 일부를 제삼자에게 맡겨 처리하는 것을 말한다.

해설 | '콜센터'를 비롯한 업무 처리 '아웃소싱'(BPO) 산업은 여러 분야에 종사하는 다국적 기업의 전반적인 일의 과정을 전문적으로 대신 처리하는 산업을 말한다.

수학

5 빈칸에 공통으로 들어갈 알맞은 단어를 써 보자.

(1)
> 원의 중심에서 현 에 내린 수선은 그 현 을 둘로 똑같이 나누고, 한 원에서 길이가 같은 두 현 은 원의 중심으로부터 서로 같은 거리에 있으므로 $x=9$이다.

24 cm
9 cm
O
x cm
12 cm

(2)
> 반지름 $\overline{OA}$와 접 선 $\overline{PA}$가 수직으로 만나므로 직각삼각형 OAP에서 피타고라스 정리에 의하여 $\overline{PA}=\sqrt{5^2-3^2}=\sqrt{16}=4$ (cm) 이때 접 선 $\overline{PB}$의 길이는 $\overline{PA}$의 길이와 같으므로 $x=4$이다.

A
3 cm
P 5 cm O
x cm
B

해설 | (1) 원둘레 위의 서로 다른 두 점을 이은 선분은 '현'이다. (2) 원에 닿는 선으로, 원과 한 점에서 만나는 직선은 '접선'이다.

과학

6 ( ) 안에서 알맞은 단어를 골라 ○표 해 보자.

> 서로 다른 대립 형질을 가진 ((순종), 잡종)의 개체끼리 교배했을 때 잡종 1대에서 ((우성), 열성) 형질만 나타나는 현상을 '우열의 원리'라고 한다.

과학

7 밑줄 친 말이 알맞으면 ○표, 알맞지 않으면 ✕표 해 보자.

(1) 하나의 수정란이 난할 과정에서 분리된 후 각각 발생하여 생긴 쌍둥이를 2란성 쌍둥이라고 한다.
(✕)

(2) 공기의 저항을 무시할 때 떨어지는 물체의 위치 에너지는 땅바닥에 이르면 모두 운동 에너지로 바뀐다. (○)

해설 | (1) 하나의 수정란이 난할 과정에서 분리된 후 각각 발생하여 생긴 쌍둥이는 '1란성 쌍둥이'이고, 유전자 구성이 서로 같다. (2) 중력에 따른 위치 에너지가 줄어든 만큼 운동 에너지가 늘어난다.

한자

8 빈칸에 들어갈 글자로 알맞은 것은? (⑤)

> □산품(□産品): 그 지방에서 특별히 나는 물품.

① 공(工) ② 국(國) ③ 명(名) ④ 생(生) ⑤ 토(土)

해설 | '토산품'에서 '토(土)'는 지방이라는 뜻으로 쓰였다.

영문법

9 문장에 대한 설명으로 알맞은 것은? (⑤)

> If we had travelled together, it would have been a lot more pleasant.
> (만약 우리가 함께 여행했더라면 훨씬 더 즐거웠을 텐데.)

① 어떤 조건에서 늘 일어나는 일이다.
② 가까운 미래에 일어나길 바라는 일이다.
③ 현재 상황을 있는 그대로 말하는 것이다.
④ 현재 사실에 반대되는 일을 상상하는 것이다.
⑤ 과거 사실에 반대되는 일을 가정하는 것이다.

해설 | 함께 여행을 안 갔고 그래서 더 즐겁지 못했다는 뜻이다.

Tip ① If we travel together, it is pleasant.(우리가 함께 여행하면 즐겁다.) ② 가까운 미래는 'If we travel together, it will be pleasant.(우리가 함께 여행하면 즐거울 것이다.)', 바람은 'I wish we travelled together.(우리가 함께 여행하면 좋겠다.)'로 나타낸다. ③ As we didn't travel together, it was a lot less pleasant.(우리가 함께 여행하지 않았기 때문에 훨씬 더 즐거웠다.) ④ If we travelled together, it would be a lot more pleasant.(우리가 함께 여행하면 훨씬 더 즐거울 텐데.)

어휘가
문해력
이다

중학 **3**학년 **2**학기

3주차 정답과 해설

국어 교과서 어휘

✏️ 단어와 그 뜻을 익히고, 빈칸에 알맞은 단어를 써 보자.

주성분
주인 主 + 이룰 成 + 나눌 分

문장을 이루는 데 꼭 필요한 문장 성분.

문장을 이루는 기능적인 단위.

주어	동작, 상태, 성질의 주체를 나타내는 문장 성분.
서술어	주어의 동작, 상태, 성질을 풀이하는 문장 성분.
목적어	서술어의 동작 대상이 되는 문장 성분.
보어	'되다', '아니다' 앞에서 의미를 보충하는 문장 성분.

· 나는 물을 마셨다.
　주어　목적어　서술어
· 물이 얼음이 된다.
　주어　보어　서술어

예 "나는 물을 마셨다."는 꼭 필요한 [주][성][분]으로만 문장이 이루어져 있다.

부속 성분
붙을 附 + 따를 屬
이룰 成 + 나눌 分
'屬'의 대표 뜻은 '무리'임.

주성분을 꾸며 뜻을 더하는 문장 성분.

명사, 대명사, 수사

관형어	체언을 꾸며 주는 문장 성분.
부사어	동사, 형용사 / 용언이나 다른 부사어, 관형어, 문장 전체를 꾸며 주는 문장 성분.

· 나는 멋진 신발을 샀다.
　주어　관형어　목적어　서술어
· 기차가 빨리 떠났다.
　주어　부사어　서술어

예 "나는 멋진 신발을 샀다."에서 '멋진'은 주성분인 '신발'을 꾸며 주는 [부][속] [성][분]이다.

Tip '독립 성분'은 문장의 주성분이나 부속 성분과 바로 관련을 맺지 않고 따로 떨어져 있는 성분임. 예 어머나, 영희야

홑문장
홑 + 글 文 + 글월 章

한 문장 안에 주어와 서술어의 관계가 한 번만 나타나는 문장.

예 "꽃이 예쁘다."는 주어와 서술어가 하나씩 있는 [홑][문][장]이다.
　주어 + 서술어

플러스 개념어 겹문장
한 문장 안에 주어와 서술어의 관계가 두 번 이상 나타나는 문장.

주어 + 서술어
예 이것은 내가 그린 그림이다.
　　　　주어 + 서술어

대등하게 이어진문장
대할 對 + 같을 等 + 하게
이어진 + 글월 文 + 글월 章

두 문장이 나열, 대조 등 대등한 의미 관계로 이어진 문장.

예 "비가 내리고 바람이 분다."는 '비가 내리다.'와 '바람이 분다.'가 나열의 의미 관계이므로 [대][등]하게 이어진문장이다.

대등은 서로 비교했을 때 차이가 없는 것을 뜻함. 그래서 대등하게 이어진문장은 앞뒤 문장의 순서를 서로 바꾸어도 의미에 큰 차이가 없음.

종속적으로 이어진문장
좇을 從 + 따를 屬 +
~한 상태의 的 + 으로
이어진 + 글 文 + 글월 章
'的'의 대표 뜻은 '과녁'임.

한 문장이 다른 문장의 원인, 조건, 의도 등이 되는 문장.

예 "네가 하면 나도 한다."는 '네가 한다.'가 '나도 한다.'의 조건이 되므로 [종][속][적]으로 이어진 문장이다.

안긴문장
글 文 + 글월 章

다른 문장 안에서 하나의 문장 성분처럼 쓰이는 문장.

예 "이것은 내가 만든 작품이다."에서 '내가 만든'은 관형어처럼 쓰이는 [안][긴][문][장]이고, 이를 포함한 전체의 문장이 안은문장임.

플러스 개념어 안은문장
안긴문장을 포함한 문장. "이슬비가 소리도 없이 내린다."에서 '소리도 없이'가 안긴문장이고, 이를 포함한 전체의 문장이 안은문장임.

확인 문제

정답과 해설 ▶ 26쪽

1 뜻에 알맞은 단어를 글자판에서 찾아 묶어 보자. (단어는 가로, 세로, 대각선 방향에서 찾기)

종	④부	사	어	②안
안	속	③홑	주	긴
①주	은	어	문	문
성	대	겹	문	장
분	등	서	보	어

❶ 문장을 이루는 데 꼭 필요한 문장 성분.
❷ 다른 문장 안에서 하나의 문장 성분처럼 쓰이는 문장.
❸ 한 문장 안에 주어와 서술어의 관계가 한 번만 나타나는 문장.
❹ 용언이나 다른 부사어, 관형어, 문장 전체를 꾸며 주는 문장 성분.

해설 | '골목길을'은 서술어 '올랐다'의 동작 대상이 되는 문장 성분인 '목적어'이다. 보어는 '되다', '아니다' 앞에서 뜻을 보충하는 문장 성분이다.

2 밑줄 친 부분 중 보기 의 문장에 대한 설명으로 알맞지 않은 것은? (③)

보기
> 나는 가파른 골목길을 겨우 올랐다.

① '겨우'는 용언인 '올랐다'를 꾸며 주는 문장 성분인 부사어이다.
② '가파른'은 체언인 '골목길'을 꾸며 주는 문장 성분인 관형어이다.
③ '골목길을'은 '올랐다'의 동작 대상이 되는 문장 성분인 보어이다.
④ '가파른'과 '겨우'는 주성분을 꾸며 뜻을 더하는 문장 성분인 부속 성분이다.
⑤ '나는', '골목길을', '올랐다'는 문장을 이루는 데 꼭 필요한 문장 성분인 주성분이다.

해설 | (1) 두 문장이 나열, 대조 등 대등한 의미 관계로 이어진 문장을 대등하게 이어진문장이라고 한다. (2) "까마귀 날자 배 떨어진다."는 "까마귀 날다."라는 앞 문장과 "배 떨어진다."라는 뒤 문장이 연속(선후)으로 일어남을 나타내므로 종속적으로 이어진문장이다. (3) 한 문장이 다른 문장의 원인, 조건, 의도 등이 되는 문장을 종속적으로 이어진문장이라고 한다. (4) "잘되면 제 탓이고 못되면 조상 탓이다."는 "잘되면 제 탓이다."와 "못되면 조상 탓이다."가 나열의 의미 관계로 이어져 있어 앞 문장과 뒤 문장의 순서를 바꾸어도 의미에 큰 차이가 없으므로 대등하게 이어진문장이다.

3 ( ) 안에 알맞은 말을 보기 에서 찾아 기호를 써 보자.

보기
> ㉠ 대조, 나열　　　　　　㉡ 원인, 조건, 의도
> ㉢ 까마귀 날자 배 떨어진다.　　㉣ 잘되면 제 탓이고 못되면 조상 탓이다.

(1) 아영: 두 문장이 (㉠) 등 대등한 의미 관계로 이어진 문장을 대등하게 이어진문장이라고 해.
(2) 현도: "(㉢)"은/는 앞 문장에 잇따라 뒤 문장이 일어나므로 종속적으로 이어진문장이야.
(3) 미라: 한 문장이 다른 문장의 (㉡) 등이 되는 문장을 종속적으로 이어진문장이라고 해.
(4) 기정: "(㉣)"은/는 앞 문장과 뒤 문장의 순서를 바꾸어도 의미에 큰 차이가 없으므로 대등하게 이어진문장이야.

사회 교과서 어휘

✏️ 단어와 그 뜻을 익히고, 빈칸에 알맞은 단어를 써 보자.

기상 이변
공기 氣 + 형상 象
다를 異 + 변할 變
↳ '氣'의 대표 뜻은 '기운', '象'의 대표 뜻은 '코끼리'임.

특정한 시간과 장소에서 평상시의 기준을 크게 벗어나 발생하는 악천후나 괴이한 기상 현상.
예 기후 변화의 속도가 빨라지면서 홍수나 가뭄, 폭염 등과 같은 비정상적인 [기상][이변]이 나타나고 있다.

플러스 개념어 **기상**
대기 중에서 나타나는 모든 자연 현상을 통틀어 이르는 말.

가속화
더할 加 + 빠를 速 + 될 化

속도를 더하게 됨. 또는 그렇게 함.
예 이산화 탄소를 흡수하고 저장하는 기능을 가진 숲을 파괴하는 것은 지구 온난화를 [가속][화]하는 요인이 된다.

열대야
더울 熱 + 띠 帶 + 밤 夜

야간의 최저 기온이 25℃ 이상인 무더운 밤.
예 지구의 평균 기온이 상승함에 따라 폭염, [열][대][야]와 같은 여름철 고온 현상이 증가한다.

탄소 배출권
숯 炭 + 본디 素 +
밀칠 排 + 낼 出 + 권리 權
↳ '權'의 대표 뜻은 '권세'임.

국가 또는 지역 내에서 정한 온실가스 배출 총량만큼 발전 설비나 생산 설비 등 주요 온실가스 배출원에 지급된 온실가스 배출에 대한 권리.
예 [탄소][배출권]은 청정 개발 체제 사업을 통해서 온실가스 배출량을 줄인 것을 유엔의 담당 기구에서 확인해 준 것을 말한다.

플러스 개념어 **탄소 배출권 거래제**
정부가 기업에 적정 탄소 배출량을 할당한 뒤 기업이 실제 탄소 배출량을 계산해 남는 배출권은 팔고 부족한 배출권은 사게 하는 제도.

전자 쓰레기
전기 電 + 아들 子 +
쓰레기
↳ '電'의 대표 뜻은 '번개'임.

못 쓰게 되거나 사용하던 제품을 교체하면서 내다 버리는 전자 제품.
예 [전자][쓰레기]의 대부분은 산업화된 선진국에서 배출된 것이다.

플러스 개념어 **소각**
쓰레기를 불에 태워 고온으로 산화시켜 없애 버리는 처리 방법.
예 소각은 효과적인 쓰레기 처리 방법이지만 유해 물질이 발생하여 환경 오염의 위험이 크다.

로컬 푸드

먼 거리를 실어 보내지 않은, 그 지역에서 난 농산물.
예 [로컬][푸드] 운동을 통해 소비자는 싱싱하고 안전한 먹을거리를 공급받을 수 있으며, 농민은 안정적인 소득을 보장받을 수 있다.

확인 문제

정답과 해설 ▶ 27쪽

1 빈칸에 알맞은 단어를 글자를 조합해 써 보자.

(1) [가][속][화]은/는 속도를 더하게 됨, 또는 그렇게 함을 뜻한다.

관 가 계 속 화

(2) [로][컬][푸][드]은/는 먼 거리를 실어 보내지 않은, 그 지역에서 난 농산물을 말한다.

푸 드 컬 로 고

(3) [기][상]은/는 대기 중에서 나타나는 모든 자연 현상을 통틀어 이르는 말이다.

의 상 동 기 주

(4) [소][각]은/는 쓰레기를 불에 태워 고온으로 산화시켜 없애 버리는 처리 방법이다.

탄 각 대 소 정

> **Tip** (1) 전자 쓰레기는 재활용이 가능한 일부를 제외하고는 안전 설비가 갖춰진 곳에서 매립하거나 소각하는 방법으로 폐기해야 한다. (2) 가뭄, 홍수 등의 기상 이변은 곡물 수확량에 영향을 미치는 등 우리 생활과 밀접한 관련이 있다.

2 빈칸에 알맞은 단어를 찾아 선으로 이어 보자.

(1) 새로운 휴대 전화, 컴퓨터 등 첨단 기능을 갖춘 전자 제품이 등장할 때마다 그전에 사용하던 제품을 교체하면서 버려지는 전자 제품을 [   ](이)라고 한다. ● ─── ● 전자 쓰레기

(2) 지구의 평균 기온이 높아지면서 지구 곳곳에서는 태풍, 폭설, 폭우, 가뭄 등과 같은 [   ]이/가 빈번해지고 있다. ● ╳ ● 열대야

(3) 며칠째 한밤중까지도 더위가 계속되는 [   ] 현상으로 잠 못 드는 사람들이 많다. ● ─── ● 기상 이변

해설 | (3) 열대야는 오후 6시부터 다음 날 오전 9시까지 밤사이 최저 기온이 25도 아래로 내려가지 않는 현상을 가리킨다.

3 (   ) 안에서 알맞은 단어를 골라 ○표 해 보자.

(1) 지구 온난화로 북극곰의 서식지인 북극의 얼음이 녹는 속도가 (가속화, 저속화)되고 있다.

(2) 온실가스의 배출에 대한 권리인 (탄소 배출권, 산소 배출권)을 통해 지구 온난화에 대처하려는 전 지구적인 차원의 노력이 이루어지고 있다.

해설 | (1) 경제 발전 과정에서 자연환경이 훼손되면서 북극의 얼음이 녹는 속도는 점점 빨라지고 있다.
(2) 탄소 배출권은 교토 의정서에 의해 국가별로 할당되며, 할당량을 줄여 남은 부분과 초과하여 줄이지 못한 부분을 국가 간에 거래할 수 있다.

수학 교과서 어휘

✎ 단어와 그 뜻을 익히고, 빈칸에 알맞은 단어를 써 보자.

중심각	원이나 부채꼴에서 두 반지름이 만드는 각.
가운데 中 + 중심 心 + 모서리 角 ⤷ '心'의 대표 뜻은 '마음', '角'의 대표 뜻은 '뿔'임.	예 원 O에서 두 반지름 OA, OB가 이루는 ∠AOB는 부채꼴 AOB의 중심각 이다.

원주각	원주 위의 한 점에서 그은 두 개의 현이 만드는 각으로, 그 호에 대한 중심각 크기의 $\frac{1}{2}$이다.
둥글 圓 + 둘레 周 + 모서리 角 ⤷ '周'의 대표 뜻은 '두루'임.	예 한 원에서 호 AB에 대한 중심각은 한 개이지만 호 AB에 대한 원주각 은 무수히 많고 그 크기는 모두 같다.

원주각과 호	길이가 같은 호에 대한 원주각의 크기는 서로 같고, 크기가 같은 원주각에 대한 호의 길이는 서로 같다.
둥글 圓 + 둘레 周 + 모서리 角 + 과 + 활 弧	예 한 원에서 호 AB와 호 CD의 길이가 같으면 호에 대한 원주각 의 크기가 모두 같으므로 ∠APB=∠CQD이다.

원에 내접하는 사각형의 성질	(1) 원에 내접하는 사각형의 한 쌍의 대각 크기의 합은 180°이다. (2) 원에 내접하는 사각형에서 한 외각의 크기는 그 외각에 이웃한 내각에 대한 대각의 크기와 같다.
둥글 圓 + 에 + 안 內 + 닿을 接 + 하는 + 넷 四 + 모서리 角 + 모양 形 + 의 + 성질 性 + 바탕 質	예 원에 내접 하는 사각형 ABCD에서 한 쌍의 대각의 크기의 합이 180°이므로 ∠BAD+∠BCD=180°에서 ∠BCD=80°이다. 80°+∠x=180°이므로 ∠x=100°이다.

접선과 현이 이루는 각	원의 접선과 그 접점에서 그은 현이 이루는 각의 크기는 이 각의 내부에 있는 호에 대한 원주각의 크기와 같다.
닿을 接 + 줄 線 + 과 + 활시위 弦 + 이 이루는 + 모서리 角	예 원 O에서 접선 AT와 현 AB가 이루는 각 ∠BAT와 호 AB에 대한 원주각 ∠BCA의 크기는 서로 같다. 즉, ∠BAT=∠BCA이다.

확인 문제

1 뜻에 알맞은 단어를 보기 의 글자를 조합해 써 보자. (같은 글자가 2번 쓰일 수 있음.)

보기

각 심 원 주 중

(1) 원이나 부채꼴에서 두 반지름이 만드는 각. 중 심 각

(2) 원주 위의 한 점에서 그은 두 개의 현이 만드는 각. 원 주 각

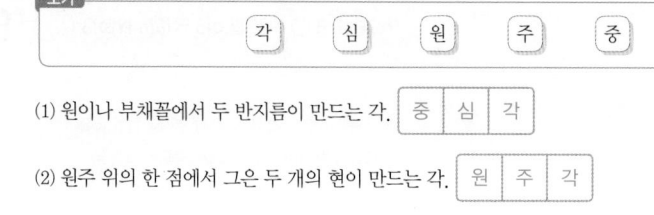

2 친구들의 설명이 알맞으면 ○표, 알맞지 않으면 ×표 해 보자.

(1) 중심각의 크기는 그 호에 대한 원주각의 크기의 2배야. (○)

(2) 길이가 같은 호에 대한 원주각의 크기는 서로 같아. (○)

(3) 한 호에 대한 중심각은 무수히 많아. (×)

해설 | (1) 원주각의 크기가 중심각 크기의 $\frac{1}{2}$이므로, 중심각의 크기는 원주각 크기의 2배이다. (3) 한 호에 대한 원주각은 무수히 많이 그려지지만 중심각은 원의 중심과 연결되어 하나로 고정된다.

3 빈칸에 들어갈 단어를 써 보자.

(1)
원 O에서 ∠BPT와 호 BP에 대한 원주각 ∠BAP의 크기가 서로 같으면 직선 PT는 원 O의 접선 이다.

(2)
길이가 같은 호에 대한 원주각 의 크기는 모두 같으므로 호 AB의 원주각 ∠APB와 호 CD의 원주각 ∠CQD의 크기는 같다. 따라서 ∠x=20°이다.

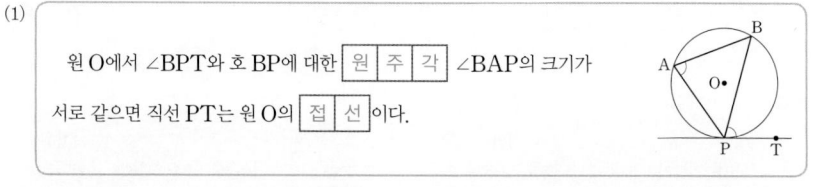

(3)
원에 내접 하는 사각형 ABCD에서 한 쌍의 대각 의 크기의 합이 180°이므로 ∠BAD+∠BCD=180° 따라서 ∠BAD의 크기는 105°이다.

단어와 그 뜻을 익히고, 빈칸에 알맞은 단어를 써 보자.

전자기 유도
전기 電 + 자석 磁 + 기운 氣 + 꾈誘 + 이끌 導
'誘'의 대표 뜻은 '번개'임.

코일을 통과하는 자기장이 변하여 코일에 전류가 발생하는 현상.

예 코일에 자석을 가까이 하면 코일을 통과하는 자기장의 세기가 커지고, 자석을 멀리 하면 코일을 통과하는 자기장의 세기가 약해지는 현상이 전자기 유도 이다.

플러스 개념어 유도 전류
전자기 유도 현상이 일어날 때 코일에 흐르는 전류.

발전기
낼 發 + 전기 電 + 기계 機
'發'의 대표 뜻은 '피다', '機'의 대표 뜻은 '틀'임.

역학적 에너지를 이용하여 전기를 만드는 장치.

예 발전기 안의 자석 속에서 코일이 회전하면 코일을 통과하는 자기장이 변하여 전자기 유도에 의해 전류가 흐르면서 전기가 생산된다.

전기 에너지 전환
전기 電 + 기운 氣 + 에너지 + 바꿀 轉 + 바꿀 換

전기 에너지가 다른 형태의 에너지로 전환되는 것.

전기 에너지 → 열에너지	전기밥솥, 전기 주전자 등
전기 에너지 → 빛에너지	전등, 텔레비전, 컴퓨터 모니터 등
전기 에너지 → 운동 에너지	선풍기, 세탁기, 에어컨 등
전기 에너지 → 소리 에너지	스피커, 텔레비전 등

예 전기 에너지 전환 이 이루어질 때는 전기 에너지가 두 가지 이상의 에너지로 동시에 전환되기도 한다.

소비 전력
사라질 消 + 쓸 費 + 전기 電 + 힘 力

전기 기구가 1초 동안 소모하는 전기 에너지의 양.

$$소비 전력(W) = \frac{전기 에너지(J)}{시간(초)}$$

예 같은 성능을 갖더라도 사용 과정에서 불필요하게 낭비되는 열에너지가 많은 전기 기구일수록 소비 전력 이 크다.

전력량
전기 電 + 힘 力 + 양 量
'量'의 대표 뜻은 '헤아리다'임.

전기 기구가 어느 시간 동안 사용한 전기 에너지의 양.

$$전력량(Wh) = 소비 전력(W) \times (h)$$

예 전력량 1Wh(와트시)는 소비 전력이 1W인 전기 기구를 1시간 동안 사용했을 때 소모하는 전기 에너지의 양이다.

대기전력
기다릴 待 + 때 機 + 전기 電 + 힘 力
'機'의 대표 뜻은 '틀'임.

실제로 사용하지 않는 대기 상태에서 소비되는 전력.

예 가전제품의 전원이 꺼져 있더라도 플러그가 콘센트에 연결되어 있으면 대기전력 을 소비한다.

확인 문제

정답과 해설 ▶ 29쪽

1 뜻에 알맞은 단어를 보기의 글자를 조합해 써 보자. (같은 글자가 여러 번 쓰일 수 있음.)

보기
기 량 력 발 비 소 전

(1) 역학적 에너지를 이용하여 전기를 만드는 장치. 발 전 기

(2) 전기 기구가 1초 동안 소모하는 전기 에너지의 양. 소 비 전 력

(3) 전기 기구가 어느 시간 동안 사용한 전기 에너지의 양. 전 력 량

해설 | 자석을 움직여 코일을 지나가는 자기장이 바뀌면 코일에 흐르는 전류를 '유도 전류'라 한다.

2 ( ) 안에 알맞은 단어를 써 보자.

자가 발전 손전등을 흔들면 손전등 속에서 자석이 코일을 통과하면서 (유도 전류)가 만들어지고, 이를 이용하여 전구의 불이 켜지게 된다. 이처럼 코일을 통과하는 자기장이 변하여 전류가 흐르게 되는 현상을 (전자기 유도)라고 한다.

해설 | (2) 믹서는 전기 에너지가 주로 운동 에너지로 전환되고, 일부 소리 에너지로 전환된다.
(4) 헤어드라이어는 전기 에너지가 주로 열에너지로 전환되고, 일부 소리 에너지로 전환된다.

3 전기 제품에서 일어나는 에너지 전환이 알맞으면 ◯표, 알맞지 않으면 ✕표 해 보자.

(1) 전등은 전기 에너지가 주로 빛에너지로 전환된다. (◯)

(2) 믹서는 전기 에너지가 주로 빛에너지로 전환된다. (✕)

(3) 다리미는 전기 에너지가 주로 열에너지로 전환된다. (◯)

(4) 헤어드라이어는 전기 에너지가 주로 빛에너지로 전환된다. (✕)

해설 | (1) 전력량은 소비 전력과 사용한 시간을 곱한 값으로 단위는 Wh(와트시), kWh(킬로와트시) 등을 사용한다. (2) 대기전력은 가전제품의 전원을 끈 상태에서 플러그를 콘센트에 꽂아 두기만 해도 쓰여 없어지는 전력이다. (3) 소비 전력은 1초 동안 사용한 전기 에너지 양으로, 전기 기구들이 같은 시간 동안 전기 에너지를 얼마나 사용하였는지를 알 수 있는 기준이 되기도 한다.

4 ( ) 안에 알맞은 단어를 보기에서 찾아 써 보자.

보기
전력량   대기전력   소비 전력

(1) 소비 전력이 20W인 전기 기구를 1시간 동안 사용한다면 사용한 (전력량)은 20Wh이다.

(2) 컴퓨터나 텔레비전 등 (대기전력)의 소비가 있는 제품은 전기 코드를 빼면 (대기전력)의 소비를 막을 수 있다.

(3) (소비 전력)이 같더라도 전구의 종류에 따라 밝기가 다르다. 또한 같은 밝기를 가진 전구라도 (소비 전력)이 더 작은 것을 선택하면 전기 에너지를 절약할 수 있다.

✏️ 단어와 그 뜻을 익히고, 빈칸에 알맞은 단어를 써 보자.

주장하는 글 주관 主 + 드러낼 張 + 하는 글 '主'의 대표 뜻은 '주인', '張'의 대표 뜻은 '베풀다'임.	어떤 문제에 대해 글쓴이가 자신의 생각을 강하게 내세우는 글. 예 주장하는 글은 서론, 본론, 결론의 형식에 따라 쓴다.	**플러스 개념어 주장** 자기의 생각이나 뜻을 내세움. 예 주장은 상대편도 자신과 같은 생각을 갖거나 행동을 바꿔 주기를 바란다고 한다.
근거 뿌리 根 + 근거 據	어떤 의견에 그 본바탕이 됨. 또는 그 까닭. 예 주장하는 글을 쓸 때는 주장과 함께 근거를 제시해야 한다.	
구체적 갖출 具 + 몸 體 + ~한 상태 的 '的'의 대표 뜻은 '과녁'임.	실제적이고 꼼꼼한 부분까지 담고 있는 것. 예 주장을 뒷받침하는 근거는 구체적이어야 한다.	**플러스 개념어 뒷받침하다** 상대편이 나의 의견에 공감하도록 이유를 들어 말하다.
설득 말씀 說 + 얻을 得	상대편이 이쪽의 이야기에 따르도록 이유를 들어 말함. 예 다른 사람을 설득할 때는 타당한 근거가 필요하다.	
자료 바탕 資 + 재료 料 '料'의 대표 뜻은 '헤아리다'임.	연구나 조사 따위의 바탕이 되는 재료. 예 주장하는 글을 쓸 때는 다양한 자료를 찾아 근거를 마련해야 한다.	**플러스 개념어 마련** 미리 생각하여 어떤 것을 준비하는 일.
귀납 돌아올 歸 + 들일 納	각각의 사례들이 지닌 공통점으로부터 원리나 사실을 이끌어 내는 논증 방법. 예 다양한 사례를 바탕으로 주장을 끌어낼 때는 귀납적인 논증 방법을 사용할 수 있다.	**플러스 개념어 연역** 확실한 사실로부터 구체적인 결론을 이끌어 내는 논증 방법.

🧊 **확인 문제**

정답과 해설 ▶ 30쪽

1 단어의 뜻을 보기에서 찾아 사다리를 타고 내려간 곳에 기호를 써 보자.

보기
　㉠ 자기 생각이나 뜻을 내세움. 주장
　㉡ 실제적이고 꼼꼼한 부분까지 담고 있는 것. 구체적
　㉢ 상대편이 이쪽의 이야기에 따르도록 이유를 들어 말함. 설득
　㉣ 각각의 사례들이 지닌 공통점으로부터 원리나 사실을 이끌어 내는 논증 방법. 귀납

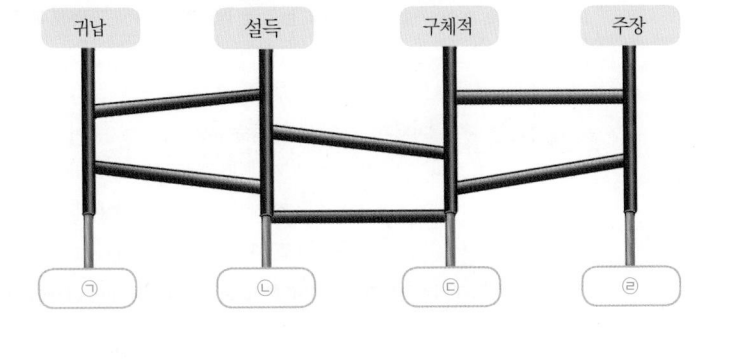

귀납　설득　구체적　주장

㉠　㉡　㉢　㉣

2 ( ) 안에 공통으로 들어갈 단어로 알맞은 것은? (③)

　• 그 과학자의 이론을 결정적으로 뒷받침할 (　　　)이/가 부족하였다.
　• 읽는 이를 잘 설득하기 위해서는 다양한 (　　　)을/를 모아야 한다.

　① 귀납　　② 연역　　③ 자료　　④ 조사　　⑤ 타당성

해설 | 연구나 조사 따위의 바탕이 되는 재료인 '자료'가 알맞다.

해설 | 주장하는 글을 쓸 때 의견을 뒷받침하는 것으로는 '어떤 의견에 그 본바탕이 됨. 또는 그 까닭'을 뜻하는 '근거'가 알맞다. 주장을 뒷받침할 근거는 다양한 자료를 찾아 마련할 수 있다.

3 대화에서 ( ) 안에 공통으로 들어갈 단어로 알맞은 것은? (①)

　주장하는 글을 쓸 때는 자신의 의견을 뒷받침하는 (　　　)을/를 함께 써야 해.

　맞아. 다양한 자료를 찾아보면 (　　　)을/를 마련하기 쉬울 거야.

　① 근거　　② 논리　　③ 설득　　④ 주장　　⑤ 문제 상황

✏️ 단어와 그 뜻을 익히고, 빈칸에 알맞은 단어를 써 보자.

공해
여러 公 + 해로울 害
🔺 '公'의 대표 뜻은 '공평하다'임.

급속한 산업화에 따라 공장의 폐수, 자동차의 매연과 소음, 각종 쓰레기 등으로 자연환경이 오염되어 사람이나 생물이 입게 되는 여러 가지 피해.

📙 현대인은 자동차 매연, 소음, 인공 빛 따위 여러 가지 공해 에 시달리고 있다.

동음이의어 공해(함께할 公 + 바다 海)
어느 나라의 주권에도 속하지 않는 해양으로서 국제법상 모든 국가에 개방되어 있는 해역.

공해 유발 산업
여러 公 + 해로울 害
꾈 誘 + 일으킬 發
생산할 産 + 일 業
🔺 '發'의 대표 뜻은 '피다', '産'의 대표 뜻은 '낳다'임.

매연·폐수·소음뿐만 아니라 돌솜·수은·카드뮴 따위의 해로운 물질을 내보내 매우 큰 환경 문제를 일으키는 산업.

📙 개발 도상국은 공해 유발 산업을 막는 법적 장치를 제대로 갖추지 못했으므로, 선진국은 환경 문제를 일으키는 오래된 공장들을 개발 도상국으로 옮겼다.

플러스 개념어 저임금
(낮을 低 + 품삯 賃 + 돈 金)
낮은 임금. 평균 임금의 60%보다 아래인 임금을 말함.
📙 공해 유발 산업의 이동을 통해 선진국은 저임금 노동력을 활용함과 동시에 환경 문제를 해결하게 되었다.

화훼
꽃 花 + 풀 卉

꽃이 피는 풀과 나무 또는 꽃이 없더라도 두고 보면서 즐기는 모든 식물을 통틀어 이르는 말.

📙 네덜란드 화훼 농가는 탄소 배출 비용 절감을 위해 기후가 온화하고 인건비가 싼 아프리카 지역으로 이전했다.

미세먼지
작을 微 + 가늘 細 + 먼지

눈에 보이지 않을 만큼 아주 작은 $10\mu m$(마이크로미터) 이하의 오염 물질.
$1\mu m$는 1,000분의 $1mm$.

📙 미세먼지 는 가시거리를 떨어뜨리기 때문에 비행기 운행에도 지장을 준다.

플러스 개념어 가시거리(~할 수 있을 可 + 볼 視 + 떨어질 距 + 떨어질 離)
눈으로 볼 수 있는 거리.

유전자 변형(GMO) 농산물
남길 遺 + 전할 傳 + 아들 子
변할 變 + 모양 形
농사 農 + 생산할 産 + 물건 物

본래의 유전자를 변형해 기존의 번식 방법으로는 나타날 수 없는 새로운 성질의 유전자를 지니도록 개발한 농산물.

📙 유전자 변형 농산물 은 잡풀에 강한 옥수수, 잘 무르지 않는 토마토, 카페인이 없어진 커피 따위로 매우 여러 가지이다.

플러스 개념어 유전자
특정 형질에 대한 유전 정보가 있는 DNA의 특정 부분.

친환경
친할 親 + 고리 環 + 지경 境

자연환경을 오염하지 않고 자연 그대로의 환경과 잘 어울리는 일.

📙 최근에는 지역의 자연환경 조건에 맞는 친환경 농업에 관심을 갖는 농민들이 늘어나고 있다.

확인 문제

정답과 해설 ▶ 31쪽

1 뜻에 알맞은 단어를 찾아 선으로 이어 보자.

(1) 자연환경을 오염하지 않고 자연 그대로의 환경과 잘 어울리는 일. ● ● 저임금

(2) 평균 임금의 60%보다 아래인 임금. ● ● 가시거리

(3) 산업화에 따라 공장의 폐수, 자동차의 매연과 소음, 각종 쓰레기 등으로 자연환경이 오염되어 사람이나 생물이 입게 되는 여러 가지 피해. ● ● 친환경

(4) 눈으로 볼 수 있는 거리. ● ● 공해

─ 해설 | (1) 네덜란드는 화훼 농가가 많았는데, 탄소 배출 비용 절감을 위해 인건비가 싸고 기후가 온화한 아프리카 지역으로 이전하였다. (2) 유전자 재조합은 어떤 유전자의 배열 순서를 바꾸거나 다른 유전자와 조합해 지금까지와는 다른 유전자의 조합이 생기는 것을 이른다. 최근 국제 환경 보호 단체 그린피스는 유전자를 변형해 만드는 농산물 관련 정책에 반대하는 운동을 하고 있다.

2 빈칸에 알맞은 단어를 보기 의 글자를 조합해 써 보자.

보기

유 자 전 화 휘

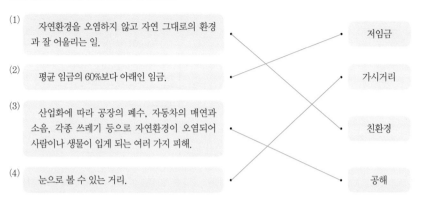

(1) 옛날 세계 화 훼 시장의 중심지는 네덜란드였지만, 최근 유럽 시장의 장미꽃 약 70%는 케냐에서 심어 가꾼 거야.

(2) 유 전 자 변형 콩은 추위나 병충해에 강한 새로운 품종이래.

─ 해설 | (1) 매연·폐수·소음뿐만 아니라 석면·카드뮴 등의 유해 물질을 배출하여 심각한 환경 문제를 일으키는 산업을 공해 유발 산업이라 한다. (2) 미세먼지는 입자가 매우 작아 호흡기로 걸러지지 않고 우리 몸속까지 들어와 각종 호흡기 질환을 일으키기도 한다.

3 ( ) 안에서 알맞은 단어를 골라 ○표 해 보자.

(1) 환경에 관심을 갖게 된 선진국은 매연, 폐수, 소음 등 심각한 환경 문제를 일으키는 (공해 유발 산업, 도시 개발 산업)을 개발 도상국으로 이전하였다.

(2) 반도체와 같은 정밀한 작업이 요구되는 산업은 눈에 보이지 않을 정도로 가늘고 작은 먼지 입자인 (미세먼지, 이산화 탄소)에 노출되면 불량률이 높아질 수 있다.

수학 교과서 어휘

📝 단어와 그 뜻을 익히고, 빈칸에 알맞은 단어를 써 보자.

평균
평평할 平 + 고를 均

변량의 총합을 변량의 개수로 나눈 값.

$$(평균) = \frac{(변량의\ 총합)}{(변량의\ 개수)}$$

플러스 개념어 변량
변하는 수량으로, 자료를 수량으로 나타낸 것.

예 자료 2, 4, 6, 8의 평균 은 $\frac{2+4+6+8}{4} = \frac{20}{4} = 5$이다.

줄기와 잎 그림

어떤 자료를 보고 큰 수의 자릿값은 줄기에(세로로), 작은 수의 자릿값은 잎에(가로로) 써서 나타낸 그림.

(2|0은 20세)

줄기	잎					
2	0	3	7	8	9	
3	0	1	1	2	3	7
4	0	1	2	5		

예 변량을 줄기와 잎으로 구분하여, 줄기는 세로줄의 왼쪽에 작은 값부터 차례대로 세로로 나열하고, 각 줄기에 해당하는 잎은 세로줄의 오른쪽에 작은 값부터 차례대로 가로로 나열하여 나타내는 그림을 줄기 와 잎 그림이라고 한다.

도수분포표
정도 度 + 셈 數 + 나눌 分 + 펼 布 + 표 表
'度'의 대표 뜻은 '법도', '布'의 대표 뜻은 '베', '表'의 대표 뜻은 '같'임.

각 계급에 들어맞는 수량.
각 계급의 도수를 조사하여 나타낸 표.

예 주어진 자료를 몇 개의 계급으로 나누어 각 계급에 속하는 도수를 조사하여 나타낸 표가 도수분포표 이다.

국어 성적(점)	학생 수(명)
40 이상 ~ 60 미만	3
60 ~ 80	12
80 ~ 100	5
합계	20

플러스 개념어 히스토그램
각 계급의 크기를 가로로, 도수를 세로로 하는 직사각형을 그려 놓은 그래프.

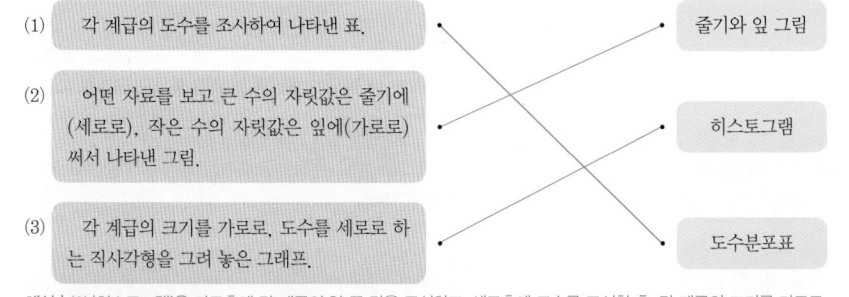

중앙값
가운데 中 + 가운데 央 + 값

자료의 변량을 작은 값부터 크기 순서로 나열할 때, 자료의 중앙에 놓이는 값.

예 자료 2, 4, 10, 18, 22, 30의 중앙값 은 중앙에 있는 두 수 10, 18의 평균인 $\frac{10+18}{2} = \frac{28}{2} = 14$이다. 중앙값을 구할 때 자료가 작은 값부터 크기순으로 나열되어 있는지 확인한다.

최빈값
가장 最 + 자주 頻 + 값

자료의 변량 중에서 가장 많이 나타나는 값.

예 자료 1, 1, 1, 3, 4, 5, 5에서 1의 값이 가장 많이 나타나므로, 이 자료의 최빈값 은 1이다.

💬 자료 2, 4, 2, 4, 5, 8에서 2와 4가 각각 두 번씩 가장 많이 나타나므로, 이 자료의 최빈값은 2와 4이다. 최빈값은 자료에 따라 두 개 이상일 수도 있다.

1
뜻에 알맞은 단어를 글자판에서 찾아 묶어 보자. (단어는 가로, 세로, 대각선 방향에서 찾기)

도	평	대	히	분
변	수	균	스	최
량	푯	중	토	빈
포	앙	차	그	값
값	자	료	램	표

❶ 자료의 중앙에 놓이는 값.
❷ 자료를 수량으로 나타낸 것.
❸ 변량의 총합을 변량의 개수로 나눈 값.
❹ 자료의 변량 중에서 가장 많이 나타나는 값.

2
뜻에 알맞은 말을 찾아 선으로 이어 보자.

(1) 각 계급의 도수를 조사하여 나타낸 표. ● ● 줄기와 잎 그림

(2) 어떤 자료를 보고 큰 수의 자릿값은 줄기에(세로로), 작은 수의 자릿값은 잎에(가로로) 써서 나타낸 그림. ● ● 히스토그램

(3) 각 계급의 크기를 가로로, 도수를 세로로 하는 직사각형을 그려 놓은 그래프. ● ● 도수분포표

해설 | (3) '히스토그램'은 가로축에 각 계급의 양 끝 값을 표시하고, 세로축에 도수를 표시한 후, 각 계급의 크기를 가로로, 도수를 세로로 하는 직사각형을 그려 놓은 그래프이다.

3
빈칸에 들어갈 단어를 초성을 바탕으로 써 보자.

(1) 자료 8, 2, 11, 14, 15에서 평균 은 $\frac{(변량의\ 총합)}{(변량의\ 개수)} = \frac{8+2+11+14+15}{5} = \frac{50}{5} = 10$이다.

(2) 자료 2, 3, 2, 4, 6, 9, 3에서 2와 3의 값이 각각 두 번씩 나타나므로, 이 자료의 최빈값 은 2와 3이다.

(3) 자료 80, 10, 45, 20, 90에서 먼저 자료를 작은 값부터 크기순으로 나열하면 10, 20, 45, 80, 90이므로 중앙에 놓인 45가 중앙값 이다.

해설 | (2) 최빈값은 자료에 따라 두 개 이상일 수도 있다.

단어와 그 뜻을 익히고, 빈칸에 알맞은 단어를 써 보자.

시차 볼 視 + 다를 差	한 물체를 서로 다른 위치에서 바라볼 때 생기는 시선 방향의 차이로, 시차의 크기는 두 관측 지점과 물체 사이의 각도로 나타냄. 예 시차 는 물체까지의 거리가 가까울수록 크게 나타나고, 거리가 멀수록 작게 나타난다.
연주 시차 해 年 + 두루 周 + 볼 視 + 다를 差	지구에서 별을 6개월 간격으로 측정한 시차의 $\frac{1}{2}$로, 단위는 ″(초), $1″=\frac{1}{3600}°$ 예 별의 연주 시차 는 거리가 먼 별일수록 작다. 곧 별까지의 거리에 반비례한다.
별의 밝기와 거리 별의 밝기와 + 떨어질 距 + 떨어질 離 '離'의 대표 뜻은 '떠나다'임.	우리 눈에 보이는 별의 밝기는 별까지 거리의 제곱에 반비례함. 예 별에서 거리 가 2배, 3배로 멀어지면 별빛이 비치는 넓이는 2^2배, 3^2배로 늘어나고, 같은 넓이에서 받는 별의 밝기 는 $\frac{1}{2^2}$배, $\frac{1}{3^2}$배로 어두워진다.
겉보기 등급 겉보기 + 무리 等 + 등급 級	우리 눈에 보이는 별의 밝기 등급으로, 밝은 별일수록 등급이 작고, 어두운 별일수록 등급이 크고, 1등급 차이마다 밝기는 약 2.5배 차이가 있음. 이미 등급을 알고 있는 별의 밝기와 상대적인 비교를 통해 겉보기 등급을 결정함. 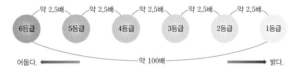 예 히파르코스는 맨눈으로 보았을 때 가장 밝게 보이는 별을 1 등급 으로, 간신히 보이는 희미한 별을 6 등급 으로 정하고, 그 사이에 별들의 밝기에 따라 2, 3, 4, 5등급으로 구분하였다. 겉보기 등급 은 별까지의 거리와 상관없이 눈에 보이는 밝기를 나타낸 것으로 별의 실제 밝기를 비교할 수 없다.
절대 등급 더없을 絶 + 대할 對 + 무리 等 + 등급 級 '絶'의 대표 뜻은 '끊다'임.	별들이 모두 같은 거리인 10pc에 있다고 가정할 때 별의 밝기 등급. 파섹(1pc)은 연주 시차가 1″인 별까지의 거리 예 겉보기 등급이 절대 등급 보다 작은 별은 10pc보다 가까이 있고, 큰 별은 10pc보다 멀리 있다.
별의 색과 표면 온도 별의 + 빛깔 色 + 과 + 겉 表 + 겉 面 + 따뜻할 溫 + 정도 度 '面'의 대표 뜻은 '낯', '度'의 대표 뜻은 '법도'임.	별은 표면 온도에 따라 색이 다르게 나타남. 파란색을 띠는 별은 표면 온도가 높고, 붉은색을 띠는 별은 표면 온도가 낮음.  예 오리온자리의 리겔은 표면 온도 가 높아 청백색을 띠고, 베텔게우스는 표면 온도 가 낮아 적색을 띤다.

확인 문제

정답과 해설 ▶ 33쪽

1 단어의 뜻을 보기 에서 찾아 사다리를 타고 내려간 곳에 기호를 써 보자.

보기
㉠ 우리 눈에 보이는 별의 밝기 등급. 겉보기 등급
㉡ 한 물체를 서로 다른 위치에서 바라볼 때 생기는 시선 방향의 차이. 시차
㉢ 별들이 모두 같은 거리인 10pc에 있다고 가정할 때 별의 밝기 등급. 절대 등급

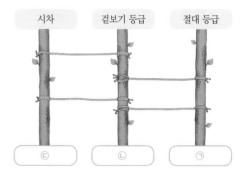

2 친구들의 설명이 알맞으면 ○표, 알맞지 않으면 ✕표 해 보자.

(1) 등급이 클수록 밝은 별이야. (✕)
(2) 별을 6개월 간격으로 측정한 시차의 $\frac{1}{2}$이 연주 시차야. (○)
(3) 우리 눈에 보이는 별의 밝기는 별까지 거리의 제곱에 반비례해. (○)

해설 | (1) 밝은 별일수록 등급이 작고, 어두운 별일수록 등급이 크고, 1등급 차이마다 밝기는 약 2.5배 차이가 있다.

3 ( ) 안에 알맞은 단어를 보기 에서 찾아 써 보자.

보기
연주 시차   절대 등급   표면 온도

(1) (연주 시차)이/가 작을수록 별까지의 거리가 멀다.

(2) 별까지의 거리를 10pc으로 같다고 가정한 (절대 등급)을/를 비교하면 별의 실제 밝기를 비교할 수 있다.

(3) 별 스피카는 청색, 시리우스는 백색, 알데바란은 주황색에 가깝다. 이 중 가장 (표면 온도)이/가 높은 별은 스피카이다.

해설 | (3) 별의 색은 표면 온도에 따라 달라지는데, 표면 온도가 높은 별에서 낮은 별로 갈수록 별의 색은 청색 → 청백색 → 백색 → 황백색 → 황색 → 주황색 → 적색을 띤다. 별의 색은 별을 구성하는 성분과는 상관이 없고 별의 표면 온도에 따라 달라지므로, 청색인 스피카 별의 표면 온도가 가장 높다.

한자 어휘

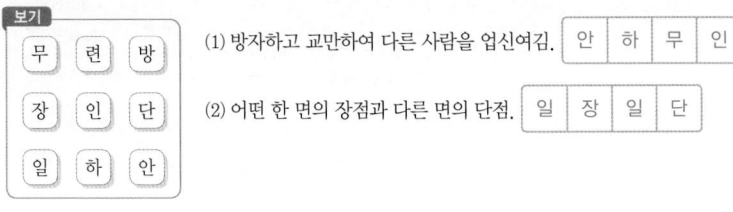

短(단), 下(하)가 들어간 말

短
짧을 단

단(短)은 주로 '짧다(잇닿아 있는 공간이나 물체의 두 끝의 사이가 가깝다.)'라는 뜻으로 쓰여. '단점'이라는 뜻으로 쓰일 때도 있어.

下
아래 하

하(下)는 주로 '아래(일정한 기준보다 낮은 위치)'라는 뜻으로 쓰여. '낮아지다', '내려오다'라는 뜻으로도 쓰여.

✏️ 단어와 그 뜻을 익히고, 빈칸에 알맞은 단어를 써 보자.

최단
가장 最 + 짧을 短

'단(短)'이 '짧다'라는 뜻으로 쓰임.

가장 짧음.
예 집에서 학교까지 [최][단] 거리로 갈 수 있는 방법을 찾아보았다.

반대말 **최장**(가장 最 + 길 長)
가장 긺.
예 그 소년은 철봉 오래 매달리기에서 최장 시간 기록을 세웠다.

일장일단
하나 一 + 뛰어날 長 +
하나 一 + 단점 短
'長'의 대표 뜻은 '길다'임.

일장(一長) + 일단(一短)
한 가지 장점. 한 가지 단점.
→ 장점이 있으면 단점도 있다는 뜻임.

어떤 한 면의 장점과 다른 면의 단점.
예 사람은 누구에게나 [일][장][일][단]이 있다.

안하무인
눈 眼 + 아래 下 +
없을 無 + 사람 人

안하(眼下) + 무인(無人)
눈 아래. 사람이 없음.
→ 눈 아래에 사람이 없다는 뜻임. 남을 사람처럼 대하지 않는다는 의미임.

무례하고 건방짐.
방자하고 교만하여 다른 사람을 업신여김.
잘난 체하며 뽐냄.
예 권력을 손에 쥐었다고 [안][하][무][인]으로 행동하면 안 된다.

하락
낮아질 下 + 떨어질 落

'하(下)'가 '낮아지다'라는 뜻으로 쓰임.

값이나 가치 따위가 낮은 상태로 떨어짐.
예 수입 농산물의 영향으로 우리 농산물의 가격이 [하][락]하고 있다.

하산
내려올 下 + 메 山

'하(下)'가 '내려오다'라는 뜻으로 쓰임.

산에서 내려옴.
예 날이 저물기 시작하자 등산객들은 서둘러 [하][산]을 하였다.

확인 문제

1 뜻에 알맞은 단어를 보기의 글자를 조합해 써 보자. (같은 글자가 2번 쓰일 수 있음.)

보기
무	련	방
장	인	단
일	하	안

(1) 방자하고 교만하여 다른 사람을 업신여김. [안][하][무][인]

(2) 어떤 한 면의 장점과 다른 면의 단점. [일][장][일][단]

2 단어의 뜻을 찾아 선으로 이어 보자.

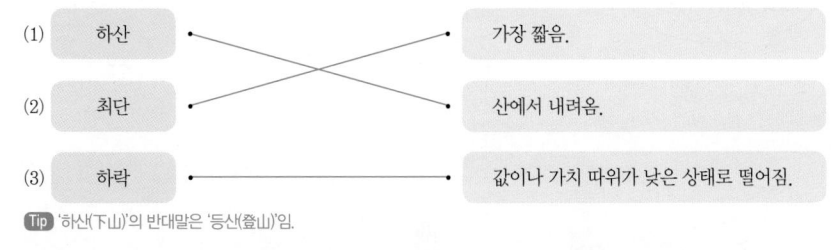

(1) 하산 — 가장 짧음.

(2) 최단 — 산에서 내려옴.

(3) 하락 — 값이나 가치 따위가 낮은 상태로 떨어짐.

Tip '하산(下山)'의 반대말은 '등산(登山)'임.

해설 | (1) '값이나 가치 따위가 낮은 상태로 떨어짐'을 뜻하는 '하락'이 알맞다. (2) '방자하고 교만하여 다른 사람을 업신여김'을 뜻하는 '안하무인'이 알맞다. (3) '가장 짧음'을 뜻하는 '최단'이 알맞다. (4) '어떤 한 면의 장점과 다른 면의 단점'을 뜻하는 '일장일단'이 알맞다.

3 ( ) 안에 알맞은 단어를 보기에서 찾아 써 보자.

보기
| 최단 | 하락 | 안하무인 | 일장일단 |

(1) 그 건설 회사는 잇따른 부실시공으로 인해 신용도가 대폭 (하락)하였다.

(2) 사장의 아들인 최 과장은 동료는 물론이고 상사에게까지도 (안하무인)으로 굴었다.

(3) 컴퓨터 프로그래머는 (최단) 시간 내에 훼손된 데이터를 복구하기 위해 노력하였다.

(4) 주변이 개발되면 편의 시설을 쉽게 이용할 수 있지만 교통이 혼잡해지고 환경오염이 발생할 수 있어 (일장일단)이 있다.

> 영어에서 주어의 수에 따라 동사의 형태를 조정하는 것을 수 일치라고 해. 그리고 주절의 시제와 종속절의 시제를 일치시키는 것을 시제 일치라고 해. 또한 말하는 사람의 말을 그대로 따옴표 안에 써서 전달하는 것을 직접화법, 전달해 주는 사람의 관점에서 고친 말로 나타내는 것을 간접화법이라고 해. 그럼 일치와 화법의 뜻과 예를 공부해 보자.

주절에 딸려 그것을 한정하는 절.

✏️ 단어와 그 뜻을 익히고, 빈칸에 알맞은 단어를 써 보자.

단어	뜻	플러스 개념어
Subject-Verb Agreement **수 일치** 숫자 數 + 하나 一 + 이룰 致	주어의 단수, 복수에 따라 동사의 형태를 조정하는 것. 특히 주어가 3인칭 단수이고 시제가 현재일 때 동사에 s를 붙여 씀. 3인칭 단수인 주어에, 시제가 현재이므로 동사에 s를 붙인 수 일치 • **The door opens** automatically. (그 문은 자동으로 열린다.) 예 "She likes this dress.(그녀는 이 드레스를 좋아한다.)"에서 주어가 3인칭 단수이고, 시제가 현재이므로 동사가 likes로 수 일치가 되었다.	**be동사의 수 일치(현재형)** • 단수 취급: 1인칭에서 am, 2인칭에서 are, 3인칭에서 is를 씀. 예 He is a wonderful actor. (그는 멋진 배우이다.) • 복수 취급: 인칭에 상관없이 복수인 주어에는 are를 씀. 예 These socks are really cute. (이 양말들은 정말로 귀엽다.)
Tense Agreement **시제 일치** 때 時 + 억제할 制 + 하나 一 + 이룰 致	주절의 동사와 종속절 동사의 시제를 일치시키는 것을 말함. 기준이 되는 시제가 주절의 시제인 점에 주의해야 함. 주절의 동사(현재)와 종속절 동사(현재)가 시제 일치를 이루고 있음. • **I think** that he **is** smart. (나는 그가 똑똑하다고 생각한다.) 예 "I knew that she was sick.(나는 그녀가 아픈 것을 알았다.)"에서 주절의 과거형 knew와 종속절의 과거형 was는 시제 일치를 이루고 있다.	**시제 일치 예외** • 불변의 진리, 습관적 행동 등 예 He said that the sun goes around the earth. (태양이 지구 주위를 돈다고 그는 말했다.) • 역사적 진실 예 I know that Columbus discovered America in 1492. (콜럼버스가 1492년에 아메리카 대륙을 발견했다는 사실을 나는 안다.)
Direct Narration **직접화법** 바로 直 + 접할 接 + 말할 話 + 법 法 '直'의 대표 뜻은 '곧다'임.	다른 사람이 말한 내용을 인용 부호(" ") 사이에 그대로 전달해 말하는 방법. 인용 부호 안의 시제와 내용을 들은 그대로 넣어 전달함. • He says, "**What time will you be home?**"(그는 "너는 몇 시에 집에 올 거니?"라고 말한다.) 인용 부호 안에 한 말을 그대로 전달한 직접화법 예 She said, "I saw you."(그녀는 "나는 너를 봤어."라고 말했다.)는 인용 부호 안에 말한 내용을 그대로 전달한 직접화법이다.	
Indirect Narration **간접화법** 사이 間 + 접할 接 + 말할 話 + 법 法	전달하는 사람의 입장에서 다른 사람이 말한 내용을 전달해 말하는 방법. 직접화법에서 간접화법으로 바꾸면 수 일치와 시제 일치를 적용하고 대명사 등의 표현을 바꿔야 함. • She told me that she didn't like me. (그녀는 나를 좋아하지 않는다고 말했다.) She said to me, "I don't like you."를 바꾼 간접화법 예 "Jessy told him that she had met Susan at a cafe.(Jessy는 카페에서 Susan을 만났다고 그에게 말했다.)"는 Jessy said to him, "I met Susan at a cafe."를 바꾼 간접화법이다.	

Tip 의문문의 간접화법: 종속절이 의문사 + 주어 + 동사의 순서로 바뀜. 또는 if나 whether를 넣음.

---

1 문장에 알맞은 설명을 찾아 선으로 이어 보자.

(1) She said, "**I met him**." (그녀는 "내가 그를 만났어."라고 말했다.)

(2) **The car goes** automatically. (그 차는 자동으로 간다.)

(3) James said **that he was upset**. (James는 속상하다고 말했다.)

(4) I **knew** that she **was** a painter. (나는 그녀가 화가라는 사실을 알았다.)

• 수 일치: 주어의 단수, 복수에 따라 동사의 형태를 조정하는 것.

• 시제 일치: 주절과 종속절의 동사 시제를 일치시키는 것.

• 직접화법: 인용 부호를 써서 다른 사람이 말한 내용을 전달하는 방법.

• 간접화법: 전달하는 사람의 입장에서 다른 사람이 말한 내용을 전달하는 방법.

해설 | (1) 인용 부호 사이에 다른 사람이 한 말을 그대로 전달하는 것이다. (2) 3인칭 단수 주어 The car와 단수 동사 goes가 수 일치되어 있다. (3) 다른 사람이 말한 내용을 전달하는 사람의 입장에서 전달하는 것이다. (4) 주절의 시제가 과거인 knew로, that절 안의 동사도 과거인 was로 시제 일치가 되어 있다.

해설 | (1) people이 복수 주어이므로 복수 동사인 are를 쓰는 수 일치이다. (2) 주절의 동사가 과거형인 thought이므로 종속절의 동사도 과거형인 was를 쓰는 시제 일치이다. (3) 인용 부호 사이에 다른 사람의 말을 그대로(나 어제) 쓰는 직접화법이다. (4) 전달하는 사람의 입장에서 다른 사람이 말한 내용을 전달하는 화법이다. 너에게 말하고 있고, 시제 일치를 한다.

2 ( ) 안에서 알맞은 말을 골라 ○표 해 보자.

(1) More and more people (is , ⓐre) jogging. (점점 더 많은 **사람들이** 조깅을 하고 있다.)

(2) I thought the TV (is , ⓦas) too expensive to buy.
(나는 그 텔레비전이 너무 비싸서 살 수 없다고 생각했다.)

(3) The child said, "(Ⓘ was very sick yesterday , she was very sick the day before.)"
(그 아이는 "나 어제 많이 아팠어요."라고 말했다.)

(4) Tim said that (she is busy , ⓨou were busy). (Tim은 네가 바쁘다고 말했다.)

✏️ 3주차 1~5회에서 공부한 단어를 떠올리며 문제를 풀어 보자.

국어

1 ( ) 안에서 알맞은 단어를 골라 ○표 해 보자.

(1) "한나는 책임감이 강하다."는 (이어진문장 , (안은문장))이다.

(2) "비가 그치고 해가 나기 시작했다."는 ((이어진문장) , 안은문장)이다.

(3) "선생님께서 너를 불러오라고 말씀하셨다."는 (이어진문장 , (안은문장))이다.

해설 | (1) 서술절을 가진 안은문장이다. (2) 둘 이상의 홑문장이 연결된 이어진문장이다. (3) 인용절을 가진 안은문장이다.

국어

2 ( ) 안에 들어갈 말로 알맞은 것은? (⑤)

( )은 어떤 문제에 관해 자기 의견이나 주의를 타당한 근거를 들어 논리적으로 펼침으로써 읽는 이를 설득하기 위해 쓴 글을 뜻한다.

① 발표하는 글　② 보고하는 글　③ 비교하는 글　④ 설명하는 글　⑤ 주장하는 글

해설 | 주장하는 글 쓰기는 먼저 문제 상황을 찾아내고 그에 관해 부정적인 면과 긍정적인 면을 살펴본 뒤 자기 의견을 정한다. 이어서 그 의견을 뒷받침할 근거를 마련하고 이를 바탕으로 내용을 조직해 글을 쓴 뒤 고쳐쓰기를 한다.

사회

3 ( ) 안에서 알맞은 말을 골라 ○표 해 보자.

전자 쓰레기와 공해 유발 산업은 주로 ((선진국에서 개발 도상국으로) , 개발 도상국에서 선진국으로) 이동하고 있다.

해설 | 몇몇 선진국들은 전자 쓰레기를 제 나라에서 안전하게 버릴 수 있는데도 환경·경제적 부담을 줄이기 위해 개발 도상국으로 법을 어기며 팔아 내보내고 있다. 또 개발 도상국은 공해 유발 산업을 막는 법적 장치를 제대로 갖추지 못했으므로, 선진국은 환경 문제를 일으키는 오래된 공장들을 개발 도상국으로 옮겼다.

사회

4 빈칸에 알맞은 말을 써 보자.

요즘에는 환경에 관심이 커지고 안전하고 건강한 먹을거리를 찾는 사람들이 늘어나면서 지역에서 난 농산물을 지역에서 쓰자는 [로][컬] [푸][드] 운동이 펼쳐지고 있다.

해설 | '로컬 푸드'는 먼 거리를 실어 보내지 않은, 그 지역에서 난 농산물이다.

수학

5 빈칸에 공통으로 들어갈 알맞은 단어를 써 보자.

직선 AT가 원 O의 접선일 때,

각 x는 호 AB에 대한 [원][주][각] ∠BCA와 크기가 같으므로 60°이다.

해설 | 원의 접선과 그 접점을 지나는 현이 이루는 각의 크기는 그 각의 안에 있는 호에 대한 원주각의 크기와 같다.

Tip 각 y는 지름에 대한 원주각 ∠CBA와 크기가 같으므로 90°이다.

수학

6 보기 의 자료에 대한 설명에서 알맞은 단어를 골라 ○표 해 보자.

보기

| 9 | 7 | 2 | 9 | 3 |

변량이 5개이므로 ((평균) , 중앙값 , 최빈값)은 $\frac{9+7+2+9+3}{5}=\frac{30}{5}=6$이다. 그리고 변량을 작은 값부터 크기대로 나열하면 2, 3, 7, 9, 9이므로 (평균 , (중앙값) , 최빈값)은 한가운데 놓인 7이다. 두 번 나타나는 9는 (평균 , 중앙값 , (최빈값))이다.

해설 | 평균은 변량을 모두 더한 것을 개수로 나눈 값이고, 중앙값은 자료의 한가운데 놓이는 값이고, 최빈값은 가장 많이 나타나는 값이다.

과학

7 단어의 설명을 찾아 선으로 이어 보자.

(1) 유도 전류 ——— 소비 전력의 단위.

(2) W(와트) ——— 코일 가까이에서 자석을 움직이면 흐르는 전류.

(3) 대기전력 ——— 가전제품의 전원을 끈 상태에서 플러그를 콘센트에 꽂아 두기만 해도 쓰여 없어지는 전력.

해설 | (1) 코일 가까이에서 자석을 움직이거나, 자석 가까이에서 코일을 움직이면 유도 전류가 흐른다. (2) 소비 전력의 단위로 W(와트)를 쓴다. 전력량은 단위로 Wh(와트시), kWh(킬로와트시) 따위를 쓴다. (3) 대기전력은 실제로 쓰지 않고 기다리는 상태에서 쓰여 없어지는 전력이다.

과학

8 설명에 알맞은 말을 ( ) 안에서 골라 ○표 해 보자.

별은 파란빛을 띨수록 표면 온도가 ((높고) , 낮고) 붉은빛을 띨수록 표면 온도가 (높다 , (낮다)).

해설 | 표면 온도가 높은 별은 붉은빛보다 파란빛을 많이 내보내고, 표면 온도가 낮은 별은 파란빛보다 붉은빛을 많이 내보낸다.

한자

9 ( ) 안에 들어갈 단어로 알맞은 것은? (⑤)

어두워져 산길을 잃기 전에 도중에 서둘러 ( )을/를 했다.

① 등산(登山)　② 입산(入山)　③ 하교(下校)　④ 하락(下落)　⑤ 하산(下山)

해설 | '하산'은 산을 내려온다는 뜻이다. ① '등산'은 산에 오른다는 뜻이다. ② '입산'은 산속에 들어간다는 뜻이다. ③ '하교'는 학교에서 돌아온다는 뜻이다. ④ '하락'은 떨어진다는 뜻이다.

영문법

10 바꾼 문장에 알맞은 단어를 골라 ○표 해 보자.

Jane said, "I go to see my grandmother".
(Jane은 "나는 내 할머니를 만나러 가."라고 말했다.)
→ Jane said that (I , (she)) (go , (went)) to see (my , (her)) grandmother.
(Jane은 그녀가 자기 할머니를 만나러 간다고 말했다.)

해설 | 다른 사람의 말을 그대로 끌어다 쓴 것(인용 부호 안)을 전달하는 사람의 입장에서 간접적으로 고쳐 말한 것이다. go를 과거형인 went로 시제 일치를 하고, 원래 말한 Jane 입장의 대명사 I와 my를 지금 전달하며 말하는 사람의 입장에서 she와 her로 바꾼다.

어휘가
문해력
이다

중학 **3**학년 **2**학기

4주차 정답과 해설

수록 교과서 국어 3-2
듣기·말하기 – 설득 전략 분석하며 듣기

✒ 단어와 그 뜻을 익히고, 빈칸에 알맞은 단어를 써 보자.

설득 전략
말씀 說 + 얻을 得 + 싸울 戰 + 다스릴 略

말하는 이가 듣는 이의 생각이나 행동을 변화시키기 위해 쓰는 방법.

예 설득하는 말하기를 들을 때는 말하는 이가 목적을 이루기 위해 쓴 설득 전략 을 파악하며 듣는다.

플러스 개념어 전략
어떤 목표에 도달하기 위한 가장 알맞은 방법.

감성적 설득
느낄 感 + 성품 性 + ~한 상태 的 + 말씀 說 + 얻을 得
↳ '的'의 대표 뜻은 '과녁'임.

설득 전략 중, 듣는 이의 감정을 자극하여 마음을 움직이는 것.

예 즐거움을 주거나 동정심 같은 감정을 불러일으켜 설득력을 높이는 설득 전략은 감 성 적 설득이다.

플러스 개념어 감성적
마음에 반응이 일어나는 것을 느끼는 태도.

이성적 설득
이치 理 + 성품 性 + ~한 상태 的 + 말씀 說 + 얻을 得
↳ '理'의 대표 뜻은 '다스리다'임.

설득 전략 중, 논리적인 방법으로 말하는 이의 주장을 뒷받침하는 것.

예 통계 자료, 자신의 경험, 다른 사람의 말 등을 활용하여 설득력을 높이는 설득 전략은 이 성 적 설득이다.

플러스 개념어 이성적
이성에 맞게 생각하고 판단하는 태도.

인성적 설득
사람 人 + 성품 性 + ~한 상태 的 + 말씀 說 + 얻을 得

설득 전략 중, 말하는 이의 됨됨이를 바탕으로 듣는 이가 말하는 이의 주장을 신뢰하게 하는 것.

예 말하는 이의 전문성, 도덕성, 사회성 등을 바탕으로 하여 설득력을 높이는 설득 전략은 인 성 적 설득이다.

플러스 개념어 인성적
사람의 성품에 해당하는 것.

강연
강의 講 + 설명할 演
↳ '講'의 대표 뜻은 '외우다', '演'의 대표 뜻은 '펴다'임.

어떤 주제에 대하여 청중 앞에서 강의 형식으로 말하는 일.

예 이 강 연 에는 말하는 이의 목적이 잘 나타나 있다.

광고
넓을 廣 + 알릴 告

상품이나 서비스에 대한 정보를 매체를 통해 의도적으로 소비자에게 알리는 일.

예 광 고 는 설득 전략이 가장 활발하게 사용되는 매체이다.

확인 문제

정답과 해설 ▶ 38쪽

1 단어의 뜻을 찾아 선으로 이어 보자.

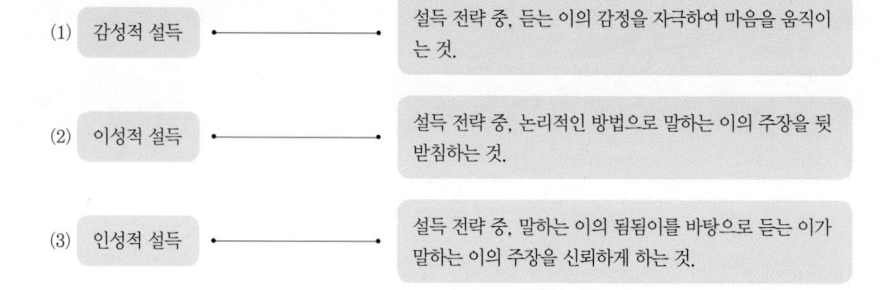

(1) 감성적 설득 —— 설득 전략 중, 듣는 이의 감정을 자극하여 마음을 움직이는 것.

(2) 이성적 설득 —— 설득 전략 중, 논리적인 방법으로 말하는 이의 주장을 뒷받침하는 것.

(3) 인성적 설득 —— 설득 전략 중, 말하는 이의 됨됨이를 바탕으로 듣는 이가 말하는 이의 주장을 신뢰하게 하는 것.

해설 | (1) '이성적'은 '이성에 맞게 생각하고 판단하는 태도'이다. (2) '감성적'은 '마음에 반응이 일어나는 것을 느끼는 태도'이다. (3) '인성적'은 '사람의 성품에 해당하는 것'이다.

2 ( ) 안에 알맞은 단어를 보기에서 찾아 써 보자.

보기

감성적   이성적   인성적

(1) 화가 많이 났을 때는 객관적이고 (이성적)인 판단을 하기 어렵다.

(2) 이 소설의 주인공은 예민하고 (감성적)이라 표현력도 풍부하다.

(3) 그는 지원자들의 인사성과 말하는 태도를 확인하며 (인성적)인 부분을 파악하였다.

해설 | ③ 감정을 가라앉힌다고 했는데 '감성적'은 '마음에 반응이 일어나는 것을 느끼는 태도'라는 뜻이므로 알맞지 않다. '이성적'이라는 단어로 바꿔 써야 알맞다. ① '강연'은 '어떤 주제에 대하여 청중 앞에서 강의 형식으로 말하는 일'이라는 뜻이므로 알맞다. ② '광고'는 '상품이나 서비스에 대한 정보를 매체를 통해 의도적으로 소비자에게 알리는 일'이므로 알맞다. ④ '설득 전략'은 '말하는 이가 듣는 이의 생각이나 행동을 변화시키기 위해 쓰는 방법'이라는 뜻이므로 알맞다. ⑤ '이성적'은 '이성에 맞게 생각하고 판단하는 태도'라는 뜻이므로 알맞다.

3 밑줄 친 단어의 쓰임이 알맞지 않은 것은? (③)

① 졸업한 선배를 초청하여 강연을 들었다.

② 요즘은 텔레비전 광고의 힘이 급격히 줄고 있다.

③ 자신의 감정을 가라앉히고 감성적으로 사고해야 한다.

④ 토론에서 우리는 상대 팀의 설득 전략을 쉽게 파악했다.

⑤ 평소 이성적이고 논리적이던 그도 이번만큼은 화를 참지 못했다.

✏️ 단어와 그 뜻을 익히고, 빈칸에 알맞은 단어를 써 보자.

영역
거느릴 領 + 지경 域

한 국가의 주권이 미치는 범위.

예 한 국가의 영역은 영토, 영해, 영공으로 구성된다.

플러스 개념어
• 영토: 한 나라에 딸린 땅.
• 영해: 영토 둘레의 바다.
• 영공: 영토와 영해의 수직 상공으로, 일반적으로 범위는 대기권 내로 제한함.

최저 조위선
가장 最 + 낮을 低 + 밀물 潮 + 자리 位 + 줄 線

조수 간만의 차로 인하여 해수면이 가장 낮을 때의 해안선.
바닷물이 주기적으로 높아졌다 낮아졌다 하는 것.

예 대부분의 국가는 최저 조위선에서 12해리까지를 영해로 한다.
1해리는 약 1,852m임.

연안국
물 따라갈 沿 + 언덕 岸 + 나라 國

강·바다·호수와 맞닿아 있는 나라.

예 배타적 경제 수역에서 연안국은 천연자원의 탐사, 개발 등에 관한 경제적인 권리가 보장된다.

플러스 개념어 배타적 경제 수역
영해를 설정한 기선에서부터 200해리에 이르는 수면의 구역 중 영해를 제외한 바다.

조경 수역
밀물 潮 + 지경 境 + 물 水 + 구역 域
↳ '域'의 대표 뜻은 '지경'임.

성질이 다른 두 해류, 즉 한류와 난류가 만나는 수면의 일정한 구역.

예 독도는 한류와 난류가 만나는 조경 수역이 형성되어 각종 수산 자원이 풍부하다.

영유권
거느릴 領 + 가질 有 + 권리 權
↳ '有'의 대표 뜻은 '있다', '權'의 대표 뜻은 '권세'임.

일정한 영토에 대한 해당 국가의 관할권.

예 일본은 1905년 이후 일방적으로 자국의 영토에 편입한 것을 근거로 독도 영유권을 주장하고 있다.

반도국
반 半 + 섬 島 + 나라 國

영토가 삼면이 바다로 둘러싸이고 한 면은 육지에 이어진 나라.

예 우리나라는 반도국이며, 동시에 유라시아 대륙과 태평양을 연결하는 지리적인 요충지에 해당한다.

지리적 표시제
땅 地 + 이치 理 + ~한 상태 的 + 겉 表 + 보일 示 + 만들 制
↳ '理'의 대표 뜻은 '다스리다', '的'의 대표 뜻은 '과녁', '制'의 대표 뜻은 '억제하다'임.

상품의 품질, 명성, 특성 등이 근본적으로 해당 지역에서 비롯한 경우 지역 생산품임을 증명하고 표시하는 제도.

예 지리적 표시제에 등록되면 다른 곳에서 임의로 상표권을 이용하지 못하도록 하는 법적인 권리가 생긴다.

---

1 뜻에 알맞은 단어를 빈칸에 써 보자.

❶영	유	권
역		
		❷연
		안
❸반	도	국

가로 열쇠
❶ 일정한 영토에 대한 해당 국가의 관할권.
❸ 영토가 삼면이 바다로 둘러싸이고 한 면은 육지에 이어진 나라.

세로 열쇠
❶ 한 국가의 주권이 미치는 범위.
❷ 강·바다·호수와 맞닿아 있는 나라.

해설 | (1) 해수면이 가장 낮을 때의 해안선인 최저 조위선에서 12해리까지를 그 나라의 영해로 규정한다. (2) 조경 수역은 바다에서 한류와 난류가 만나는 수역이다. 북태평양 북서부의 쿠릴 해류와 쿠로시오 해류가 만나는 북서 태평양 어장이 대표적인 조경 수역이다. (3) 영공은 영토와 영해의 상공으로, 영공의 수직적인 한계는 대기권에 한정하여 인정하는 것이 일반적이다.

2 빈칸에 알맞은 단어를 초성을 바탕으로 써 보자.

(1) 최저 조위선: 조 수 간 만 의 차로 인하여 해수면이 가장 낮을 때의 해안선.

(2) 조경 수역: 성질이 다른 두 해 류 , 즉 한류와 난류가 만나는 수면의 일정한 구역.

(3) 영공: 영토와 영해의 수 직 상공으로, 일반적으로 범위는 대기권 내로 제한함.

해설 | (1) 독도는 역사적, 지리적 자료를 통해 볼 때 우리나라의 관할권에 해당하는 땅이다. (2) 지리적 표시제(상품의 품질, 명성, 특성 등이 근본적으로 그 지역에서 비롯할 때 지역 생산품임을 증명하고 표시하는 제도)를 통해 특산품을 보호하고, 상품의 품질 향상과 소비자의 알 권리를 충족해 줄 수 있다. (3) 반도국은 삼면이 바다로 둘러싸이고 한 면은 육지에 이어진 나라이다.

3 ( ) 안에 들어갈 단어를 보기에서 찾아 써 보자.

보기
반도국 영유권 지리적

(1) 일본은 당초 독도가 주인 없는 땅이라는 터무니없는 주장을 앞세워서 독도 (영유권)을 주장하고 있다.

(2) 특정 지역의 우수 농산물과 그 가공품에 지역명을 표시하고 다른 곳에서 이를 임의로 이용하지 못하게 하는 제도를 (지리적) 표시제라고 한다.

(3) 삼면이 바다로 둘러싸인 (반도국)인 우리나라는 지리적인 이점을 살려 중국, 일본 등지의 이웃 국가를 비롯해 세계 여러 나라와 활발한 교류를 하고 있다.

수학 교과서 어휘

단어와 그 뜻을 익히고, 빈칸에 알맞은 단어를 써 보자.

대푯값 대신할 代 + 겉 表 + 값	자료 전체의 특징을 대표적으로 나타내는 값으로, 평균, 중앙값, 최빈값 등이 있다. 예 자료에 매우 크거나 작은 값이 있으면 평균은 그 값에 영향을 받으므로 이 경우에는 평균보다 중앙값이 대푯값 으로 더 적절하다.

편차
치우칠 偏 + 다를 差

변량에서 평균을 뺀 값으로, 해당하는 변량이 평균으로부터 얼마나 떨어져 있는지를 나타내는 숫자.

$$(편차) = (변량) - (평균)$$

> 변량이 평균과 같으면 편차는 0이고, 편차를 모두 더하면 항상 0이다.

예 자료 1, 3, 5, 7, 9의 평균은 5이므로 편 차 는 다음과 같다.

변량	1	3	5	7	9	총합
편 차	−4	−2	0	2	4	0

산포도
흩어질 散 + 펼 布 + 정도 度
'布'의 대표 뜻은 '베', '度'의 대표 뜻은 '법도'임.

대푯값을 중심으로 자료가 흩어져 있는 정도를 하나의 수로 나타낸 값.

예 자료의 변량이 평균에 모일수록 산 포 도 는 작아지고, 흩어져 있을수록 산 포 도 는 커진다.

분산
나눌 分 + 흩어질 散

평균으로부터 떨어져 있는 정도를 나타내는 값으로, 각 편차의 제곱의 합을 전체 변량의 개수로 나눈 값. (편차 제곱의 평균)

$$(분산) = \frac{(편차)^2의\ 총합}{(변량의\ 개수)}$$

예 자료 2, 9, 6, 8, 15의 평균은 $\frac{40}{5}=8$이고, 분 산 은 $\frac{(편차)^2의\ 총합}{(변량의\ 개수)} = \frac{90}{5}=18$이다.

변량	2	9	6	8	15
편차	−6	1	−2	0	7
(편차)²	36	1	4	0	49

표준편차
나타낼 標 + 준할 準 + 치우칠 偏 + 다를 差

산포도 값의 한 종류로, 분산의 양의 제곱근.

$$(표준편차) = \sqrt{(분산)}$$

플러스 개념어 양의 제곱근
양수 a의 양수인 제곱근을 제곱근 a, 곧 $\sqrt{a}$로 나타냄.

예 어떤 자료의 분산이 9일 때 표 준 편 차 는 $\sqrt{(분산)}$이므로 $\sqrt{9}=3$이다.

확인 문제

1 뜻에 알맞은 단어를 글자판에서 찾아 묶어 보자. (단어는 가로, 세로, 대각선 방향에서 찾기)

평	균	대	변
서	푯	량	산
값	편	차	포
분	산	표	도

❶ 변량에서 평균을 뺀 값.
❷ 자료 전체의 특징을 대표적으로 나타내는 값.
❸ 대푯값을 중심으로 자료가 흩어져 있는 정도를 하나의 수로 나타낸 값.

2 식이 나타내는 단어를 찾아 선으로 이어 보자.

(1) $\sqrt{(분산)}$ ——— 분산

(2) $(변량) - (평균)$ ——— 편차

(3) $\frac{(편차)^2의\ 총합}{(변량의\ 개수)}$ ——— 표준편차

3 설명이 알맞으면 ○표, 알맞지 않으면 ✕표 해 보자.

(1) 편차는 평균이 변량보다 크면 양수이고, 평균이 변량보다 작으면 음수이다. (✕)

(2) 변량을 숫자로 나타낼 수 없는 자료 '빵, 떡, 밥, 밥, 빵, 빵'에서 최빈값은 '빵'이고, 평균과 중앙값은 구할 수 없다. 위와 같은 자료에서는 최빈값이 자료의 대푯값으로 유용하다. (○)

해설 | (1) (편차)=(변량)−(평균)이므로 편차는 변량이 평균보다 크면 양수이고, 변량이 평균보다 작으면 음수이다.
(2) '빵'은 3개, '떡'은 1개, '밥'은 2개이므로 가장 많이 나타나는 값인 최빈값은 '빵'이다. 숫자로 나타낸 값이 아니므로 평균과 중앙값은 구할 수 없다.

4 빈칸에 들어갈 단어를 초성을 바탕으로 써 보자.

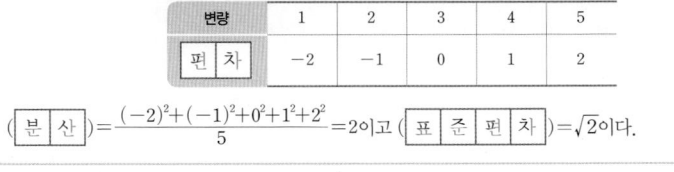

자료 1, 2, 3, 4, 5에서 $(평균)=\frac{1+2+3+4+5}{5}=3$이므로 표를 만들면 다음과 같다.

변량	1	2	3	4	5
편 차	−2	−1	0	1	2

$(분 산)=\frac{(-2)^2+(-1)^2+0^2+1^2+2^2}{5}=2$이고 $(표 준 편 차)=\sqrt{2}$이다.

해설 | (편차)=(변량)−(평균)이고, (분산)=$\frac{(편차)^2의\ 총합}{(변량의\ 개수)}$, (표준편차)=$\sqrt{(분산)}$이다.

✏️ 단어와 그 뜻을 익히고, 빈칸에 알맞은 단어를 써 보자.

은하수
은銀 + 강河 + 물水

은빛 강물이라는 뜻으로, 밤하늘을 가로지르는 희미한 빛의 띠 모양의 별의 집단.

예 우리나라에서는 겨울철보다 여름철 밤에 은하수 가 더 밝고 두껍게 관측된다.

플러스 개념어
• 은하: 우주 공간에 수많은 별로 이루어진 집단.
• 우리은하: 태양계가 속해 있는 은하.

성단
별星 + 모일團
🔎 '團'의 대표 뜻은 '둥글다'임.

은하보다 작은 규모로, 많은 수의 별들이 좁은 공간에 모여 이루고 있는 집단.

| 산개 성단 | 수십~수만 개의 별들이 일정한 모양 없이 모여 있는 별의 집단. | |
| 구상 성단 | 수만~수십만 개의 별들이 공 모양으로 빽빽하게 모여 있는 별의 집단. | |

예 구상 성단 은 산개 성단 보다 많은 수의 별들로 이루어져 있으며 별들의 나이도 대체로 많다.

성운
별星 + 구름雲

성간 물질이 모여 구름처럼 보이는 것.

암흑 성운	성간 물질이 뒤쪽에서 오는 별빛을 차단하여 어둡게 보이는 성운.
방출 성운	성간 물질이 주변의 별빛을 흡수하여 가열되면서 스스로 빛을 내는 붉은빛의 성운.
반사 성운	성간 물질이 주변의 별빛을 반사해 밝게 보이는 파란빛의 성운.

플러스 개념어 성간 물질
별과 별 사이의 넓은 공간에 퍼져 있는 가스와 먼지.

예 은하수 가운데 부분이 검게 보이는 것은 암흑 성운 때문이다.

우주 탐사
집宇 + 집宙 + 찾을探 + 조사할査

우주 공간을 조사하는 일로, 실제로 유인 우주 비행선과 무인 우주선을 바탕으로 이루어짐.

예 1957년 최초의 인공위성 스푸트니크 발사로 시작된 우주 탐사 는 1960년대에는 달 탐사, 1970년대에는 행성 탐사, 1990년대 이후에는 행성과 위성을 포함하여 소행성이나 혜성 등 다양한 천체로 탐사 대상이 확대되었다.

형상 기억 합금
모양形 + 형상狀 + 기억할記 + 생각할憶 + 합할合 + 쇠金
🔎 '記'의 대표 뜻은 '적다'임.

변형이 일어나도 처음에 모양을 만들었을 때의 형태를 기억하고 있다가 일정 온도가 되면 그 형태로 돌아가는 특수한 금속.

예 형상 기억 합금 은 아폴로 11호에서 안테나를 만들 때 쓰인 특수한 금속이다.

🧊 확인 문제

정답과 해설 ▶ 41쪽

1 뜻에 알맞은 단어를 보기의 글자를 조합해 써 보자.(같은 글자가 2번 쓰일 수 있음.)

보기

| 간 | 물 | 성 | 수 | 은 | 질 | 하 |

(1) 밤하늘을 가로지르는 희미한 띠 모양의 별들. | 은 | 하 | 수 |

(2) 우주 공간에 수많은 별로 이루어진 집단. | 은 | 하 |

(3) 별과 별 사이의 넓은 공간에 퍼져 있는 가스와 먼지. | 성 | 간 | 물 | 질 |

해설 | (1) '성단'은 많은 수의 별들이 좁은 공간에 모여 집단을 이루고 있는 천체로, 엉성하게 모여 있는 산개 성단과 공 모양의 구상 성단으로 구분한다. (2) '성운'은 성간 물질이 밀집되어 구름처럼 보이는 것이다. 근처의 별로부터 에너지를 받아 온도가 높아져서 스스로 붉은색의 빛을 내는 것은 '방출 성운', 주변의 별빛을 반사해 파란색으로 밝게 보이는 것은 '반사 성운', 성간 물질이 별빛을 가려서 별이 없는 것처럼 검게 보이는 것은 '암흑 성운'이다.

2 ( ) 안에서 알맞은 단어를 골라 ○표 해 보자.

(1)
수만 수십만 개의 별들이 공 모양으로 빽빽하게 모여 있는 것은 (산개 성단 , (구상 성단))이고, 수십 수만 개의 별들이 일정한 모양 없이 모여 있는 것은 ((산개 성단) , 구상 성단)이다.

(2)
성간 물질이 주변의 별빛을 흡수하여 가열되면서 스스로 빛을 내는 것은 (반사 , (방출) , 암흑) 성운이며, 성간 물질이 주변의 별빛을 반사해 밝게 보이는 것은 ((반사) , 방출 , 암흑) 성운이다. 한편 성간 물질이 뒤쪽에서 오는 별빛을 차단하여 어둡게 보이는 것은 (반사 , 방출 , (암흑)) 성운이다.

해설 | (1) '형상 기억 합금'은 처음 모양을 기억하고 있다가 어떤 온도가 되면 그 형태로 돌아가는 특수한 쇠붙이다. (2) '우주 탐사'는 우주 공간을 조사하는 일이다. 지구와는 다른 무중력, 진공, 극저온·극고온 등 혹독한 환경에서도 아무 문제없이 작동하도록 엄격한 검사과정을 거친 우주 관련 기술은 지구에서는 검증 없이 바로 사용할 수 있다. 부식에 강하고 가벼우면서도 강도가 우수한 티타늄 합금, 음식의 보존, 운반을 편하게 하기 위해 개발된 동결 건조 식품, 충격 흡수력과 복원력이 좋은 메모리폼 등이 있다.

3 빈칸에 들어갈 말을 초성을 바탕으로 써 보자.

(1) 일정 온도가 되면 처음 형태로 돌아가는 | 형 | 상 | 기 | 억 | 합 | 금 | 은 인공위성 따위에서 사용할 안테나의 부피를 줄인 채로 운반하는 기술로 개발되었는데 최근 안경테, 인공 관절 등에 활용되고 있다.

(2) | 우 | 주 | 탐 | 사 | 의 준비 과정에서 우주선 재료, 우주복, 우주식 따위로 새롭게 개발된 기술인 티타늄 합금, 기능성 옷감, 동결 건조 식품 등은 실생활에서도 활용되고 있다.

✏️ 단어와 그 뜻을 익히고, 빈칸에 알맞은 단어를 써 보자.

보고서 알릴 報 + 알릴 告 + 글 書 👉 '報'의 대표 뜻은 '갚다'임.	어떤 일에 관한 내용이나 결과를 알리는 글. 예 보고서 는 사실을 바탕으로 써야 한다.	
조사 보고서 조사할 調 + 조사할 査 + 알릴 報 + 알릴 告 + 글 書 👉 '調'의 대표 뜻은 '고르다'임.	어떤 것을 알기 위하여 자세히 살펴보거나 찾아본 결과를 정리한 보고서. 예 현재 상황이나 방문 결과를 정리한 것은 조사 보고 서이다.	플러스 개념어 답사 현장에 가서 직접 보고 조사함.
관찰 보고서 볼 觀 + 살필 察 + 알릴 報 + 알릴 告 + 글 書	어떤 것을 주의하여 자세히 살펴본 내용을 정리한 보고서. 예 어떤 것에 관해 자세히 살펴본 내용을 정리한 것은 관찰 보고서이다.	
실험 보고서 실제 實 + 시험 驗 + 알릴 報 + 알릴 告 + 글 書 👉 '實'의 대표 뜻은 '열매'임.	주로 과학에서, 어떤 것을 관찰하고 측정한 결과를 정리한 보고서. 예 어떤 것을 관찰하고 측정하여 얻은 정보와 결과를 정리한 것은 실험 보고서이다.	
매체 자료 매개 媒 + 몸 體 + 재료 料 👉 '媒'의 대표 뜻은 '중매', '料'의 대표 뜻은 '헤아리다'임.	어떤 정보를 한쪽에서 다른 쪽으로 전하는 자료. 예 보고서를 쓸 때는 그림, 사진, 도표 따위의 매체 자료 를 알맞게 활용해야 한다.	플러스 개념어 매체의 종류 • 인쇄 매체: 신문, 잡지 따위. • 방송 매체: 라디오, 텔레비전 따위. • 인터넷 매체: 블로그, 누리 소통망(SNS) 따위.
절차 마디 節 + 차례 次 👉 '次'의 대표 뜻은 '다음'임.	일을 치르는 데 거쳐야 하는 순서나 방법. 예 목적을 가지고 실시한 일의 절차 와 결과를 정리해 보고한다.	

확인 문제

정답과 해설 ▶ 42쪽

1 뜻에 알맞은 단어를 글자판에서 찾아 묶어 보자. (단어는 가로, 세로, 대각선 방향에서 찾기)

찰	❸보	고	서
처	변	형	실
양	태	하	❷조
❶실	험	글	사

❶ 주로 과학에서, 어떤 것을 관찰하고 측정하는 일.
❷ 어떤 것을 알기 위해 자세히 살펴보거나 찾아보는 일.
❸ 어떤 일에 관한 내용이나 결과를 알리는 글.

2 ( ) 안에 공통으로 들어갈 단어로 알맞은 것은? (①)

> 보고하는 글의 특징은 그림, 사진, 도표 따위의 ( ) 자료를 활용할 때가 많다는 것이다. 보고서의 내용을 구성하기 위한 개요를 만들 때는 활용할 ( ) 자료를 골라 정하는 것이 바람직하다.

① 매체   ② 연구   ③ 증거   ④ 참고   ⑤ 동영상

해설 | '매체 자료'는 어떤 정보를 한쪽에서 다른 쪽으로 전하는 자료이다.

해설 | ③ '절차'는 '일을 치르는 데 거쳐야 하는 순서나 방법'이라는 뜻이므로 '끝맺다'와 호응하지 않는다. 과정이 아닌 '결과'가 알맞다. ① '보고서'는 '어떤 일(지역 축제)에 관한 내용이나 결과를 알리는 글'이라는 뜻이므로 알맞다. ② '관찰 보고서'는 '어떤 것(강낭콩이 자라는 과정)을 주의하여 자세히 살펴보는 보고서'라는 뜻이므로 알맞다. ④ '실험 보고 서'는 '주로 과학에서, 어떤 것을 관찰하고 측정하는 보고서'라는 뜻이므로 알맞다. ⑤ '조사 보고서'는 '어떤 것(비속어 사용)을 알기 위하여 자세히 살펴보거나 찾아보는 보고서'라는 뜻이므로 알맞다.

3 밑줄 친 단어의 쓰임이 알맞지 <u>않은</u> 것은? (③)

① 모둠 과제로 지역 축제에 관한 <u>보고서</u>를 썼다.
② 강낭콩이 자라는 과정에 대한 <u>관찰 보고서</u>를 냈다.
③ 옛날이야기는 인과응보의 <u>절차</u>로 끝맺기 마련이다.
④ 나는 <u>실험 보고서</u>를 작성하면서 과학에 대한 흥미를 느꼈다.
⑤ 중학생들이 비속어를 얼마나 자주 사용하는지 <u>조사 보고서</u>를 올렸다.

수록 교과서 사회 2
XII. 더불어 사는 세계

✏️ 단어와 그 뜻을 익히고, 빈칸에 알맞은 단어를 써 보자.

기아
주릴 飢 + 주릴 餓

먹을 것이 없어 배를 굶는 것.

예 기아 가 나타나는 이유는 가뭄, 홍수 등의 자연재해로 식량을 생산할 수 없거나 전 세계적으로 식량의 분배가 원활하지 않기 때문이다.

분쟁
어지러울 紛 + 다툴 爭

말썽을 일으키어 시끄럽고 복잡하게 다툼.

예 민족, 역사, 종교 등의 갈등을 이유로 세계에는 영역을 둘러싼 여러 분쟁 이 일어난다.

플러스 개념어 카슈미르 분쟁
1947년 하나의 인도가 힌두 국가인 인도, 이슬람 국가인 파키스탄으로 분리 독립을 함. 이슬람을 믿는 주민이 많은 카슈미르 지역이 인도에 포함되면서 이 지역을 둘러싸고 인도와 파키스탄 간에 분쟁이 계속되고 있음.

천연자원
자연 天 + 그럴 然 + 재물 資 + 근원 源
☞ '天'의 대표 뜻은 '하늘'임.

인간 생활과 생산 활동에 이용되는 자연에 존재하는 물질이나 에너지를 모두 이르는 말.

예 천연자원 으로는 석유, 석탄, 천연가스 등이 있다.

기대 수명
바랄 期 + 기다릴 待 + 목숨 壽 + 목숨 命
☞ '期'의 대표 뜻은 '기약하다'임.

어떤 사회에 인간이 태어났을 때부터 앞으로 생존할 것으로 기대되는 평균 생존 연수.

예 기대 수명 이 늘어나는 것은 노후 기간이 점차 길어진다는 것을 의미한다.

플러스 개념어 인간 개발 지수
1인당 국민 총소득, 기대 수명, 학력 수준 등 인간의 생활과 관련한 여러 가지 기본 요소들을 기초로 국가별 삶의 질을 평가한 지표.

빈곤
가난할 貧 + 괴로울 困

최소한의 인간다운 삶을 영위할 수 없을 만큼 물질적인 부족이 오랜 기간 지속되는 상태.

예 산업화 뒤에 사람들은 물질적으로 풍요로워졌지만, 지구촌 곳곳에는 빈곤 에 시달리는 사람이 여전히 많다.

공정 무역
공평할 公 + 바를 正 + 바꿀 貿 + 바꿀 易

생산지의 근로자에게 정당한 노동력의 대가를 지급하고 직거래를 통해 소비자에게 상품을 제공하려는 무역 방식.

예 최근 국제적으로 지역 간 경제적인 불평등을 해소하려는 방안 중 하나로 공정 무역 이 활발해지고 있다.

확인 문제

정답과 해설 ▶ 43쪽

1 빈칸에 알맞은 단어를 글자를 조합해 써 보자.

(1) 분 쟁 은/는 말썽을 일으키어 시끄럽고 복잡하게 다툼을 뜻한다.

분 가 계 쟁 원

(2) 기 아 은/는 먹을 것이 없어 배를 굶는 것이다.

기 각 대 아 정

(3) 기 대 수명은 어떤 사회에 인간이 태어났을 때부터 앞으로 생존할 것으로 기대되는 평균 생존 연수를 말한다.

대 상 곤 기 주

(4) 천 연 자 원 은/는 인간 생활과 생산 활동에 이용되는 자연에 존재하는 물질이나 에너지를 모두 이른다.

연 령 원 천 자

> **해설** | (1) 하나의 인도가 힌두 국가인 인도, 이슬람 국가인 파키스탄으로 분리 독립을 하면서 이 지역을 둘러싼 분쟁이 계속되고 있다. (2) 커피, 차, 카카오, 바나나 등이 공정 무역으로 거래되는 주요 상품이다. (3) 빈곤과 기아는 그 지역만의 문제가 아니라 지구촌 모두와 연결된 문제임을 알고 서로 협력해 해결하려고 노력해야 한다.

2 ( ) 안에 알맞은 단어를 보기 에서 찾아 써 보자.

보기

공정	빈곤	분쟁

(1) 인도와 파키스탄은 카슈미르 지역을 두고 오랜 기간 종교 갈등으로 인한 영토 (분쟁)을 이어오고 있다.

(2) (공정) 무역은 생산지의 근로자에게 정당한 노동력의 대가를 지급하고 직거래를 통해 소비자에게 상품을 제공하려는 무역 방식이다.

(3) 지구촌 사람들은 식량이 모자란 곳의 (빈곤)과 기아 문제를 해결하기 위해 모금 활동, 구호 활동, 캠페인, 교육 지원, 농업 기술 지원 등 다양한 노력을 하고 있다.

> **해설** | (1) 지구촌에는 아직도 많은 어린이가 영양을 제대로 공급받지 못해 발육 부진을 겪고 있다. (2) 기대 수명은 어떤 사회에 인간이 태어났을 때부터 앞으로 생존할 것으로 기대되는 평균 생존 연수를 말한다.

3 ( ) 안에서 알맞은 단어를 골라 ○표 해 보자.

(1) (빈곤 , 기아)은/는 제대로 된 음식을 섭취하지 못해 배고픔의 상태에 이르는 것으로 영양실조와 급성 영양 장애를 일으켜 사망에 이르게 할 수 있다.

(2) 인간 개발 지수는 1인당 국민 총소득, (기대 수명), 평균 수명) 등 인간의 생활과 관련한 여러 가지 기본 요소들을 기초로 국가별 삶의 질을 평가한 지표이다.

수학 교과서 어휘

단어와 그 뜻을 익히고, 빈칸에 알맞은 단어를 써 보자.

산점도
흩어질 散 + 점 點 + 그림 圖

두 변량의 관련성을 알아보기 위해 두 변량을 점으로 좌표평면 위에 나타낸 그림.

예 두 변량 x, y 사이의 관련성을 알아보기 위해 순서쌍 (x, y)를 좌표로 하는 점들을 다음 그래프와 같이 나타낸 것을 산점도 라고 한다.

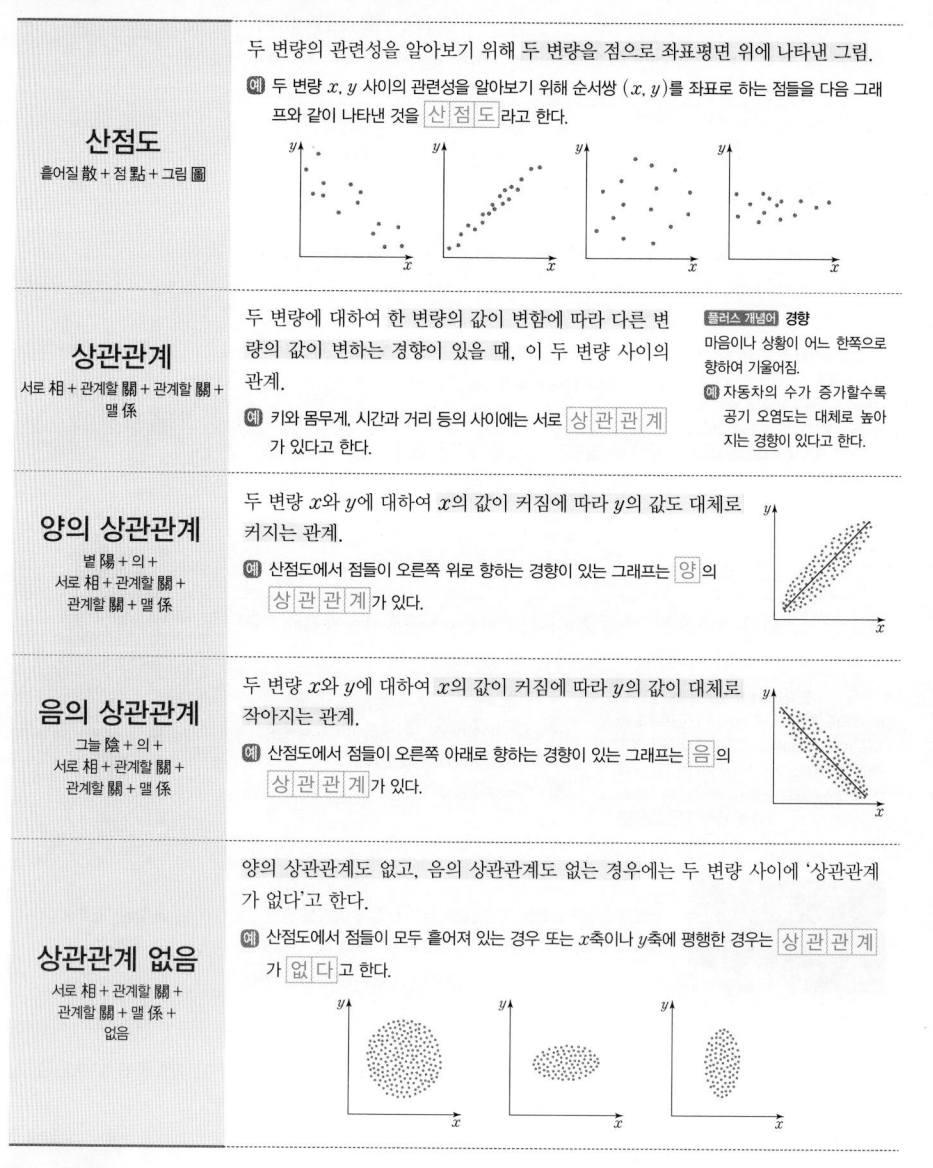

상관관계
서로 相 + 관계할 關 + 관계할 關 + 맬 係

두 변량에 대하여 한 변량의 값이 변함에 따라 다른 변량의 값이 변하는 경향이 있을 때, 이 두 변량 사이의 관계.

예 키와 몸무게, 시간과 거리 등의 사이에는 서로 상관관계 가 있다고 한다.

플러스 개념어 경향
마음이나 상황이 어느 한쪽으로 향하여 기울어짐.
예 자동차의 수가 증가할수록 공기 오염도는 대체로 높아지는 경향이 있다고 한다.

양의 상관관계
볕 陽 + 의 + 서로 相 + 관계할 關 + 관계할 關 + 맬 係

두 변량 x와 y에 대하여 x의 값이 커짐에 따라 y의 값도 대체로 커지는 관계.

예 산점도에서 점들이 오른쪽 위로 향하는 경향이 있는 그래프는 양 의 상관관계 가 있다.

음의 상관관계
그늘 陰 + 의 + 서로 相 + 관계할 關 + 관계할 關 + 맬 係

두 변량 x와 y에 대하여 x의 값이 커짐에 따라 y의 값이 대체로 작아지는 관계.

예 산점도에서 점들이 오른쪽 아래로 향하는 경향이 있는 그래프는 음 의 상관관계 가 있다.

상관관계 없음
서로 相 + 관계할 關 + 관계할 關 + 맬 係 + 없음

양의 상관관계도 없고, 음의 상관관계도 없는 경우에는 두 변량 사이에 '상관관계가 없다'고 한다.

예 산점도에서 점들이 모두 흩어져 있는 경우 또는 x축이나 y축에 평행한 경우는 상관관계 가 없다고 한다.

확인 문제

1 뜻에 알맞은 단어를 보기의 글자를 조합해 써 보자. (같은 글자가 2번 쓰일 수 있음.)

보기
경	상	점
산	원	계
관	향	도

(1) 마음이나 상황이 어느 한쪽으로 향하여 기울어짐. 경 향

(2) 두 변량의 관련성을 알아보기 위해 두 변량을 점으로 좌표평면 위에 나타낸 그림. 산 점 도

(3) 두 변량에 대하여 한 변량의 값이 변함에 따라 다른 변량의 값이 변하는 경향이 있을 때, 이 두 변량 사이의 관계. 상 관 관 계

해설 | 점들이 오른쪽 위로 향하는 그래프는 '양의 상관관계'가 있고, 오른쪽 아래로 향하는 그래프는 '음의 상관관계'가 있다. 점들이 흩어져 있거나 좌표축에 평행한 것은 '상관관계가 없다'고 한다. 점들이 원과 같이 어떤 모양을 이룰 때 두 변량 사이에 어떤 관계가 있을 것처럼 보이지만, '상관관계가 없다'고 한다.

2 설명과 관련한 산점도를 찾아 선으로 이어 보자.

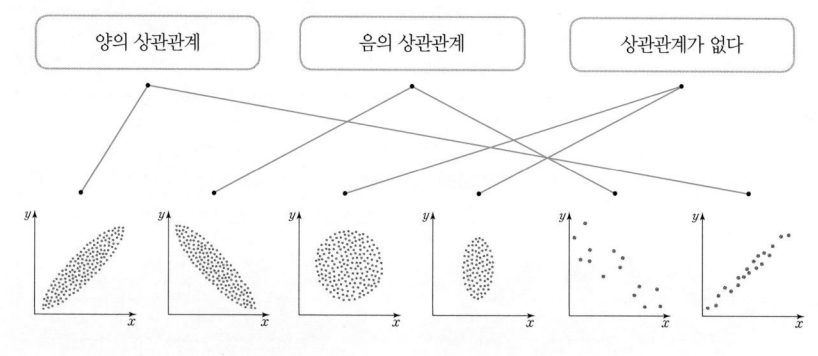

양의 상관관계　　음의 상관관계　　상관관계가 없다

해설 | 한 변량의 값이 커짐에 따라 다른 변량의 값도 대체로 커지는 관계는 '양의 상관관계'가 있고, 다른 변량의 값은 대체로 작아지는 관계는 '음의 상관관계'가 있다.

3 두 변량 사이의 관계를 나타낸 설명에서 '양' 또는 '음'을 알맞게 써 보자.

(1) 강수량이 많을수록 습도는 높아지는 경향이 있다. 이때 강수량과 습도 사이에는 양 의 상관관계가 있다.

(2) 물건의 가격이 비쌀수록 그 물건의 판매량은 대체로 적어지는 경향이 있다. 이때 물건의 가격과 판매량 사이에는 음 의 상관관계가 있다.

(3) 여름철 온도가 높을수록 에어컨 사용량이 증가하는 경향이 있다. 이때 여름철 온도와 에어컨 사용량 사이에는 양 의 상관관계가 있다.

✏️ 단어와 그 뜻을 익히고, 빈칸에 알맞은 단어를 써 보자.

청동 푸를 靑 + 구리 銅	구리와 주석의 합금. 예 녹는점 이상이 되어야 고체가 액체로 바뀌므로, 청동 따위를 녹여 도구를 만들기 위해서는 매우 높은 온도로 열을 가해야 했다.
거푸집	만들려고 하는 물건의 모양대로 속이 비어 있는 틀. 빈 곳에 쇠붙이를 녹여 부음. 예 청동 도구는 구리에 주석을 섞고 열을 가해 녹인 뒤 거푸집에 부어 원하는 모양을 만들고, 이를 다듬어서 만들었다.
내연 기관 안 內 + 탈 燃 + 기계 機 + 빗장 關 '機'의 대표 뜻은 '틀', '關'의 대표 뜻은 '관계하다'임.	화력·수력·전력 따위의 에너지를 기계적 에너지로 바꾸는 기계 장치. 연료의 연소가 기관의 안에서 이루어져 피스톤을 움직이게 하는 장치. 예 증기 기관은 이후에 내연 기관으로 바뀌었다. **플러스 개념어** 증기 기관 물을 끓여 수증기를 만들고, 이때 부피가 늘어난 수증기가 피스톤을 움직이게 하는 장치.
산업 혁명 생산할 産 + 일 業 + 고칠 革 + 목숨 命 '産'의 대표 뜻은 '낳다', '革'의 대표 뜻은 '가죽'임.	과학기술 중 미치는 힘이 큰 것이 관련 산업뿐만 아니라 사회 모두에 혁명과 같이 일으킨 큰 변화. 예 증기 기관으로부터 시작된 산업의 변화는 사회 모두에 영향을 주었으며, 이를 산업 혁명이라고 한다.
4차 산업 혁명 4 + 차례 次 + 생산할 産 + 일 業 + 고칠 革 + 목숨 命 '次'의 대표 뜻은 '다음'임.	지능 정보 기술을 핵심으로 일어나고 있는 큰 변화. 예 18세기 후반 증기 기관을 바탕으로 한 산업 혁명이 일어난 뒤 이어진 과학기술의 발달로 2차, 3차 산업 혁명의 시기를 지나 오늘날에는 4차 산업 혁명의 시기에 들어섰다고 한다.
사물 인터넷 일 事 + 물건 物 + 인터넷	온갖 사물을 인터넷으로 연결하는 기술로, 각종 사물에 센서와 통신 기능을 내장하여 인터넷에 연결하는 기술.(IoT) 예 사물 인터넷 기술을 이용하면 사람과 사물 그리고 사물과 사물 사이에 실시간으로 정보를 주고받을 수 있다.

확인 문제

정답과 해설 ▶ 45쪽

1 빈칸에 알맞은 말을 **보기**의 글자를 조합해 써 보자. (같은 글자가 2번 쓰일 수 있음.)

보기

거 | 관 | 기 | 명 | 산 | 업 | 증 | 집 | 푸 | 혁

(1) 청동을 비롯한 쇠붙이는 액체 상태에서 고체 상태로 될 때 부피가 줄기 때문에 거푸집 은/는 만들고자 하는 도구보다 약간 크게 만들어야 한다.

(2) 증기 기관 이/가 산업 사회로의 변화를 가져온 것처럼 과학기술 중 미치는 힘이 큰 것은 관련 산업뿐만 아니라 사회 모두에 혁명과 같은 변화를 일으키는데, 이를 산업 혁명 (이)라고 한다.

해설 | (1) '거푸집'은 만들려고 하는 물건의 모양대로 속이 비어 있는 틀이다. 거푸집으로 대강의 모양을 만든 뒤 모양을 다듬으면서도 크기가 줄어든다. (2) 증기 기관은 교통 기관뿐만 아니라 기계의 동력원으로 쓰여, 수공업 중심에서 기계가 물건을 만드는 산업 사회로 바뀌었다.

2 빈칸에 알맞은 말을 초성을 바탕으로 써 보자.

(1) 내연 기관 은 연료를 기관 안에서 연소시켜 이를 동력원으로 쓴다.

(2) 청동 은 구리와 주석 따위의 합금으로 금속을 섞는 비율에 따라 색깔, 굳기 따위가 달라지기 때문에 검이나 거울과 같이 쓰임새가 다른 도구를 만들기 위해 섞는 비율을 달리하였다.

해설 | (1) '내연 기관'은 연료의 연소가 기관의 안에서 이루어져 피스톤을 움직이게 하는 장치이다. 증기 기관을 대체한 내연 기관이 나와 산업은 한 단계 더 나아가게 되었다. (2) '청동'은 구리와 주석의 합금이다. 청동 도구를 만들 때 과학 원리와 기술이 쓰였다.

해설 | 사물 인터넷은 세상에 존재하는 온갖 사물을 다양한 방식으로 서로 연결하여 개별 사물들이 하지 못하던 새로운 서비스를 제공하는 것이다.

3 ( ) 안에 공통으로 들어갈 알맞은 말을 써 보자. (사물 인터넷)

(1) 스마트폰으로 집 안의 전등과 다양한 가전제품을 조정할 수 있는 첨단 과학 기술은 ( ) 구현의 예이다.

(2) ( ) 분야 전문가는 가전제품을 비롯한 온갖 사물 안에 감지기와 통신 기술을 담아 실시간으로 정보를 주고받는 기술이나 시스템을 개발한다.

한자 어휘

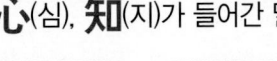 心(심), 知(지)가 들어간 말

心 (마음 심)
심(心)은 주로 '마음(사람이 본래부터 지닌 성격이나 품성)'이라는 뜻으로 쓰여. '중심'이라는 뜻으로 쓰일 때도 있어.

知 (알 지)
지(知)는 주로 '알다(어떤 사실이나 상황에 대해 의식이나 감각으로 깨닫다.)'라는 뜻으로 쓰여. '알리다', '지식'이라는 뜻으로도 쓰여.

✎ 단어와 그 뜻을 익히고, 빈칸에 알맞은 단어를 써 보자.

일편단심
하나 一 + 조각 片 + 붉을 丹 + 마음 心

일편(一片) + 단심(丹心)
한 조각.   붉은 마음.
→ 한 조각의 붉은 마음이라는 뜻으로 오직 한 가지에 대한 변함없는 마음을 말해.

변하지 않는 진실하고 굳은 마음.
예 정몽주는 고려 왕조에 대한 일편단심을 지키다 죽임을 당하였다.

도심
도시 都 + 중심 心
↪ '都'의 대표 뜻은 '도읍'임.

'심(心)'이 '중심'이라는 뜻으로 쓰였어.

도시의 중심부.
예 도심 한복판에는 초고층 건물들이 많다.

불문가지
아닐 不 + 물을 問 + ~할 수 있을 可 + 알 知
↪ '可'의 대표 뜻은 '옳다'임.

불문(不問) + 가지(可知)
묻지 않음.   알 수 있음.
→ 묻지 않아도 알 수 있다는 뜻이야. 상대편의 표정이나 행동을 보고도 기분을 알 수 있겠지?

묻지 않아도 명백하게 알 수 있음.
예 그녀의 축 처진 어깨를 보니, 오늘 시험 결과가 어떠하였는지 불문가지이다.

고지
알릴 告 + 알릴 知

'지(知)'가 '알리다'라는 뜻으로 쓰였어.

게시나 글을 통하여 알림.
예 아파트 관리소에서 다음 주부터 전기 안전 점검을 하겠다고 고지를 하였다.

동음이의어 고지(높을 高 + 땅 地) 지대가 높은 땅.
예 고지에 올라 마을을 내려다보았다.

지능
지식 知 + 능할 能

'지(知)'가 '지식'이라는 뜻으로 쓰였어.

사물이나 상황을 이해하고 대처하는 지적인 적응 능력.
예 침팬지는 도구를 사용할 정도로 지능이 높다.

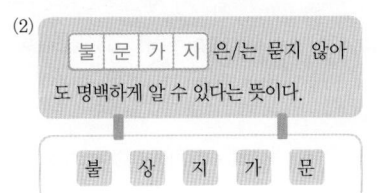

확인 문제

정답과 해설 ▶ 46쪽

1 빈칸에 알맞은 단어를 글자를 조합해 써 보자.

(1) [일][편][단][심] 은/는 변하지 않는 진실하고 굳은 마음이라는 뜻이다.

| 관 | 심 | 일 | 편 | 단 |

(2) [불][문][가][지] 은/는 묻지 않아도 명백하게 알 수 있다는 뜻이다.

| 불 | 상 | 지 | 가 | 문 |

2 단어의 뜻을 찾아 선으로 이어 보자.

(1) 고지 ——— 도시의 중심부.

(2) 지능 ——— 게시나 글을 통하여 알림.

(3) 도심 ——— 사물이나 상황을 이해하고 대처하는 지적인 적응 능력.

Tip '심(心)'은 '심장'이라는 뜻도 있음.

해설 | (1) '변하지 않는 진실하고 굳은 마음'을 뜻하는 '일편단심'이 알맞다. (2) '묻지 않아도 명백하게 알 수 있음'을 뜻하는 '불문가지'가 알맞다. (3) '게시나 글을 통하여 알림'을 뜻하는 '고지'가 알맞다. (4) '사물이나 상황을 이해하고 대처하는 지적인 적응 능력'을 뜻하는 '지능'이 알맞다.

3 ( ) 안에 알맞은 단어를 보기에서 찾아 써 보자.

보기

| 고지 | 지능 | 불문가지 | 일편단심 |

(1) 독립운동가들은 나라에 대한 (일편단심)(으)로 목숨을 바쳐 싸웠다.

(2) 겨울철에는 날씨가 건조하여 산불이 나기 쉽다는 것은 (불문가지)이다.

(3) 학교 측은 학생들에게 이번 학기 성적에는 수행평가를 10퍼센트 반영할 것이라고 (고지) 하였다.

(4) (지능)은/는 여러 가지 일들이 서로 어떻게 관련되어 있는가를 인식하여 올바른 판단을 내리는 정신의 활동이다.

영문법 어휘

기타 용법

영어에서 평서문은 통상 주어+동사의 어순이지만 특별한 경우에 동사+주어의 순으로 나오는데, 이를 도치라고 해. 의미를 강조하기 위해 약간 다른 형태를 사용하는데, 이는 강조라고 해. 그리고 반복되는 내용을 생략하기도 하고, 추가 설명하기 위해서 문장에 다른 요소를 삽입하기도 해. 이제 도치, 강조, 생략, 삽입의 뜻과 예를 공부해 보자.

✎ **단어와 그 뜻을 익히고, 빈칸에 알맞은 단어를 써 보자.**

inversion **도치** 거꾸로 倒 + 둘 置 ↱ '倒'의 대표 뜻은 '넘어지다'임.	문장 앞에 부사어나 부정어가 오면 주어와 동사의 어순이 바뀌는 일. • There **goes** a train!(저기 기차가 간다!) There가 제일 앞에 쓰여 동사+주어 순이 된 도치 例 "Never **did** I see such a handsome boy!(그렇게 잘생긴 소년을 본 적이 없다!)"는 부정어 조동사 Never가 앞에 쓰여 동사+주어 순이 된 도 치 이다.

emphasis **강조** 강할 強 + 고를 調	어떤 형태를 사용하여 문장의 의미를 더 부각시키는 일. It ~ that 구문을 이용하거나 동사 앞에 do를 두어 문장의 의미를 강조함. • **It was Tom that** came first. Tom을 부각시키는 강조 구문 (제일 먼저 온 사람은 바로 Tom이었다.) 例 "**Do** come with us.(꼭 우리와 함께 가자.)"에서 Do는 동사 come을 강 조 한다.	**플러스 개념어 다양한 강조 표현** ① much, far, still, even은 비교급 앞에 놓여 '훨씬'이라는 뜻으로 의미를 강조함. 例 This book is much more interesting than I expected. (이 책은 기대하던 것보다 훨씬 더 재미있다.) ② at all은 부정어 not과 함께 쓰여 '전혀'라는 뜻으로 아니라는 의미를 강조함. 例 He won't eat anything at all. (그는 전혀 아무것도 안 먹으려 한다.)

ellipsis **생략** 덜 省 + 간략할 略	문장에서 반복되는 요소가 있을 때 뒤엣것을 제거하는 일. 이 경우 문장의 뜻은 변화가 없음. • Tom can speak Korean fluently, but James can't (**speak Korean fluently**). 반복되는 표현을 생략할 수 있음. (Tom은 한국말을 유창하게 할 수 있지만, James는 (한국말을 유창하게 말)할 수 없다.) 例 "I like it, but you don't.(나는 그것을 좋아하지만, 너는 그렇지 않다.)"에서 don't 다음에 like it이 생 략 되었다.	**플러스 개념어 부사절 접속사 뒤 생략** 부사절의 주어와 문장의 주어가 같고, 부사절의 동사가 be동사일 때 부사 접속사 뒤에 나오는 「주어+be동사」를 생략할 수 있다. 例 Though (she was) sick, she went to school as usual. (아팠지만 그녀는 평소처럼 등교했다.)

insertion **삽입** 꽂을 揷 + 넣을 入 ↱ '入'의 대표 뜻은 '들다'임.	독립적으로 문장 안에 끼워 넣어진 설명 등의 말을 가리킴. 삽입이 되었다는 것을 쉼표, 줄표, 괄호 등으로 표시함. • Susan is, **as far as I know**, a nice girl.(Susan은 내가 아는 한 멋진 여자애다.) 삽입된 내용 앞과 뒤에 쉼표가 있음. 例 "Coke, for example, isn't good for health.(콜라는, 예를 들면, 건강에 좋지 않다.)"에서 for example은 삽 입 된 표현이다.

🧊 확인 문제

정답과 해설 ▶ 47쪽

1 문장에 알맞은 설명을 찾아 선으로 이어 보자.

(1) I do promise with us.
(꼭 약속할게.)
— do를 이용하여 의미를 부각시킴.

(2) He wanted to live in Seoul, but she didn't.(그는 서울에서 살고 싶었지만, 그녀는 그렇지 않았다.)
— 쉼표를 이용하여, 문장 안에 설명을 덧붙임.

(3) He is, I believe, an honest student.(그는, 내가 믿기엔, 정직한 학생이다.)
— 문장에서 반복되는 요소가 있어 뒤엣것을 제거함.

(4) There are many trees in the yard.(뜰 안에 많은 나무들이 있다.)
— 문장 앞에 부사어가 와서 동사+주어의 순서가 됨.

해설 | (1) 동사 do를 이용한 강조 표현이다. (2) she didn't 다음에 want to live in Seoul이 반복되므로 생략되어 있다. (3) 쉼표 사이에 I believe가 삽입된 표현이다. (4) 부사 There로 문장이 시작되면서 주어 many trees와 동사 are가 도치되었다.

해설 | (1) 부정어 Never가 문장 제일 앞에 오면서 조동사 did와 주어 I의 위치가 바뀌었다. (2) 반복되는 표현인 speak Japanese가 can't 뒤에 생략되어 있다. (3) 쉼표와 쉼표 사이에 덧붙이는 내용이 삽입되어 있다. (4) It ~ that(who) 구문을 사용하여 Tom을 강조하고 있다.

2 밑줄 친 부분에 해당하는 용법을 보기 에서 찾아 써 보자.

보기

강조	도치	삽입	생략

(1) **Never did I** see so many stars!
(그렇게 많은 별을 본 적이 없었다!)
(도치)

(2) My child can speak Japanese, but **I can't**.
(내 아이는 일본말을 할 수 있지만, 나는 할 수 없다.)
(생략)

(3) She is, **in many ways**, a nice girl.
(그녀는 여러모로 멋진 소녀이다.)
(삽입)

(4) **It was Tom that** opened the window.
(창문을 연 사람은 바로 Tom이었다.)
(강조)

✏️ 4주차 1~5회에서 공부한 단어를 떠올리며 문제를 풀어 보자.

국어

1 ( ) 안에 알맞은 말을 보기 에서 찾아 써 보자.

> 보기
>
> 감성적 　　이성적 　　인성적

(1) 말하는 이의 직업적인 전문성을 내세운 것은 (인성적) 설득이다.

(2) 연역, 귀납 따위의 논증 방법을 활용한 것은 (이성적) 설득이다.

(3) 듣는 이의 욕망, 화, 자긍심 따위와 같은 감정에 호소해 듣는 이의 마음을 움직인 것은 (감성적) 설득이다.

해설 | (1) 인성적 설득은 말하는 사람의 됨됨이를 바탕으로 전하는 말에 믿음을 주는 전략이다. (2) 이성적 설득은 논리적인 근거를 들어 말하는 이의 주장을 뒷받침하는 전략이다. (3) 감성적 설득은 감정에 호소해 듣는 이의 마음을 사로잡는 전략이다.

국어

2 내용에 알맞은 보고서를 찾아 선으로 이어 보자.

(1) 식물의 관다발 구조를 살펴보았다. ── 관찰 보고서

(2) 우리 지역의 청소년 시설을 찾아보았다. ── 실험 보고서

(3) 물속 물체에 작용하는 부력의 크기를 재 보았다. ── 조사 보고서

해설 | (1) 관찰 보고서는 사물이나 현상을 관찰한(자세히 살펴본) 내용을 정리한 보고서이다. (2) 조사 보고서는 조사 대상의 현황이나 실태를 정리하거나 현장을 찾아가서 보고 답사한 뒤 그 결과를 정리한 보고서이다. (3) 실험 보고서는 실험(측정 따위)으로 얻은 정보와 결과를 정리한 보고서이다.

사회

3 빈칸에 공통으로 들어갈 알맞은 말을 초성을 바탕으로 써 보자.

• 배타적 경제 수역 은 영해를 정해 둔 기선에서부터 200해리에 이르는 수역 중 영해를 뺀 바다이다.

• 독도는 배타적 경제 수역 을 정하는 데 중요한 기점이 된다.

해설 | 요즈음 해양 자원의 값어치가 커지면서 배타적 경제 수역을 차지하기 위한 나라들의 갈등이 늘어나고 있다.

사회

4 빈칸에 들어갈 단어로 알맞은 것은? (②)

> 저개발 나라들은 □ 문제를 풀기 위해 식량 증산, 위생 환경 개선 따위의 여러 노력을 기울이고 있다.

① 비만　　② 빈곤　　③ 환경　　④ 고령화　　⑤ 영유권

해설 | '빈곤'은 사람으로서 기본적인 욕구를 풀 수 없을 만큼 물질적인 부족함이 오랫동안 지속되는 상태를 말한다. 비만이나 고령화는 선진국의 문제라고 할 수 있다.

수학

5 양의 상관관계가 있는 산점도로 알맞은 것은? (①)

해설 | 양의 상관관계는 x의 값이 커짐에 따라 y의 값도 대체로 커지는 관계로, 점들이 오른쪽 위로 향하는 그래프이다. ②, ④는 음의 상관관계가 있다. ③, ⑤는 상관관계가 없다.

Tip ②는 ④보다 음의 상관관계가 강하다.

과학

6 설명에 알맞은 단어를 써 보자. (우리은하)

> 수많은 은하 중 태양계가 속해 있는 은하로, 한가운데가 볼록한 원반 모양이다. 한가운데에 막대 모양의 구조가 있고, 막대 끝부분에서부터 나선팔이 소용돌이 모양으로 휘감고 있다.

해설 | 태양계가 속해 있는 은하를 '우리은하'라고 한다.

과학

7 보기 의 과학기술을 중심으로 일어나는 변화로 알맞은 것은? (⑤)

> 보기
>
> 지능 정보 기술: 인공 지능 기술, 데이터 활용 기술

① 신산업혁명　　② 1차 산업 혁명　　③ 2차 산업 혁명　　④ 3차 산업 혁명　　⑤ 4차 산업 혁명

해설 | 4차 산업 혁명을 이끄는 핵심 기술은 지능 정보 기술로 이는 인공 지능 기술, 데이터 활용 기술을 바탕으로 하는 기술이다.

한자

8 보기 와 '심(心)'의 쓰임이 같은 것은? (④)

> 보기
>
> 도심(都心): 도시의 중심부.

① 심신(心身)　　② 심장(心臟)　　③ 양심(良心)
④ 핵심(核心)　　⑤ 일편단심(一片丹心)

해설 | '도심'과 '핵심'에서 '심(心)'은 중심(한가운데)이라는 뜻으로 쓰였다. '심신', '양심', '일편단심'에서는 마음이라는 뜻으로 쓰였고, '심장'에서는 몸의 기관인 심장이라는 뜻으로 쓰였다.

영문법

9 빈칸에 알맞은 단어를 써 보자.

> Your cell phone is on the table.(네 휴대전화는 탁자 위에 있다.)
> → On the table is your cell phone.(탁자 위에 네 휴대전화가 있다.)
> 문장 앞으로 부사구 on the table이 와 주어와 동사의 어순이 도 치 되었다.

해설 | 문장 앞으로 부사구 on the table이 와 주어와 동사의 어순이 바뀌었다.

정답과 해설

3 주차
어휘 학습 점검

3주차에서 학습한 어휘를 잘 알고 있는지 ✓해 보고,
잘 모르는 어휘는 해당 쪽으로 가서 다시 한번 확인해 보세요.

중학 3학년 2학기

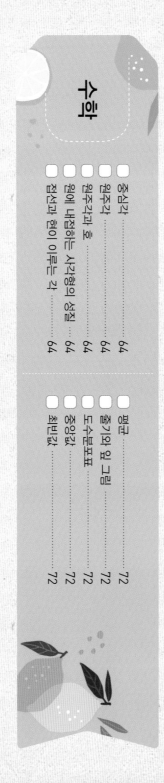
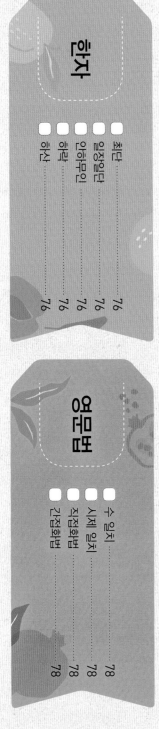

4주차 어휘 학습 점검

4주차에서 학습한 어휘를 잘 알고 있는지 ☑ 해 보고,
잘 모르는 어휘는 해당 쪽으로 가서 다시 한번 확인해 보세요.